평강의 주님께서
때마다 일마다
평강을 주시길 기도하며

특별히 _____님께
이 소중한 책을 드립니다.

KB211752

두려워하지 말라
내가 너와 함께 함이라

놀라지 말라
나는 네 하나님이 됨이라

내가 너를 굳세게 하리라

참으로 너를 도와 주리라
참으로 나의 의로운 오른손으로
너를 붙들리라

– 하나님의 말씀(이사야 41:10)

김장환 목사와 함께
경건생활 365일

승리하리라

Faith is the Victory !

나침반

승리하리라!

승률 10%의 꼴찌팀을 맡아 9년 동안 5번을 우승 시킨 미식축구 역사상 가장 훌륭한 명장이었던 빈스 롬바르디는 은퇴식에서 이런 말을 했습니다.

"승리는 습관이다. 안타깝게도 패배 역시 습관이다."

승리하는 방법을 아는 사람은 최악의 순간에서도 최선의 선택을 하며, 결국 불가능해 보이는 승리를 쟁취합니다. 승리는 방법을 아는 사람만이 누릴 수 있는 노력의 결과라고 저는 생각합니다.

하지만 안타깝게도 세상에서 100% 승리하는 방법은 없습니다. 그러나 성경을 보면 100% 승리하는 방법이 있다는 사실을 알게 됩니다. 하나님을 믿고 의지하며 고난 중에도 한 걸음씩 나아가는 담대함을 가진 성도들은 어떤 상황에서도 항상 승리했습니다. 군대가 쫓아오고 홍해가 가로막는 사면초가 앞에서도 승리했으며, 애굽에 노예로 팔려가서도 승리했습니다. 뜨거운 풀무불에서도 승리했고, 감옥 안에서도 승리했습니다. 우리가 믿는 주 예수 그리스도는 십자가의 고난에서도 사망을 물리치고 승리하셨고, 그 승리를 우리에게도 주십니다.

지금 시대가 아무리 힘들고, 지금 내 상황이 아무리 어렵고, 지금 내 마음과 형편이 아무리 초라해도 주님만, 주님 한 분만을 믿고 따른다면 우리는 언제든, 어떤 상황에서도 승리할 수 있습니다. 확실한 승리를 약속하시는 주님과 동행하며 매일 승리하는 놀라운 큰복이 우리들의 삶속에 임하기를 축원합니다.

"우리 주 예수 그리스도로 말미암아 우리에게 승리를 주시는 하나님께 감사하노니" – 고린도전서 15:57

김장환

김장환(목사 / 극동방송 이사장)

1

"여호와(하나님)께서 너의 출입을
지금부터 영원까지 지키시리로다"
-시편 121:8 -

헌신적인 섬김

읽을 말씀 : 시편 71:1-8

● 시 71:5 주 여호와여 주는 나의 소망이시요
나의 어릴 때부터 의지시라

새해가 시작됐습니다. 사람들은 새로운 소망을 품습니다.

진정한 소망은 나를 책임지고, 이끌어주시는 주님이 주시는 소망입니다. 올해 주님께서는 우리 인생을 바꿀 놀라운 계획과 만남과 세상이 줄 수 없는 큰 복을 준비하셨습니다.

어린 시절 주님께서 예비하신 만남으로 하나님의 귀한 사역을 감당해 오고 있는 김장환 목사의 간증입니다.

『하우스 보이였던 나는 철수하는 미군을 따라 경산까지 내려갔다. 가족이 보고 싶을 때마다 사과나무 아래에서 하모니카를 불었다. 옆 막사의 칼 파워스 상사가 "굿모닝 빌리"하며 "미국에 가고 싶니?"라고 물었다.

나는 "예스"라고 대답했고 칼 파워스는 전방으로 이동했다 내려올 때마다 나의 미국행 결심을 확인했다. 1951년 5월 25일, 칼 파워스가 부평에 있는 나를 찾아와서 "빌리, 이곳에 사인해!" 하며 밥 존스 고등학교 입학원서를 보여주었다.

나중에 알았지만 칼 파워스는 나의 미국 유학을 위해 전쟁 중에도 여섯 차례나 본국으로의 귀대를 연기했다. 그도 나도 당시 크리스천도 아니었고 넉넉한 형편도 결코 아니었는데도….

하나님이 하시는 일은 우리의 생각으로는 헤아릴 수 없는 일이 한 해에도 매우 많다.』- 김장환 목사 3E인생에서 발췌

나의 계획보다도 하나님의 인도하심을 구하고 오로지 순종하면서 좋은 일을 기대하며 사는 한 해가 되십시오. 아멘!!

💚 주님! 나의 계획과 뜻보다도 주님의 음성에 순종하게 하소서.
🖼 올해도 나를 인도하실 하나님께 감사함으로 한 해를 시작합시다.

희망을 비전으로

읽을 말씀 : 시편 103:1-11

● 시 103:5 좋은 것으로 네 소원을 만족케 하
사 네 청춘으로 독수리 같이 새롭게 하시는
도다

1월 2일

미국 남서부 지역에 살았던 인디언인 아파치 부족의 추장 선
거에서 있었던 일입니다.

지혜로운 추장은 최종 선발된 세 명의 청년들에게 주변에서
가장 높은 산에 있는 귀한 물건을 가져오라고 말했습니다.

다음 날 산에서 가장 먼저 돌아온 청년은 아름다운 꽃을 가져
왔습니다.

"제가 본 가장 아름다운 꽃입니다. 꽃과 같이 아름다운 마을로
가꾸겠습니다."

두 번째로 도착한 청년은 정상의 돌멩이를 가져왔습니다.

"끝까지 포기하지 않는 노력으로 마을을 위해 헌신하겠습니
다."

그런데 마지막으로 도착한 청년은 빈손이었습니다.

"산꼭대기에서 저는 산 너머에 있는 넓고 푸른 들판을 발견했
습니다. 제가 추장이 되면 모두의 삶을 더 풍족하게 만들 수 있
는 그곳을 개척하겠습니다."

부족 사람들은 비록 빈손이었지만 미래의 희망을 제시한 세
번째 청년을 추장으로 뽑았습니다.

온전한 주님의 사람들은 항상 주님이 주시는 희망을 잃지 않
는 사람들이었습니다. 주님의 명을 따라 순종하므로 약속된 땅
을 유업으로 받았던 믿음의 조상들처럼 올해도 주님이 주시는
비전들을 목표로 삼으십시오. 아멘!!

🤍 주님! 주님이 주시는 희망이 삶의 목표가 되게 하소서.

🖼 주님이 나에게 바라시는 것이 무엇인지 깊이 묵상합시다.

1월 3일

사람이 아닌 하나님께

읽을 말씀 : 신명기 1:34-46

● 신 1:36 오직 여분네의 아들 갈렙은 온전히 여호와를 순종하였은즉 그는 그것을 볼 것이요 그가 밟은 땅을 내가 그와 그의 자손에게 주리라 하시고

위클리프 선교회의 설립자 카멜론 타운센드 선교사는 중남미 소수 부족의 언어로 성경을 번역하는 일에 평생을 헌신했습니다. 타운센드 선교사가 번역한 성경을 읽고 감화된 돈 빌레모라는 청년이 있었는데 그 청년은 선교사님을 찾아와 이런 고백을 했습니다.

"성경을 통해 변화된 저에게 주님이 복음 전파의 사명을 주셨습니다. 이제 제가 살아야 할 이유를 찾았습니다. 선교사님처럼 저도 열심히 복음을 전하겠습니다."

그런데 몇 년 뒤 이 청년이 선교사를 찾아와 사표를 내밀었습니다.

"복음을 전하는 일이 이렇게 힘든 줄 몰랐습니다. 더 이상은 할 수 없습니다."

사표를 본 타운센드 선교사는 이렇게 말했습니다.

"몇 년 전에 자네는 분명히 '주님이 저를 불렀습니다'라고 하지 않았나? 그렇다면 사표는 내가 아니라 주님께 내야지."

하나님은 언제나 동일하신 분이기에 나의 헌신과 열정도 동일하게 드려져야 합니다. 사람을 볼 때 실망하지만 하나님을 볼 때 실족하지 않습니다.

나의 헌신과 노력은 사람이 아닌 주님께 맞춰야 합니다.

때때로 사람으로 인해 실망할지라도 주님을 보며 다시 일어서십시오. 아멘!!

♡ 주님! 주님을 위한 사역을 하며 주님으로 인해 위로받게 하소서.
▩ 사람이 아닌 주님을 바라보며 헌신하게 해달라고 기도합시다.

남을 돕는 기쁨

읽을 말씀 : 마가복음 12:28-34

● 막 12:31 둘째는 이것이니 네 이웃을 네 몸과 같이 사랑하라 하신 것이라 이에서 더 큰 계명이 없느니라

병원에서 근무하던 평범한 남자가 있었습니다.

하루는 남자에게 퇴직을 앞둔 상사가 찾아와 한 가지 부탁을 했습니다.

"내가 그동안 출근하면서 매일 같이 해오던 일이 있는데 맡길 사람이 없다네. 혹시 내일 아침 내가 부탁한 곳으로 나와줄 수 있겠나? 자네만 괜찮다면 이 일을 자네에게 부탁하고 싶네."

평소 존경하던 상사의 부탁이기에 남자는 "알겠다"고 대답했습니다.

다음 날 상사가 말한 장소에 가보니 상사 옆에는 아침부터 선글라스를 쓴 남자가 서 있었습니다. 상사는 우연히 앞이 안 보여 고생하는 시각장애인을 본 뒤 수년간 출근길 안내를 돕고 있던 것입니다. 생각보다 간단했지만 당사자에게는 큰 도움이 되는 일이었습니다.

상사가 퇴직한 뒤 남자는 시각장애인의 출근길 안내를 맡았습니다.

처음에는 도와야 한다는 의무감에 시작했지만 점점 봉사의 기쁨을 느꼈던 남자는 소중한 주말에도 다른 봉사활동을 하며 남을 돕는 기쁨을 마음껏 누리고 있습니다.

서로를 사랑하며 도울 때 기쁨을 누리도록 주 하나님은 사람을 창조하셨습니다. 사랑의 실천으로 복음도 전하며 주님이 주시는 큰 기쁨을 누리십시오. 아멘!!

🤍 주님! 말씀을 지킴으로 주님이 주시는 참된 기쁨을 누리게 하소서.
🧎 정기적으로 다른 사람을 도울 수 있는 일을 찾아봅시다.

1월 5일

생일날 받은 벌금 딱지

읽을 말씀 : 잠언 2:16-22

● 잠 2:20 지혜가 너로 선한 자의 길로 행하
게 하며 또 의인의 길을 지키게 하리니

극심한 치통으로 이른 아침 치과를 찾은 어르신이 있었습니다. 다행히 심한 질환은 아니어서 간단한 치료를 받고 다시 차를 타러 나왔는데 경찰이 막 주차위반으로 딱지를 떼고 있었습니다. 이가 아파 급한 마음에 주차구역에 어긋나게 차를 대고 내린 것이 화근이었습니다. 그날이 생일이었던 어르신은 안타까운 마음에 "밤새 이가 아파 한숨도 못 자고 급하게 병원을 오다 보니 주차를 제대로 못 했습니다. 오늘이 내 일흔 번째 생일인데 아침부터 딱지를 떼면 하루가 엉망이 될 것 같은데 한 번만 봐줄 수 없겠습니까?"라고 사정했습니다.

그러나 아버지뻘 되는 어르신의 부탁에도 경찰은 대꾸도 하지 않고 조용히 딱지를 떼서 건네주고는 순찰차로 돌아갔습니다.

크게 실망한 어르신은 차에 타서 딱지를 확인했는데 경찰관이 건넨 딱지를 읽어보고 얼굴에 기쁨과 웃음이 가득했습니다. 거기에는 벌금란에 벌금 대신 "생신 축하드립니다!"라는 메시지가 적혀 있었습니다.

주변 사람들의 시선을 끌지 않고 어르신을 배려하기 위한 경찰관의 지혜였습니다.

원칙도 중요하지만 때로는 관용도 필요합니다.

더 아름다운 세상을 위해 주님이 주신 위치에서 주님이 주시는 지혜를 구하십시오. 아멘!!

🤍 주님! 사람들에게 기쁨과 즐거움을 주는 그리스도인이 되게 하소서.
🖼 할 수 있는 한 모든 사람을 용서합시다.

인생을 망치는 습관

1월 6일

읽을 말씀 : 잠언 22:1-10

● 잠 22:5 패역한 자의 길에는 가시와 올무가 있거니와 영혼을 지키는 자는 이를 멀리 하느니라

율곡 이이 선생은 젊은이들이 바로서야 나라가 바로 선다고 생각했습니다. '격몽요결'은 율곡 이이 선생이 이런 마음을 담아 학문을 시작하는 청년들을 위해 쓴 책입니다.

다음은 격몽요결에 나오는 인생을 망치는 8가지 습관입니다.

1. 행동은 하지 않고 생각만 하는 습관
2. 하루를 소중히 여기지 않고 낭비하는 습관
3. 같은 생각을 하는 사람만 좋아하는 습관
4. 사람들의 칭찬을 받으려고 허위와 가식을 떠는 습관
5. 풍류를 즐긴다는 핑계로 인생을 낭비하는 습관
6. 돈에만 혈안이 되어 더 벌려고 하는 습관
7. 남과 비교하며 자신을 비참하게 여기는 습관
8. 욕구를 절제하지 못하며 재물과 여색을 탐하는 습관

인생을 망치는 습관을 멀리하는 것도 중요하지만 인생을 살리는 진리를 만나는 일은 더욱 중요합니다. 아무리 망가진 인생이라 하더라도 주님의 손길이 닿으면 다시 살아날 수 있습니다.

주님의 손에는 메마른 뼈도 살리는 능력이 있고 주님이 인도하시는 길에는 젖과 꿀이 흐르는 약속의 땅이 있기 때문입니다.

모든 아픔과 고통을 주님께 맡기십시오. 아멘!!

🤍 주님! 말씀을 통해 참된 삶의 가치를 발견하게 하소서.

🎴 헛된 가치를 추구하며 인생을 낭비하지 말고 주님을 위해 삽시다.

1월 7일

나를 드릴 때

읽을 말씀 : 로마서 6:8-14

● 롬 6:13 또한 너희 지체를 불의의 무기로 죄에게 내주지 말고 오직 너희 자신을 죽은 자 가운데서 다시 살아난 자 같이 하나님께 드리며 너희 지체를 의의 무기로 하나님께 드리라

영국의 랜스 브루 박사는 대만의 서부 해안에 있는 창후아시에 의료 선교사로 파송 받았습니다.

당시 대만 해안에는 원시적인 삶을 사는 부족들이 많았는데 이들은 미신에 익숙해 랜스 박사의 치료 방법을 신뢰하지 않았습니다. 원주민들은 원인 모를 병에 걸려 죽어가면서도 병원을 찾아오지 않았으며 아무리 설득해도 요지부동이었습니다.

그러던 중 한 부족 추장이 딸을 데리고 병원을 찾아왔습니다. 큰 사고를 당했는지 피부가 넓게 상해서 이식을 받지 않으면 생명이 위험한 상태였습니다. 기증자를 찾을 시간이 촉박한 것을 보고 랜스 박사의 사모님이 기증자로 자원했는데 덕분에 추장의 딸은 목숨을 구할 수 있었습니다.

사모님은 이때의 수술로 얼굴에 큰 흉터를 갖고 평생을 살아가야 했습니다. 하지만 살아난 추장의 딸을 보고 다른 부족들도 선교에 마음을 열었고 100년이 지난 뒤 랜스 박사 부부가 세운 '창후아 기독병원'은 의사만 800명이 있는 의료선교의 전진기지로 크게 쓰임을 받고 있습니다.

나를 위해 예수님을 보내주신 하나님의 사랑처럼 내가 드릴 수 있는 것을 드릴 때 오병이어의 기적이 일어납니다.

부족하고 연약하지만 그럼에도 내가 드릴 수 있는 최선의 것을 복음을 위해 드립시다. 아멘!!

💙 주님! 부족한 저의 헌신도 복음을 위한 재료로 쓰임 받게 하소서.

🖼 생명의 복음을 위해 주님이 주신 은혜를 아까워하지 맙시다.

불법의 유혹

읽을 말씀 : 요한복음 8:12-20

● 요 8:12 예수께서 또 말씀하여 이르시되 나는 세상의 빛이니 나를 따르는 자는 어둠에 다니지 아니하고 생명의 빛을 얻으리라

어느 유능한 재판관이 있었습니다.

하루는 선배가 후배 재판관들에게 밀감을 선물로 주겠다며 집으로 초대했습니다. 사람의 숫자에 맞춰 밀감을 자루에 나눠 담던 선배는 갑자기 하인에게 큰 화를 냈습니다.

"내가 분명히 밀감을 사람 수에 맞춰서 세어 놨는데 하나가 부족하다. 혹시 네가 먹은 것이 아니냐?"

하인은 벌벌 떨며 자신은 결코 손을 대지 않았다고 말했지만 선배는 분을 참지 못하고 달궈진 인두와 뜨거운 물을 가져왔습니다. 시뻘건 인두를 보고 겁에 질린 하인은 무릎을 꿇고 사실 자신이 밀감을 먹었다고 고백했습니다. 범인을 순식간에 찾아낸 모습에 후배들이 탄복하고 있을 때 선배가 주머니에서 밀감을 하나 꺼내며 말했습니다.

"하인은 고문이 두려워 거짓으로 자백한 것입니다. 고문으로 없는 죄를 뒤집어쓴 사람은 얼마나 원통하겠습니까? 고문으로 자백을 받아내는 무능한 재판관은 절대로 되지 마십시오."

이 일화는 '밀감의 교훈'으로 전해지며 악습인 고문을 멈추는 데 큰 공헌을 했습니다.

세상 사람들이 모두 옳다 해도 아닌 것은 분명히 아니라고 말하는 사람이 그리스도인입니다.

세상에 만연한 불법과 관습에 굴복하지 말고 주님이 보내신 그곳에서 선한 영향력을 끼치십시오. 아멘!!

💗 주님! 잘못된 유혹에 무너지지 않게 마음을 지켜주소서.
🎴 잘못된 일들은 거부하고 떠날 수 있는 용기를 간구합시다.

헬렌 켈러의 편지

읽을 말씀 : 사도행전 20:28-38

● 행 20:35 … 곧 이같이 수고하여 약한 사람들을 돕고 또 주 예수의 친히 말씀하신바 주는 것이 받는 것보다 복이 있다 하심을 기억하여야 할찌니라

청각장애로 정상적인 교육을 받을 수 없는 토미라는 아이가 있었습니다. 어머니는 토미를 낳고 돌아가셨고, 아버지는 형편이 넉넉지 않아 일을 해야 했기에 토미의 교육을 제대로 책임질 수가 없었습니다.

제대로 된 교육을 받지 못해 말도 못하고, 수화도 못 하는 토미를 볼 때마다 아버지는 가슴이 미어졌지만 농아유치원을 보내기에는 너무 많은 돈이 들었습니다.

그런데 소문을 듣고 토미를 돕겠다며 한 소녀가 나섰습니다.

소녀는 토미의 이야기를 사람들에게 편지를 보내 도움을 요청했고 충분한 성금이 모였는데, 토미는 보스턴에 있는 퍼킨슨 농아유치원에 입학할 수 있었고 토미의 아버지는 토미를 도운 소녀가 당시 11살이던 헬렌 켈러여서 깜짝 놀랐습니다.

'빛의 천사'로 불린 헬렌 켈러는 갑자기 탄생한 것이 아닙니다. 나이가 어려도, 심한 장애를 앓아도, 남을 돕고자 실천할 사랑만 있다면 주 하나님은 우리의 마음을 보고 길을 열어주십니다.

힘이 닿는 대로 남을 돕고자 했던 헬렌 켈러처럼 나의 도움이 필요한 사람들을 외면하지 마십시오. 아멘!!

🖤 주님! 남을 돕는 일에 인색하지 않게 하소서.
🎴 작은 도움이라도 남을 위해 할 수 있는 일들을 실천합시다.

역경을 극복하는 열정

읽을 말씀 : 이사야 48:1-11

● 사 48:10 보라 내가 너를 연단하였으나 은 처럼 하지 아니하고 너를 고난의 풀무에서 택하였노라

감염으로 손가락을 잃게 된 피아니스트가 있었습니다.

주변 사람들은 한창 젊은 시기에 꿈을 잃게 된 피아니스트를 딱하게 여겼지만 정작 당사자는 아무렇지 않았습니다. 손가락을 잃어서 연주를 하지 못해도 작곡은 계속할 수 있기 때문이었습니다. 그렇게 탄생한 작곡가 슈만은 피아니스트 슈만일 때보다 더 큰 명성을 얻었으며 쇼팽과 리스트라는 역사상 가장 위대한 피아니스트 2명을 발굴해내기까지 했습니다.

전설의 바이올리니스트인 파가니니가 활동하던 당시 사람들은 '악마의 바이올리니스트'라고 불렀습니다. 다른 바이올리니스트와 달리 손가락이 기괴할 정도로 유연하게 움직였기에 뛰어난 실력을 위해 파가니니가 악마와 계약을 했다는 소문이 있었기 때문입니다.

그러나 현대의학에 따르면 파가니니는 오히려 '마르판 증후군(Marfan Syndrome)'이라는 유전병을 앓았다고 합니다. 손가락은 유연해 지지만 근력이 떨어지고 염증이 쉽게 생기는 이 병을 앓으면서도 파가니니는 엄청난 노력으로 다른 사람은 따라 할 수도 없을 정도의 최고의 바이올리니스트가 됐습니다.

역경은 성과의 불씨가 되기도 합니다.

주님은 우리가 극복할 어려움만 허락하심을 믿고 최악의 상황에서도 최선을 주실 주님을 믿으며 정진하십시오. 아멘!!

♡ 주님! 어떤 상황에서도 흔들리지 않는 믿음을 허락하소서.
🎴 역경이 찾아올수록 더 기도하며 더 노력합시다.

예배의 5가지 요소

읽을 말씀 : 요한복음 4:19-24

● 요 4:23 아버지께 참으로 예배하는 자들은 신령과 진정으로 예배할 때가 오나니 곧 이 때라 아버지께서는 이렇게 자기에게 예배하는 자들을 찾으시느니라

하나님께 드리는 거룩한 예배에는 지금까지 많은 변화가 있었습니다. 그러나 예배의 형식을 떠나 반드시 포함되어야 할 중요한 요소들도 있습니다.

워십리더이자 찬양작곡가인 돈 챔프먼 목사님이 쓴 '위대한 예배의 5가지 요소'입니다.

1. 기도 / 모든 일이 하나님께 달려 있다는 마음의 표시가 바로 기도입니다.

2. 익숙함을 벗어나는 어떤 것 / 경험해보기 전에는 알 수 없는 것들이 있기에 예배를 위한 새로운 아이디어가 필요합니다.

3. 더 오랜 기도시간 / 기도는 하나님과 교제할 수 있는 예배의 가장 중요한 시간입니다. 모든 성도들이 하나님과 기도할 수 있는 시간이 예배에는 필요합니다.

4. 단조롭고 부드러운 음악 / 화려한 찬양도 좋지만 때로는 어쿠스틱 기타나 피아노만이 이끄는 음악이 사람들의 마음을 이끕니다.

5. 성도들의 수준에 맞는 익숙한 찬양 / 하나님께 마음을 집중하기 위해 익숙한 찬양은 매우 중요합니다.

예배는 사람이 주 하나님께 드릴 수 있는 최고의 행위입니다. 더 좋은 예배를 꿈꾸며 노력하는 성도가 되십시오. 아멘!!

🤍 주님! 모든 예배를 신령과 진정으로 드리게 하소서.

🎴 더 좋은 예배를 위한 아이디어와 의견을 모아보고 토의해봅시다.

감동에 순종하라

읽을 말씀 : 요한복음 10:25-30

● 요 10:27 내 양은 내 음성을 들으며 나는 저
희를 알며 저희는 나를 따르느니라

경기마다 아이 패치에 'John 3:16(요한복음 3장 16절)'을 쓰고
출전해 '요한복음 3장 16절의 사나이'로 불리는 미식축구선수
티보는 최근 은퇴를 하고 메이저리그 선수로 새로운 출발을 했
습니다.

주일날 예배를 마치고 훈련장으로 가기 위해 공항에서 대기하
던 티보는 다리가 불편한 상이군인을 봤습니다. 티보는 인후염
으로 컨디션이 좋지 않았지만 마음속에서 "가서 도우라"는 감동
이 있어 몇 번을 망설이다 결국 감동을 따랐습니다. 티보는 상
이군인에게 다가가 "도움을 드려도 괜찮겠냐?"고 양해를 구한 뒤
편한 여정을 위해 1등급 좌석을 제공했습니다. 상이군인과 함께
1등석에 탑승한 티보는 거기서 우연찮게 마음의 어려움을 겪고
있는 많은 승객들을 만나 위로하고 복음을 전했는데, 이때 자신
의 평소 기도 제목인 '다른 사람을 섬길 기회가 응답됐다는 사실
을 깨달았습니다.

하나님의 뜻을 따라 살겠다는 우리의 기도는 삶속에서 지켜져
야 합니다. 짧은 하루를 사는 동안에도 사랑을 전하고 선을 행할
기회들이 너무나도 많습니다.

어려운 환경에도, 지친 육체에도 성령님이 주시는 감동을 따
른다면 주님이 주시는 응답을 받게 됩니다.

모든 지각에 뛰어나신 주님의 음성에 귀 기울이고 순종하십시
오. 아멘!!

🤍 주님! 언제, 어느 때에도 주 하나님 말씀에 순종하게 하소서.
🎴 성령님이 주시는 감동을 바르게 분별하며 따릅시다.

폭풍을 그릴 수 있던 이유

읽을 말씀 : 베드로전서 4:12-19

● 벧전 4:13 오직 너희가 그리스도의 고난에 참예하는 것으로 즐거워하라 이는 그의 영광을 나타내실 때에 너희로 즐거워하고 기쁘게 하려 함이라

폭풍우가 다가와 험한 파도가 치는 영국의 한 부두에 한 청년이 어부를 찾아왔습니다.

"저를 배에 태워 저 폭풍 속으로 들어가 주실 수 있겠습니까? 위험한 줄은 알지만 꼭 부탁드리겠습니다. 무사히 돌아만 온다면 많은 보상을 드리겠습니다."

부탁을 수락한 어부에게 청년은 자신을 돛대에 묶어달라고 부탁했습니다.

"어떤 일이 있어도 배 안으로 숨지 않게 절 묶어주십시오."

엄청난 폭풍을 향해 배는 출발했고 몇 번의 위험한 고비가 있었지만 무사히 귀항했습니다. 어부는 청년을 풀어주며 "도대체 이런 위험한 일을 왜 부탁했소?"라고 물었습니다.

"폭풍을 그림에 담고 싶었는데 체험하지 않고는 제대로 그릴 자신이 없었습니다."

청년은 스물한 살 때 왕립아카데미의 인정을 받으며 영국 최고의 화가로 인정받던 윌리엄 터너였습니다. 이 경험을 통해 그린 해상의 폭풍우는 터너의 최고의 작품으로 평가받았습니다. 지금도 영국은 매년 가장 뛰어난 활약을 펼치는 화가에게 터너의 이름을 딴 상을 수여하고 있습니다.

가장 확실한 증명과 동기는 체험입니다. 능력의 하나님이 내 삶에 역사하시도록 말씀과 기도로 삶의 방향을 바르게 설정하십시오. 아멘!!

💙 주님! 주님의 계획을 따라 제 삶을 인도하소서.

🎽 주님을 체험하는 삶을 살아갑시다.

질문을 두려워 말라

읽을 말씀 : 디모데후서 3:10-17

● 딤후 3:14 그러나 너는 배우고 확신한 일에 거하라 네가 뉘게서 배운 것을 알며

　　의사와 변호사 같은 전문직 종사자들이 가장 먼저 배우는 것은 질문하는 법이라고 합니다. 제대로 묻지 않으면 옳은 답을 구할 수 없기 때문입니다.

　　다음은 작가 도로시 리즈가 말한 '질문의 7가지 힘'입니다.

1. 질문은 답을 만든다. / 알고 싶은 것을 묻는 건 가장 쉽게 답을 알 수 있는 비결이다.

2. 질문은 생각하게 한다. / 질문은 질문하는 사람과 받는 사람의 뇌를 활성화시킨다.

3. 질문은 정보를 준다. / 정통한 사람에게 올바른 질문을 던지면 올바른 정보를 얻는다.

4. 질문은 대화의 주제를 지켜준다. /원하는 주제의 대화는 질문을 통해 이어진다.

5. 질문은 마음을 열게 한다. / 사람은 자신의 이야기를 들어주는 사람에게 호감을 갖게 된다.

6. 질문은 경청하게 한다. / 질문은 관심의 표현이기 때문에 관계를 더욱 돈독하게 한다.

7. 질문은 문제를 해결한다. / 스스로에게 던지는 질문을 통해 복잡한 문제를 해결할 수도 있다.

진리는 질문을 두려워하지 않습니다.

바른 질문을 통해 참된 믿음을 굳건하게 하십시오. 아멘!!

♡ 주님! 진리를 통해 의심을 해소하며 신앙을 쌓아가게 이끄소서

🍚 말씀을 바르게 공부하고 묵상함으로 신앙의 궁금증을 해결해나갑시다.

1월 15일

한 가지 비결

읽을 말씀 : 잠언 3:13-20

● 잠 3:17 그 길은 즐거운 길이요 그 첩경은
다 평강이니라

이런 상상을 한 번 해보면 어떨까요?

지금으로부터 2,30년이 지난 상황입니다.

당신은 누구도 이루지 못할 만큼 엄청난 성공을 이룬 유명인
이 되었습니다. 당신이 강연을 한다는 소식을 듣고 많은 기자들
이 취재를 하기 위해 몰려왔고, 사람들은 당신을 선망의 눈으로
바라보고 있습니다.

성공적으로 강연이 끝나고 질문의 시간이 되자 한 청년이 손
을 들고 질문했습니다.

"지금 이 성공을 이루게 된 비결을 딱 한 가지만 꼽는다면 무
엇입니까?"

당신은 망설임 없이 다음과 같이 대답했습니다.

"제가 성공한 비결은 딱 한 가지입니다. 그것은 바로…."

이 문장을 어떻게 채우시겠습니까? 문장에 넣을 그 일을 지
금 하고 계십니까?

그렇지 않다면 나는 하나님이 주신 비전을 이룰 준비가 되지
않은 사람입니다. 하나님을 정말로 믿고 의지하는 사람은 결코
현실에 안주하지 않습니다. 모든 불가능을 이기시고 부족한 것
을 채우시는 하나님을 믿기 때문에 항상 도전하기 때문입니다.
하나님이 주신 비전을 이루기 위한 한 가지 비결, 더 나은 신앙
생활을 위한 한 가지 결심을 문장으로 적고 매일 다짐하며 기도
하십시오. 아멘!!

🖤 주님! 생각으로 행동으로 변화시킬 힘을 주소서.

🖼 본문에 나온 형식으로 결심하는 문장을 적으십시오.

차별을 넘어선 사랑

읽을 말씀 : 베드로전서 4:1-11

● 벧전 4:8 무엇보다도 뜨겁게 서로 사랑할지
니 사랑은 허다한 죄를 덮느니라

미국은 매년 1월 16일을 '마틴 루터 킹 데이'로 정해 그가 인
종차별과 싸웠던 업적을 기념합니다.

다음은 '불복종 운동' 중에 마틴 루터 킹 목사님이 말했던 어록
들입니다.

"믿음은 눈앞에 계단이 보이지 않더라도 첫걸음을 떼는 일입
니다."

"난 사랑을 믿기로 결심했습니다. 증오는 견디기에 너무 무거
운 짐이기 때문입니다."

"어둠은 어둠으로 몰아낼 수 없습니다. 오직 빛만이 어둠을 몰
아낼 수 있듯이 오직 사랑만이 증오를 물리칠 수 있습니다."

"저는 위대한 일을 할 순 없습니다. 그러나 작은 일들을 위대
한 방식으로는 해낼 수 있습니다."

"사랑은 세계에서 가장 오래 견딜 수 있는 힘입니다."

죽은 사람도 살리고, 풍랑도 잔잔케 하시는 놀라운 능력의 예
수님도 우리를 구원하시기 위해 힘이 아닌 사랑으로 다가오셨습
니다.

인종차별이라는 증오와 폭력을 사랑으로 이겨낼 수 있었던 것
은 마틴 루터 킹 목사님이 주 예수님을 통해 사랑의 위대함을 깨
닫고 실천했기 때문입니다. 판단이 아닌 포용으로, 증오가 아닌
사랑으로 모든 문제를 해결하십시오. 아멘!!

🤍 주님! 사랑이신 주님을 마음에 품고 살아가게 하소서.
🏵 최선을 다해 사랑하며 이해하려고 노력합시다.

유일한 처방약

읽을 말씀 : 로마서 8:31-39

● 롬 8:37 그러나 이 모든 일에 우리를 사랑
하시는 이로 말미암아 우리가 넉넉히 이기
느니라

19세기 미국 문학사에 가장 중요한 사람으로 평가받는 시인
월트 휘트먼은 나이가 들어 많은 병으로 고생했습니다. 병원에
갈 때마다 약의 성분과 부작용을 세세하게 확인하던 휘트먼은
문득 이런 생각이 들었습니다.

'모든 병에 다 잘 듣는 약은 아무래도 존재하지 않는 것인가?'

혹시나 싶어 이 생각을 의사에게 묻자 의사는 이렇게 대답했
습니다.

"그런 약이 있다면 저도 얼마나 좋겠습니까. 다만 지금까지 의
사 생활을 하면서 약은 아니지만 그와 비슷한 처방이 하나 있다
는 것을 알게 됐습니다. 바로 사랑입니다."

"하지만 그건 모든 사람에게 적용되는 처방이 아니지 않습
니까?"

휘트먼의 질문에 의사가 다시 대답했습니다.

"물론입니다. 하지만 그럴 땐 처방을 계속해서 늘리면 언젠가
듣게 되어 있습니다."

어떤 약을 쓰느냐 만큼 복용해야 하는 양도 중요합니다.

세상의 모든 문제는 충만한 하나님의 사랑으로 해결될 수 있
습니다. 우리의 할 일은 그 사랑을 더욱 갈급해 하는 것입니다.

하나님의 사랑이 필요하지 않은 사람은 단 한 명도 없습니다.
마음을 닫고 복음을 전하지 않는 사람에게도 포기하지 말고 하
나님의 사랑을 전하십시오. 아멘!!

🤍 주님! 세상 무엇보다 큰 주님의 사랑을 깨닫게 하소서.

🧎 사람을 구원하고 살리는 유일한 처방이 주님의 사랑임을 깨달읍시다.

비전을 분명히 세우라

읽을 말씀 : 빌립보서 3:10-16

● 빌 3:14 푯대를 향하여 그리스도 예수 안에서 하나님이 위에서 부르신 부름의 상을 위하여 좇아가노라

올림픽에서 8관왕이란 역사를 쓴 미국의 수영 황제 마이클 펠프스는 이루고자 하는 목표를 침대 옆에 붙여놓고 아침에 눈을 뜨자마자 읽으면서 하루를 시작했다고 합니다.

영화 '터미네이터'의 아놀드 슈왈츠제네거는 12살이 되던 해에 미국으로 이민을 오면서 책상에 다음과 같은 목표를 써서 붙였다고 합니다.

1. 유명한 영화배우가 될 것
2. 캘리포니아 주지사가 될 것

틈날 때마다 목표를 바라보고 사람들에게 이야기한 아놀드는 먼저 자신의 재능을 살려 보디빌더가 됐습니다. 운동을 하는 중에도 공사장에 나가 일을 하며 돈을 벌었고, 일주일에 세 번은 반드시 연기학원에 다녔습니다.

세계적인 보디빌더가 된 아놀드는 유명세를 바탕으로 할리우드의 스타 배우가 됐고, 오랜 준비와 노력을 바탕으로 캘리포니아 주지사로도 당선되며 12살 때 적었던 꿈을 모두 이뤘습니다.

목표가 분명하지 않은 사람은 아무것도 이룰 수가 없습니다. 응답은 간구할 제목이 있어야 받을 수 있듯이 주님이 주신 확고한 비전이 있는 사람은 결코 흔들리지 않는 목표를 가슴에 품어야 합니다. 주님이 허락하신 귀한 시간을 낭비하지 않고 최선을 다해 하나님의 뜻을 이루어나가는 하나님의 자녀가 되십시오. 아멘!!

♡ 주님! 주님을 향한 바른 소망을 품고 올해를 살아가게 하소서

🔲 확고한 비전 가운데 올해 이루어야 할 일을 계획합시다.

인내의 결실

읽을 말씀 : 히브리서 10:30-39

● 히 10:36 너희에게 인내가 필요함은 너희
가 하나님의 뜻을 행한 후에 약속을 받기 위
함이라

도미니크 보비는 30대의 젊은 나이에 세계적인 패션잡지 '엘
르'의 편집장이 됐습니다.

편집장이 된 보비는 회사에서도 능력을 인정받으며 승승장구
했지만 3년 뒤 뇌졸중으로 쓰러졌으며 원인도 모른 채 식물인간
이 됐습니다. 보비가 유일하게 움직일 수 있는 신체는 왼쪽 눈꺼
풀뿐이었습니다.

친한 사이였던 출판사 사장 오드와르는 문병을 왔다가 보비의
이런 모습을 보고 큰 충격을 받았습니다. 왼쪽 눈꺼풀만 움직이
는 보비를 보던 오드와르는 문득 이런 말을 했습니다.

"자네 혹시 책을 써보지 않겠는가? 내가 도와주겠네."

눈 깜박이는 횟수를 따라 알파벳을 찾아 글을 써주겠다는 말
이었습니다. 보비는 그 자리에서 오드와르의 제안을 승낙했습니
다. 물론 이 일은 쉬운 일이 아니었습니다. 눈에 경련이 와 하
루에 원고지 1장을 채우지 못할 때도 있었고, 유일한 한쪽 눈은
항상 충혈되어 있었습니다.

그러나 1년 3개월의 노력 끝에 마침내 '잠수복과 나비'라는
130페이지 분량의 책이 출간됐고 이 책은 열흘만에 17만 부가
팔리며 베스트셀러가 됐습니다.

인내가 없이는 어떤 고난도 극복할 수 없습니다. 항상 돌보시
고 힘주시는 주님을 기억함으로 나의 힘으로 할 수 없다고 생각
될 때도 참아내고 승리하십시오. 아멘!!

♡ 주님! 한 번 더 인내하며 한 번 더 기도하게 하소서.
🖼 주님이 주실 결실을 생각하며 눈앞의 일들을 이겨냅시다.

초심의 위력

읽을 말씀 : 시편 119:112-119

●시 119:112 내가 주의 율례들을 영원히 행
하려고 내 마음을 기울였나이다

미국의 한 낡은 테니스 코트에서 유망주들이 연습을 하고 있었습니다.

문이 열리고 한 남자가 들어오자 안에 있던 모든 사람들이 갑자기 연습을 멈추고 남자를 멍하니 쳐다보았습니다. 남자는 1년 전까지 세계랭킹 1위 자리에 있던 테니스계의 슈퍼스타 안드레 애거시였기 때문입니다.

수행원도 없이 홀로 짐을 챙겨 코트에 나온 남자는 유망주들과 같이 연습을 시작했습니다. 손목 부상으로 랭킹이 100위권 밖으로 떨어진 애거시는 비슷한 선수들과 연습하며 아마추어 대회에 나가기 시작했습니다. 이는 처음부터 다시 시작하지 않으면 실력을 회복할 수 없다고 생각했기 때문입니다. 수개월이 지나도 실력이 나아질 조짐이 보이지 않았지만 애거시는 포기하지 않았고 2년이 지난 뒤에 각종 메이저 대회에서 우승하며 다시 세계랭킹 1위에 올랐습니다.

제2의 전성기를 맞은 애거시의 기량은 30대 초반까지 이어졌으며 역대 세계랭킹 1위 중 가장 나이가 많았던 선수로 기록됐습니다.

이룬 것을 모두 포기하더라도 때로는 다시 시작하는 것이 가장 빠른 길입니다.

주 하나님을 향한 사랑과 열정이 예전 같지 않다고 생각된다면 더 늦기 전에 지금 다시 초심으로 돌아가십시오. 아멘!!

♡ 주님! 새로운 마음과 찬양과 봉사로 주님을 섬기게 하소서.
▦ 지금 나의 신앙상태를 점검하고 필요하다면 다시 시작합시다.

사람을 키우는 사람

읽을 말씀 : 요한복음 15:1-8

● 요 15:8 너희가 과실을 많이 맺으면 내 아버지께서 영광을 받으실 것이요 너희가 내 제자가 되리라

퀸시 존스는 세계적으로 촉망받던 트럼펫 연주자였습니다.

연습을 하던 중 극심한 현기증을 느낀 그는 곧장 병원으로 가서 정밀검사를 받았는데 뇌동맥류라는 희귀병에 걸렸다는 진단을 받았습니다. 수술을 해도 성공 확률은 1%였고, 이후에는 자신의 인생이었던 트럼펫을 불 수 없는 최악의 상황이 찾아왔습니다.

다행히 기적적으로 수술은 성공했으나 그의 모든 것이었던 트럼펫을 잃었습니다. 6개월 동안 회복 이후의 삶을 어떻게 살지 고민하던 존스는 자신의 음악적 안목으로 뛰어난 가수를 영입해 멋진 노래를 만들겠다는 결심을 했습니다.

이후 존스가 영입한 '마이클 잭슨', '제임스 잉그램', '도나 서머' 같은 가수들은 세계적인 스타가 됐으며 영입한 가수마다 10년 이상 롱런했습니다. 이들의 음악을 만든 존스는 그래미상 후보에 84번이나 올라 '흑인음악의 대부'로 불렸습니다. 그는 트럼펫 연주자로 살았을 때와 비교도 할 수 없는 대성공을, 제2의 삶에서 이뤘습니다.

바나바가 없다면 바울이 없었고, 아론이 없었으면 모세도 없었을 것입니다.

다른 사람을 향한 시기와 질투를 버리고 주 하나님의 일을 위해서라면 기꺼이 헌신하는 조력자가 되십시오. 아멘!!

♡ 주님! 귀한 헌신을 하는 사역자들이 큰 열매를 맺게 하소서.
🖼 귀한 곳에서 헌신하는 사람들을 위해 기도하고 응원합시다.

성공을 위한 베풂

읽을 말씀 : 잠언 11:25-31

● 잠 11:25 구제를 좋아하는 자는 풍족하여질 것이요 남을 윤택하게 하는 자는 윤택하여지리라

세상 대부분의 사람들은 성공을 갈망합니다. 그리고 더 높이 올라가기 위해서는 남의 것을 빼앗고 때로는 법도 어겨야 한다고 생각합니다. 하지만 20년간 전 세계적으로 각광받으며 스테디셀러로 손꼽히는 '레이첼의 커피'라는 책은 성공의 비결을 다음의 다섯 가지로 가르칩니다.

1. 가치의 법칙
   사람의 가치는 받는 것보다 주는 것으로 결정된다.
2. 보상의 법칙
   받은 수익을 얼마나 남을 위해 쓰는가가 수입을 결정한다.
3. 영향력의 법칙
   다른 사람에게 도움을 주는 일을 하는 사람이 성공한다.
4. 진실성의 법칙
   타인에게 정말로 도움이 되기를 원하는 사람이 성공한다.
5. 수용의 법칙
   다른 사람의 도움과 마음을 받을 수 있는 사람이 성공한다.

받는 것보다 베푸는 것이 정말로 복임을 예수님은 성경을 통해 가르치셨습니다.

하나님이 주신 은혜와 복음을 세상으로 흘려보내는, 진짜를 베푸는 그리스도인이 되십시오. 아멘!!

♡ 주님! 욕심을 버리고 베푸는 마음을 갖게 하소서.

▥ 정기적으로 나누고 봉사할 수 있는 일들을 계획합시다.

버려야 할 것

읽을 말씀 : 여호수아 24:19-28

● 수 24:23 여호수아가 가로되 그러면 이제 너희 중에 있는 이방신들을 제하여 버리고 너희 마음을 이스라엘의 하나님 여호와께로 향하라

배가 침몰해 가라앉을 때 선장이 가장 먼저 내리는 지시는 짐을 버리는 일입니다.

사람의 목숨보다 중요한 것은 없기 때문에 아무리 오랜 항해를 거쳐 중요한 물건을 싣고 왔더라도 일단 파선의 위기에 처하면 모든 것을 아낌없이 버려야 합니다. 이런 행동을 영어로는 '제티슨(Jettison)'이라고 합니다.

비행기도 사고 위기에 처했을 때 가장 먼저 버리는 것이 '연료'입니다.

수천 킬로미터의 상공을 나는 비행기에게 연료보다 중요한 것은 없지만 사고의 위기에서는 폭발을 부를 수 있기 때문에 최소한의 연료를 제외하고는 모두 배출합니다.

'제티슨'은 배나 비행기뿐 아니라 위급상황에서 무언가를 버려야 할 때 사용되는 단어입니다. 이때 버려야 할 물건을 '제티섬(Jetsam)'이라고 하는데 제티섬을 제대로 판단하지 못하거나 아까워하면 결국 대참사가 일어나게 됩니다.

진정한 생명은 예수 그리스도를 믿음으로 얻게 되고 이 세상을 사는 우리에게 이 생명을 지키는 것보다 더 중요한 일은 없습니다.

주님을 따르기 위해 버려야 할 무언가가 있다면 지금 버려두고 주님을 따르십시오. 아멘!!

♡ 주님! 썩어서 사라질 것들에 마음을 빼앗기지 않게 하소서.
▨ 생명을 위해 버려야 할 것이 있는지 체크해봅시다.

세상에서의 삶

읽을 말씀 : 베드로전서 1:13-25

● 벧전 1:23 너희가 거듭난 것이 썩어질 씨로 된 것이 아니요 썩지 아니할 씨로 된 것이니 하나님의 살아 있고 항상 있는 말씀으로 되었느니라

바닷가재는 태어날 때부터 껍질이 고정되어 있습니다. 껍질의 크기는 그대로지만 안의 몸이 자라기 때문에 성장기의 바닷가재는 탈피를 합니다. 탈피를 한 바닷가재의 몸은 부드럽고 연약해 적의 공격에 취약해집니다. 다시 껍질이 자랄 때까지 바닷가재는 바위 밑에 숨어서 지내는데 이때 극심한 스트레스를 느낀다고 합니다.

그러나 이 과정을 거치지 않으면 적의 위협은 고사하고 동료들과의 경쟁에서도 승리할 수 없기 때문에 더 넓은 영역을 차지하는 바닷가재일수록 이 위기를 극복하고 더 많은 탈피를 한다고 합니다.

누에는 태어난 지 20여 일 만에 누에에서 고치로, 고치에서 번데기로, 번데기에서 나비로 변합니다. 자신을 보호하기 위해 고치를 만들고, 나비가 되기 위해 단단한 고치를 다시 뚫어야 하지만 이 고통스러운 과정이 없으면 누에는 절대로 나비가 될 수 없습니다.

세상에서의 삶은 과정이 어떻든 결국은 죽음으로 끝이 납니다. 그러나 참된 진리의 말씀을 믿을 때 죽음이란 과정을 지나 주 하나님이 예비하신 하늘나라를 누릴 수 있게 됩니다.

이 굳건한 믿음을 붙잡고 험난한 세상을 승리로 살아가십시오. 아멘!!

♡ 주님! 천국의 약속을 통해 세상에서의 희망의 불을 밝혀주소서.
🏮 천국을 향한 믿음을 마음으로 굳건히 붙듭시다.

뿌린 대로 거둔다

읽을 말씀 : 마태복음 25:34-46

● 마 25:42 내가 주릴 때에 너희가 먹을 것을 주지 아니하였고 목마를 때에 마시게 하지 아니하였고

톨스토이의 단편에 나오는 내용입니다.

불쌍한 걸인이 부유한 농부에게 구걸을 했습니다.

"이틀간 아무것도 먹지 못했습니다. 부디 자비를 베푸십시오."

농부의 밭에는 곡식이 가득했고 집 앞의 텃밭에만 해도 먹을 수 있는 다양한 열매가 많았습니다. 그러나 농부의 아내는 창고에서 고약한 냄새가 나는 마늘 줄기를 잔뜩 가져와 걸인 앞에 던졌습니다.

"미안하지만 남는 게 이런 것밖에 없네요."

걸인은 다 썩어가는 마늘을 주워 먹고는 고맙다는 인사를 남기고 떠났습니다. 이후로도 농부 부부는 그 어떤 사람에게도 썩은 마늘 줄기 이상을 베풀지 않았습니다.

먼 훗날 농부의 아내가 나이가 들어 세상을 떠났습니다. 그녀를 데리러 온 천사에게 "제발 하늘나라로 보내 달라"고 애원하자 천사는 하늘까지 이어진 마늘 줄기를 건넸습니다. 그러나 마늘 줄기는 걸인에게 줬던 것처럼 썩은 것으로, 하늘로 오르다 줄이 끊어졌다고 합니다.

도움이 필요한 사람들을 지나치고 외면하는 우리의 모습이 어쩌면 소설의 농부 내외와 같지는 않을까요?

주님은 가난하고 불쌍한 사람들을 어떻게 섬겨야 하는지 분명하게 말씀하셨습니다. 세상의 가장 낮은 사람들에게 예수님의 사랑을 나누는 그리스도인이 되십시오. 아멘!!

🖤 주님! 주님을 섬긴다는 마음을 가지고 사람들을 섬기게 하소서.
🎴 사회적 약자들을 찾아가 주님을 섬기듯이 섬깁시다.

주님이 함께하시는 곳

읽을 말씀 : **고린도후서 5:1-10**

● 고후 5:8 우리가 담대하여 원하는 바는 차라리 몸을 떠나 주와 함께 있는 그것이라

독일의 신학자 타울러가 라인강 주변을 거닐며 하나님의 말씀을 사색하고 있었습니다.

그러던 중 한 어르신을 만나 대화를 나눴는데 그 어르신은 자신의 신앙을 다음과 같이 고백했습니다.

"주님을 만난 뒤 내 인생에는 하루도 나쁜 날이 없었습니다. 모든 것이 그야말로 기쁨입니다."

이 고백을 듣고 타울러가 물었습니다.

"만약 하나님이 어르신을 지옥으로 보낸다 해도 그 기쁨이 유지될까요?"

"지옥에서의 고통이 어떤 것인지 나는 모릅니다. 하지만 나를 찾아오신 주님이 나를 절대로 떠나지 않는다는 사실만은 분명합니다. 주님이 나와 함께 계신다면 지옥도 내게는 천국입니다."

노인의 간증을 들은 타울러는 영혼의 큰 울림을 받았습니다. 이 경험으로 타울러는 '벗이신 하나님'을 중시하는 경건 생활의 중요성을 사람들에게 전했고, 이 사상은 훗날 마틴 루터를 비롯한 수많은 신학자들에게 큰 영향을 끼쳤습니다.

지금 내가 있는 곳, 지금 내가 하는 일보다 더욱 중요한 것은 주님이 내 안에 함께 하시는지의 여부입니다.

내 삶의 진정한 주인으로 예수님이 나의 구세주이시며 주님으로 계신지 확인해 보십시오. 아멘!!

♡ 주님! 내 삶의 주인으로 오사 내 삶을 주장하여 주소서.

▨ 나와 동행하시는 주님을 느끼며 하루를 기쁨으로 채웁시다.

종말을 알리는 시계

읽을 말씀 : 요한계시록 19:11-21

● 계 19:11 또 내가 하늘이 열린 것을 보니 보라 백마와 탄 자가 있으니 그 이름은 충신 과 진실이라 그가 공의로 심판하며 싸우더 라

미국 워싱턴에는 지구의 종말을 예측하는 '지구 종말 시계'가 있습니다.

이 시계는 단순한 재미가 아니라 많은 과학자들이 실제적인 자료와 예측을 통해 운영하고 있습니다.

12시가 되면 지구의 종말이 일어날 수 있는 기후변화나 전쟁 이 일어난다는 뜻인 이 시계의 최근 시각은 11시 58분으로 지 구 종말까지 약 2분 남은 상태입니다.

주요 원인은 정치적 문제 해결 실패와 지구 온난화 때문이라 고 합니다.

지구 종말 시계가 11시 58분이었던 적은 딱 한 번으로 미국 과 소련이 서로 핵폭탄을 실험하던 냉전 체제 당시뿐이었습니 다. 냉전이 끝난 후 시계는 무려 17분 전으로 돌아가 세계에 평 화가 깃들 것이라 예측했지만 세계 곳곳의 크고 작은 전쟁과 급 격한 기후변화로 인한 재앙으로 결국 다시 한 번 지구 종말 시계 는 자정을 앞두게 됐습니다.

물론 지구 종말 시계가 자정이 된다고 해서 바로 세상이 끝나 는 것은 아닙니다. 그러나 세상의 모든 것은 유한하며 시작이 있 었기에 언젠가 끝이 나게 되어 있습니다.

유한한 이 세상에서 할 수 있는 가장 가치 있는 일은 주님을 믿고, 주님의 말씀대로 실천하며 주님의 뜻을 이루는 것임을 믿 으십시오. 아멘!!

♡ 주님! 더 나은 세상을 위해 기도하며 행동하게 하소서.
🖼 한 명이라도 더 많은 사람들에게 복음이 전해지기를 기도합시다.

매니큐어로 칠한 희망

읽을 말씀 : 디모데후서 2:14-26

●딤후 2:21 그러므로 누구든지 이런 것에서 자기를 깨끗하게 하면 귀히 쓰는 그릇이 되어 거룩하고 주인의 쓰심에 합당하며 모든 선한 일에 예비함이 되리라

몇 년 전 네덜란드 전역에서 형형색색으로 매니큐어를 칠한 손을 인증하는 유행이 퍼졌습니다.

네덜란드의 총리 마르크 뤼터, 세계적인 프로듀서 반 뷰렌과 하드 웰, 윈드서핑 올림픽 금메달리스트 도리안 리셀버지, 그리고 그 밖의 수많은 영화배우와 슈퍼스타들도 매니큐어를 칠한 손톱을 개인 소셜네트워크 계정에 올렸습니다.

이 운동은 뇌종양으로 1년 시한부를 선고받은 6살짜리 테인 콜스테렌이 남은 1년을 뜻깊은 일에 사용하고 싶어, 깊이 생각하며 기도 끝에 사람들 손톱에 매니큐어를 칠해주고 1유로를 기부 받는 것으로 시작했습니다.

6살 소년의 따뜻한 마음은 방송을 타고 네덜란드 전역으로 퍼졌고, SNS에 수많은 스타들도 매니큐어를 칠한 손을 인증하며 많은 돈을 기부했습니다.

1년이 지난 뒤 콜스테렌은 안타깝게도 천국으로 떠났지만 소년의 따스한 마음으로 모인 30억 원의 기부금은 폐렴으로 고통받는 아이들을 위해 전액 사용됐습니다.

내가 할 수 있는 작은 일을 통해서도 주님은 크게 사용하십니다. 나를 위한 신앙과 삶에서 벗어나 남을 생각하는 더 큰 생각과 마음을 주님께 구하십시오. 아멘!!

♡ 주님! 선한 영향을 미칠 수 있는 좋은 생각들을 주소서.
🎴 교회의 좋은 모습과 소식은 SNS를 통해서도 적극 알립시다.

1월 29일

얼굴이 달라야 한다

읽을 말씀 : 역대상 16:23-29

● 대상 16:27 존귀와 위엄이 그 앞에 있으며
능력과 즐거움이 그 처소에 있도다

　미국의 한 판매회사에서 조명과 판매율에 대한 실험을 했습니다. 일주일씩 조명을 바꿔가며 판매율을 비교한 실험이었는데 다음과 같은 결과가 나왔습니다.

－ 사람들은 밝은 조명에서 상품을 1.5병 더 살펴봤다.

－ 조명이 밝을 때 판매율이 10% 높았다.

－ 조명이 흐릴 때는 더 비싼 상품을 구매했다.

－ 조명이 밝을 때 상품을 손에 들고 살펴보는 경우가 2배 높았다.

　조명 밝기가 달라졌을 뿐인데 사람들의 행동은 유의미한 차이가 보일 정도로 달랐습니다. 마찬가지로 식당에서도 조명이 오렌지색일 때 사람들이 음식 맛을 더 좋게 평가했고 메뉴도 더 많이 시켰습니다. 빛의 밝기와 색이 사람들의 생각에 큰 영향을 미치기 때문입니다.

　본능적으로 빛과 밝은 색을 따르도록 우리는 창조됐습니다.

　빛의 밝기와 색상에 따라 사람들이 느끼는 것이 달라지듯이 그리스도인은 얼굴만 봐도 티가 나야 합니다.

　하나님의 사랑이 주는 기쁨과 평안은 세상의 그 어떤 고난으로도 막을 수 없기 때문입니다.

　참된 진리와 행복이 우리 안에 있음을 환한 미소와 감출 수 없는 기쁨으로 세상 사람들에게 보여주십시오. 아멘!!

💚 주님! 주님이 주시는 참된 기쁨을 마음에 새기며 살아가게 하소서.

📖 집을 나서기 전 거울을 보고 활짝 웃는 연습을 합시다.

침묵의 행동

읽을 말씀 : 시편 119:36-42

● 시 119:36 내 마음을 주의 증거로 향하게
하시고 탐욕으로 향치 말게 하소서

　　문화 인류학자인 에드워드 홀은 서로 다른 문화에서 사는 사람들의 행동을 연구했습니다.

　　홀은 사람들의 언어, 거리, 생활공간, 습성 등을 연구하다가 '말보다 행동'을 분석할 때 바르게 문화를 이해할 수 있다는 것을 깨달았습니다. 홀은 자신의 책 '침묵의 언어'에서 오히려 침묵할 때 '상호작용, 연합, 시간성, 학습과 습득, 놀이, 방어, 개발' 등의 변화가 일어난다고 주장했습니다.

　　실제로 의사소통에서 말이 차지하는 비율은 약 10% 정도, 몸짓이나 표정 등이 차지하는 비율은 57%라고 합니다.

　　예를 들어 "나 화 안 났어"라고 말하는 사람의 표정이 일그러져 있고 씩씩댄다면 누가 봐도 화가 났다고 생각할 테지만 반면에 웃으면서 부드럽게 "조금 화나는데?"라고 말하는 사람은 장난으로 이해하게 됩니다.

　　물론 우리 입에서 나오는 말도 중요하지만 그 말이 진심으로 느껴지려면 그 말을 전하는 표정, 몸짓, 마음이 달라져야 합니다.

　　세상에 하나님의 사랑을 전하고 말씀을 실천하기 위해선 내가 먼저 진심으로 예수님의 사랑과 말씀에 감화되어야 합니다.

　　갚을 길 없는 놀라운 은혜를 주신 예수님의 사랑을 매일 마음에 품고 살아가십시오. 아멘!!

💚 주님! 겉사람이 아닌 속사람이 변화되게 하소서.
🧎 진심을 다해 남을 칭찬하고 격려하는 연습을 합시다.

매일의 격려

읽을 말씀 : 잠언 27:21-27

● 잠 27:21 도가니로 은을, 풀무로 금을, 칭찬으로 사람을 시련하느니라

미국의 에이미 멀린스는 태어날 때부터 종아리뼈가 없었습니다. 돌이 지나자마자 무릎 아래쪽을 절단하는 수술을 받은 뒤 평생 의족을 끼고 살아야 할 가혹한 운명이었습니다.

너무 어린 나이에 수술을 받아서 괴로운 재활 훈련을 매일 하지 않으면 제대로 걷지도 못했습니다.

하지만 에이미는 고난을 이겨내고 걷기, 뛰기 뿐 아니라 자전거로 하이킹까지 할 수 있는 강인한 몸을 만들었습니다.

21살 때 미국을 대표하는 육상선수가 되어 장애인 올림픽에 출전했고 멀리뛰기 신기록을 세워 금메달을 목에 걸었습니다.

제대로 걷지도 못했던 에이미가 이런 도전을 할 수 있었던 것은 어린 시절 병원에서 만났던 의사 선생님의 격려였습니다.

"다리가 없어도 할 수 있다"

"넌 충분히 잘하고 있단다"

"넌 분명히 극복해낼 거다"

매일 같이 따뜻한 말을 건네주던 의사 선생님의 격려로 에이미는 긍정적인 삶의 자세를 갖게 됐고, 한계를 극복할 수 있었습니다.

격려는 관심으로 다른 사람에게 베풀 수 있는 최고의 사랑입니다. 어려움에 처한 사람들에게 따뜻한 목소리로 진심어린 격려를 아끼지 마십시오. 아멘!!

💗 주님! 말로 사람을 살리고 위로하는 성도가 되게 하소서.

📷 따스한 격려와 힘이 되는 성구를 필요한 사람들에게 전송합시다.

2

"하늘에서는 주 외에 누가 내게 있으리요
땅에서는 주 밖에 내가 사모할 이 없나이다"
-시편 73:25 -

2월 1일

쿠바에 전한 복음

읽을 말씀 : 마가복음 16:14-20

● 막 16:15 또 가라사대 너희는 온 천하에 다 니며 만민에게 복음을 전파하라

『2000년 7월 5일, 전 세계 1억 6천만 침례교인들을 대표하는 침례교세계연맹 총회장에 취임하기 위해 나는 쿠바의 수도 아바나에 있었다. 피델 카스트로 의장에게 복음을 전하고 싶었던 나는 교황 요한 바오로 2세 외에 어떤 종교지도자도 만난 적이 없는 그를 위해 스페인어 성경을 미리 준비했다.

총회 첫날 예정됐던 카스트로 의장의 만찬 리셉션 연설이 급작스레 취소됐다. 나는 새벽마다 "주님, 카스트로에게 복음을 전할 수 있도록 인도해주십시오" 라고 간절히 기도했다.

마지막 집회를 3시간쯤 앞두고 급히 연락이와 공산당 중앙당사로 곧장 달려갔다.

트레이드 마크인 카키색 군복을 입은 카스트로는 키가 매우 크고 턱수염이 희끗한 일흔네 살의 할아버지였다.

그는 내가 건네준 스페인어 성경을 펼쳐 몇 구절을 읽었다.

"어릴 때 성경을 많이 읽었습니다"라며 2시간이 넘도록 이야기를 나눴다. 교황을 만난 시간보다 더 긴 시간이었다.

다음 날 쿠바의 국영TV는 우리의 전도 집회를 정규시간대에 편성해 한 시간에 걸쳐 대대적으로 보도했다. 계획에 없던 일이었다. 쿠바 전국에 복음의 늦은 비가 내리고 있었다.』- 김장환 목사 3E인생에서 발췌

그리스도인의 가장 중요한 사명이 복음 전파입니다.

성령의 인도하심을 따라 사람들에게 복음을 전파합시다. 아멘!

♡ 주님! 오로지 복음 전파를 위한 사명에 온전히 나를 사용하소서.
🖋 내가 전할 수 있는 복음을 최선을 다해 전합시다.

중심이신 예수님

읽을 말씀 : 예레미야 20:7-18

● 렘 20:9 내가 다시는 여호와를 선포하지 아
니하며 그 이름으로 말하지 아니하리라 하면
나의 중심이 불붙는것 같아서 골수에 사무치
니 답답하여 견딜 수 없나이다

    밀라노의 한 백작의 요청으로 다빈치가 그리기 시작한 '최후
의 만찬'은 완성되기까지 무려 3년이나 걸렸습니다.

    많은 사람들이 '최후의 만찬'을 다빈치가 처음 그린 것으로 알
고 있지만 사실 최후의 만찬은 다빈치 이전에도 당대의 유명한
화가라면 한 번씩 그렸던 작품입니다. 그럼에도 이전의 작품들
과 다빈치의 작품에는 분명한 차이점이 있습니다. 바로 다빈치
가 최후의 만찬의 모든 초점을 예수님께 맞췄다는 점입니다.

    다빈치 이전의 최후의 만찬은 유다의 배신에 초점이 맞춰져
그림을 보기만 해도 유다에게 먼저 눈이 갔습니다. 하지만 다빈
치는 철저한 원근법으로 예수님에게 먼저 시선이 가도록 그림을
그렸고, 예수님을 향한 시선이 방해받지 않도록 손에 들고 있던
컵도 수정단계에서 지웠습니다.

    또한 유다의 얼굴로 적합한 상대를 찾기 위해 몇 달 동안 빈
민가를 뒤졌고 예수님의 얼굴을 어떻게 그려야 할지 2년 가까
이 고뇌했습니다.

    죄인인 유다보다도 구원자이신 예수님께 초점을 맞추고 더욱
세밀하게 표현했기에 다빈치의 작품은 진정한 명화로 남았던 것
입니다. 예수님의 모든 기적과 고난과 부활은 하나님의 영광을
드러내고 나를 구원하시기 위한 것이었습니다.

    이 놀라운 은혜를 잊지 말고 나의 모든 삶 가운데 온전히 예
수님만 드러내기를 소원하십시오. 아멘!!

♡ 주님! 내 삶의 중심에 예수님을 모시게 하소서.
▨ 예수님을 전하고, 닮아가는 목표를 잊지 맙시다.

2월 3일

행복의 상대성

읽을 말씀 : 시편 112:1-6

● 시 112:5 은혜를 베풀며 꾸이는 자는 잘 되나니 그 일을 공의로 하리로다

영화촬영을 하러 캄보디아에 간 할리우드 배우가 있었습니다. 배우는 불우한 어린 시절을 이겨내고 많은 사람의 선망을 받는 스타가 됐음에도 항상 세상에서 자신이 가장 불행하다고 생각했고, 열등감과 불안함을 이기지 못해 자해를 하며 마약에도 손을 댔지만 상태는 조금도 나아지지 않았습니다. 그런데 아직 내전의 상처가 아물지 않은 캄보디아의 아이들을 보며 생각이 조금씩 바뀌었습니다. 당장 먹을 것도 없고, 신발도 없어 맨발로 다니는 아이들이었지만 행복한 미소를 지으며 희망을 갖고 사는 모습을 보고 배우는 큰 충격을 받았습니다.

태어나자마자 자신과 엄마를 버린 아버지, 학교를 자퇴하게 만들 정도로 괴롭혔던 친구들, 끼니를 걱정해야 할 만큼 가난해 괴로웠던 자신의 과거보다 훨씬 힘든 삶을 사는 아이들이 희망을 잃지 않고 있었습니다.

순수한 아이들의 미소로 마음의 어려움을 극복한 배우는 매년 정기적으로 캄보디아를 방문해 많은 자선활동을 베풀고 있고, 몇몇 아이들은 직접 입양까지 하며 돌보고 있습니다.

영화 촬영을 위해 캄보디아를 방문한 뒤 빈민구호운동과 환경 보호에 앞장서는 할리우드 스타 안젤리나 졸리의 이야기입니다.

하나님이 주신 큰복과 은혜는 자랑을 위함이 아니라 베풀고 나누기 위함입니다. 과거보다는 미래를, 우리보다 나은 사람보다는 부족한 사람을 바라보십시오. 아멘!!

♡ 주님! 주님이 우리에게 주신 은혜와 큰 복을 감사하며 나누게 하소서.
📖 받은 큰 복을 베풀 줄 아는 그리스도인이 됩시다.

부족함을 채워주는 친구

2월 4일

읽을 말씀 : 고린도후서 1:12-24

● 고후 1:24 우리가 너희 믿음을 주관하려는 것이 아니요 오직 너희 기쁨을 돕는 자가 되려 함이니 이는 너희가 믿음에 섰음이라

   대구의 한 대학교에는 다리가 불편해 휠체어를 타고 다니는 학생을 늘 뒤에서 밀어주는 학생이 있습니다.

   뒤에서 휠체어를 밀어주는 동안 타고 있는 친구는 눈앞의 길을 계속해서 말로 설명해 주는데 밀어주는 학생이 시각장애인이기 때문입니다. 임용고시를 준비하고 있는 두 학생은 학교를 같이 다니며 서로의 단점을 채워주고 있습니다. 휠체어를 탄 친구는 앞이 안 보이는 친구를 위해 강의를 필기로 정리해뒀다가 기억할 수 있게 읽어주고, 동영상 강의도 함께 보며 착실하게 설명해 주는 '눈'이 되어주고 시각장애인 친구는 다리가 불편한 친구의 설명을 들으며 휠체어를 밀어주고 때때로 팔이 닿지 않는 곳의 물건을 꺼내주며 '손'과 '발'이 되어줍니다.

   기숙사 룸메이트로 만나 서로의 부족함을 채워주며 열심히 공부한 두 친구는 임용시험에서 당당히 합격해 같은 어려움으로 고생하는 학생들을 위한 교사가 되겠다는 꿈을 멋지게 이뤘습니다.

   하나님이 주신 나의 가진 것으로 서로의 부족함을 채워줄 때 약점이 오히려 강점이 되며 배가의 축복을 경험하게 됩니다. 그러므로 주변 사람의 어려움을 마땅히 도울 수 있다면 망설이지 말고 도와야 합니다. 서로의 어려움에 관심을 갖고 사랑으로 도울 때 하나님이 일하십니다. 어려운 사람을 돕는 일을 망설이지 마십시오. 아멘!!

♡ 주님! 이웃과 친구를 위한 수고를 기꺼이 감당하게 하소서.
▨ 주님 안에서 서로의 부족함을 도우며 선을 이룹시다.

2월 5일

이미 받은 구원

읽을 말씀 : 히브리서 10:34-39

● 히 10:39 우리는 뒤로 물러가 침륜에 빠질 자가 아니요 오직 영혼을 구원함에 이르는 믿음을 가진 자니라

지독한 불면증으로 고생하는 사람이 있었습니다.

온갖 수단과 방법을 동원했지만 그럼에도 잠이 오지 않았고, 선잠으로 1~2시간 정도 자다 깨는 것이 전부였습니다. 도저히 안 되겠다 싶어 병원에 입원까지 했고 다양한 처방을 받았음에도 증세는 쉽사리 나아지지 않았습니다.

그러다 하루는 기적 같은 일이 일어났습니다. 아무런 약도 먹지 않았는데 저녁에 잠이 오기 시작한 것입니다. 기분 좋은 숙면을 취하던 환자에게 누군가 다가왔고 흔들어 잠을 깨웠습니다. 그 사람은 환자를 담당하던 간호사였습니다. 간호사는 환자를 깨운 뒤 이렇게 말했습니다.

"수면제 먹을 시간입니다. 어서 일어나세요."

잠을 자려고 먹는 약이 수면제인데, 잠이 든 사람에게 수면제가 왜 필요하겠습니까? 치료가 된 사람을 다시 병에 걸리게 하는 것처럼 어리석고 안타까운 일은 없습니다. 그런데 때때로 이보다 더한 실수를 우리도 할 때가 있습니다. 예수님의 십자가가 아닌 다른 도를 찾고 따르는 일이 바로 그런 일입니다.

이미 구원을 받아 영생을 약속받은 우리에게 또 다른 구원이나 약속은 필요가 없습니다.

영원한 주님의 약속을 믿고, 넘어지고 쓰러질지라도 자백함으로(요일 1:9) 다시 돌아오십시오. 아멘!!

♡ 주님! 언제나 동일하신 주님을 향한 믿음을 주소서.
🖼 나를 향한 주님의 사랑과 약속은 동일하다는 사실을 기억합시다.

질문의 가치

읽을 말씀 : 요한복음 3:1-8

● 요 3:3 예수께서 대답하여 가라사대 진실로 진실로 네게 이르노니 사람이 거듭나지 아니하면 하나님 나라를 볼수 없느니라

　　강의에 빠진 채 카페에서 노트에 무언가를 빼곡히 적고 있는 대학생이 있었습니다.

　　대학생은 직접 구해온 최신 논문들을 보며 이런 생각을 했습니다.

　　'세상에서 제일 빠른 것은 빛인가? 빛보다 빠른 속도를 낸다면 어떻게 될까?'

　　이 질문이 아인슈타인의 '상대성 이론'을 만들었습니다.

　　아인슈타인은 대학생 시절 종종 수업에 빠진 채 카페에 가서 혼자 질문을 하고 해답을 찾았습니다.

　　친구와 저녁을 먹고 집 앞의 사과나무를 보며 담소를 나누던 뉴턴도 문득 떨어지는 사과를 보며 "왜 사과는 옆이나 위가 아닌 아래로만 떨어질까?"라고 생각했고, 이 질문에 대한 연구로 '만유인력의 법칙'을 발견했습니다.

　　위대한 발견은 통찰력 있는 질문에서 나옵니다.

　　니고데모는 질문을 통해 거듭남의 비밀을 깨달았고 예수님은 어디를 가시던지 사람들의 질문을 그냥 넘기지 않으셨고, 이해하기 쉽게 비유를 들어가면서까지 설명해주셨습니다.

　　더 나은 믿음을 위한 작은 질문들을 멈추지 말고 성경에서 해답을 찾으십시오. 아멘!!

♡ 주님! 올바른 질문을 통해 진리를 깨달아가게 하소서.

▩ 성경을 통해 인생의 모든 질문에 답을 찾아봅시다.

사람을 변화시키는 것

읽을 말씀 : 요한3서 1:5-15

● 요3 1:5 사랑하는 자여 네가 무엇이든지 형제 곧 나그네 된 자들에게 행하는 것이 신실한 일이니

아프리카 남쪽에는 '바벰바'라는 소수 부족이 살고 있습니다.

이 부족에서는 어떤 사람이 죄를 지으면 다음 날 그 사람을 넓은 공터로 불러냅니다. 그리고 죄를 지은 사람을 온 마을 사람들이 둘러싼 뒤에 한 명씩 나와 그 사람에 대한 칭찬을 합니다.

"사냥을 갔다가 다리가 다친 나를 너는 업어주었다."

"사냥 도구를 만들지 못했던 나를 도와준 적이 있다."

"사람들과 잘 어울리지 못했던 나에게 유일한 친구였다."

부족의 사람들은 단 한 명도 빠짐없이 칭찬을 해야 합니다. 그리고 모두 돌아가면서 칭찬을 한 뒤에는 큰 잔치가 벌어집니다.

죄를 지은 사람에게 "너는 죄를 지었지만 본성은 착한 사람이다"라는 사실을 칭찬으로 알려주고 이제 새사람이 됐다는 의미에서 잔치로 축하해주는 것입니다.

이런 의식 덕분인지 바벰바 부족에게는 범죄가 일어난 확률이 극히 희박해 1년에 1, 2번 정도 잔치가 열릴 뿐이라고 합니다.

사람을 변화시키는 것은 정죄와 처벌이 아니라 칭찬과 사랑입니다.

사람들의 소소한 잘못은 먼저 사랑으로 덮어주고 위로해주는 공동체를 위해 기도하십시오. 아멘!!

💙 주님! 베푸신 놀라운 사랑을 조금이라도 깨닫고 실천하게 하소서.

🏯 사랑이 모든 행동의 1순위가 되도록 동역자들과 함께 노력합시다.

구걸하는 이유

읽을 말씀 : 마태복음 18:1-14

● 마 18:10 삼가 이 소자 중에 하나도 업신여 기지 말라 너희에게 말하노니 저희 천사들이 하늘에서 하늘에 계신 내 아버지의 얼굴을 항상 뵈옵느니라

불가리아의 수도 소피아에는 하루 종일 거리를 돌아다니며 적선을 요구하는 백발이 성성한 노인이 있었습니다.

100살이 된 노인은 하루에 20km를 돌아다니며 사람들에게 적선을 요구했습니다.

"불우한 이웃을 돕겠습니다. 한 푼만 도와주세요."

노인의 이름은 도브리로 20년 넘게 소피아 시내를 돌아다니며 구걸을 했습니다. 사람들은 불우한 이웃을 돕겠다는 빌미로 이득을 취하려는 게 아닌지 의심했지만 도브리는 적선으로 받은 돈을 단 한 푼도 챙기지 않고 모두 불우이웃을 돕는 일에 사용했습니다.

도브리는 자신이 남을 돕기 위해서 돈을 벌 수 있는 방법이 구걸밖에 없다고 생각해 20년이 넘게 거리를 돌아다니며 적선을 받았고, 104세에 죽기 직전까지 매일 온 시내를 다니며 5천만 원이 넘는 돈을 기부했습니다.

가진 건 없었지만 최선을 다해 남을 도우며 살았던 도브리 할아버지를 불가리아 사람들은 '거리의 성인'으로 부릅니다.

복음을 전할 수 있다면, 죽어가는 생명을 살릴 수 있다면, 낮고 천한 일이란 존재하지 않습니다.

날 위해 예수님이 세상에 오신 것처럼 더 낮은 곳을 살피며 주님의 사랑을 전하십시오. 아멘!!

🖤 주님! 남을 위한 수고를 아끼지 않게 하소서.
🗾 작은 노력으로도 남을 도울 수 있는 방법을 찾아봅시다.

기독교인의 우울증

읽을 말씀 : 시편 34:15-22

● 시 34:18 여호와는 마음이 상한 자에게 가까이 하시고 중심에 통회하는 자를 구원하시는도다

시대는 점점 풍요로워지고 있지만 우울증과 공황장애처럼 정신적인 질환으로 고통받는 사람들은 점점 많아지고 있다고 합니다. 이는 그리스도인들에게도 마찬가지입니다.

상담전문가인 브랜든 힐게만 목사님의 '그리스도인이 우울증과 싸우는 10가지 방법'입니다.

01. 주 하나님께 기도로 울부짖으라.

02. 그리스도인이라는 정체성을 붙잡으라.

03. 가벼운 운동이라도 시작하라.

04. 건강에 도움이 되는 식습관을 지키라.

05. 믿음의 공동체를 떠나지 말라.

06. 받은 축복을 세어보아라.

07. 스마트폰과 인터넷 중독에서 벗어나라.

08. 수면 시간을 늘리고 충분히 휴식하라.

09. 중요하지 않은 일들을 끊어내라.

10. 솔직한 심정을 누군가에 터놓으라.

기독교인의 우울증은 일반 사람들보다 더 힘들게 느껴질 때가 있습니다. 주님께 기도하면서 내면의 아픔을 솔직히 고백하고 간구하십시오. 십자가의 공로를 의지하며 주님의 은혜를 구하십시오. 아멘!!

💚 주님! 모든 것을 치유하시는 하나님께 마음을 내어놓게 하소서.

🎴 우울증을 숨기지 말고 도움을 구하며 적극적으로 맞섭시다.

저절로 되는 것은 없다

**2월 10일**

읽을 말씀 : 신명기 4:23-29

● 신 4:29 그러나 네가 거기서 네 하나님 여호
와를 구하게 되리니 만일 마음을 다하고 성
품을 다하여 그를 구하면 만나리라

신라 시대 최치원은 12살 때 당나라로 유학을 떠났습니다.
유독 엄했던 아버지는 "10년 안에 당나라에서 벼슬을 하지 못
하면 돌아오지 말라"고 엄포를 놓았습니다. 신분이 낮으면 벼슬
을 할 수 없었던 신라 시대에 유일하게 골품제를 극복할 수 있는
방법은 당나라의 과거에 합격하는 것이었기 때문입니다.

당나라에 도착한 최치원은 6년 만에 과거에 합격했고, 뛰어
난 문장가로 인정받았지만 뒤숭숭한 당나라 사정에 크게 쓰임
받지는 못하고 신라로 돌아왔습니다.

신라에서는 유학파 중 가장 뛰어난 실력을 인정받아 젊은 나
이에 요직을 맡았고, 외국으로 보내는 서신을 도맡을 정도로 뛰
어난 문장가로 이름을 날렸습니다. 이런 최치원을 두고 당시 신
라에서는 '글솜씨를 타고난 사람', '세기에 한 번 나올 천재'라는
평이 많았습니다. 그러나 이 평을 들은 최치원은 오히려 다음과
같이 말했습니다.

"사람들이 나를 천재라고 말하는데 이는 전혀 틀린 이야기입
니다. 남이 백의 노력을 할 때 나는 천의 노력을 했을 뿐입니다."

세상에 뭐든지 저절로 되는 것은 없습니다. 타고난 것 같아
보이는 천재들도 남몰래 흘린 땀과 노력의 결과입니다.

하나님이 주신 비전을 위해, 더 나은 신앙을 위해 내가 할 수
있는 최선의 노력을 하십시오. 아멘!!

💗 주님! 더 나은 비전과 더 나은 신앙을 위한 꿈을 주소서.
🎴 다른 사람을 평가하기보다 나를 위해 노력에 집중합시다.

2월 11일

능력을 발휘하는 곳

읽을 말씀 : 마태복음 5:13-20

● 마 5:13 너희는 세상의 소금이니 소금이 만일 그 맛을 잃으면 무엇으로 짜게 하리요 후에는 아무 쓸데 없어 다만 밖에 버리워 사람에게 밟힐 뿐이니라

아들 닭이 아빠 닭에게 물었습니다.

"아빠, 우리 머리에는 왜 벼슬이 달렸어요?"

"그건 우리가 다른 동물보다 높은 위치에 있기 때문이란다."

다음 날 아들 닭이 또 아빠 닭에게 물었습니다.

"아빠, 우리 부리는 왜 뾰족해요?"

"우릴 위협하는 적을 공격하기 위해서야."

다음 날 아들 닭이 또 아빠 닭에게 물었습니다.

"저는 몸집이 작은데도 왜 이렇게 목소리가 커요?"

"큰 목소리로 적의 기선을 제압하기 위해서지!"

아빠 닭의 대답을 들은 아들 닭이 다시 물었습니다.

"그런데 아빠, 왜 우리는 지금 닭장 안에만 있죠?"

어쩌면 지금 시대를 살아가는 일부 크리스천의 모습이 아닐까요?

혹시, 교회 안에서나 집안에서만 큰소리 치고 세상에서는 약한 모습은아닌가요?

몇 안 되는 초대교인들이 사회를 변화시키고 복음을 세계에 전파했듯이 크리스천의 능력은 교회가 아닌 세상에서 발휘되어야 합니다.

우리를 빛과 소금으로 사용하실 주님의 놀라운 계획과 능력을 믿고 두려워 말고 세상으로 향하십시오. 아멘!!

💟 주님! 세상에서 빛을 발하는 그리스도인이 되게 하소서.

▨ 믿지 않는 사람들이 있는 곳을 찾아가 봉사하고 전도할 계획을 세웁시다.

주님이 없는 삶

2월 12일

읽을 말씀 : 시편 62:1-12

● 시 62:5 나의 영혼아 잠잠히 하나님만 바라
라 대저 나의 소망이 저로 좇아 나는도다

20대 때 연인이었다 헤어진 뒤 오랜 세월 연락 없이 살았던
두 사람이 있었습니다. 두 사람은 헤어진 뒤 단 한 번의 연애도
하지 않고 일만 하며 살았습니다. 20년이 지난 뒤 남자는 우연
히 최근에 여자의 어머니가 돌아가셨다는 소식을 듣고는 위로하
고 싶은 마음에 용기를 내어 전화를 걸었습니다.

다행히 여자는 남자의 전화를 받고 매우 기뻐했습니다. 두 사
람은 밤이 새도록 그동안 못다 한 이야기를 하다가 만날 약속까
지 잡았습니다. 20년 만의 재회로 서로가 평생을 함께할 반려
자라는 사실을 깨달은 두 사람은 머지않아 결혼까지 결심했습니
다.

이야기의 실제 주인공인 영국의 메이리와 리스는 헤어지고 나
서야 상대방이 얼마나 소중한 사람인지를 깨달았다고 합니다.

지금 진정한 사랑인 주님을 만난 우리는 그만큼 충분히 행복
해하며 살아가고 있을까요? 차갑게 식은 무덤덤한 신앙인으로
살아가고 있지는 않을까요?

주님이 없던 때의 나의 삶과 그런 나의 삶을 변화시켜주신 주
님의 사랑을 떠올려 보십시오. 주님이 아니면 답이 없는 인생을
고난 가운데 살아갔을 우리입니다.

세상 가운데 신앙을 가지고 살아가는 것이 힘들지라도 결코
포기하지 마십시오. 아멘!!

💗 주님! 험난한 시련을 당할지라도 절대 포기하지 않게 하소서.
🖼 주님을 믿기 전의 나의 삶을 생각하며 은혜를 소중히 여깁시다.

2월 13일

방법의 문제

읽을 말씀 : 요한복음 16:12-24

● 요 16:13 그러나 진리의 성령이 오시면 그가 너희를 모든 진리 가운데로 인도하시리니 그가 자의로 말하지 않고 오직 듣는 것을 말하시며 장래 일을 너희에게 알리시리라

강아지를 애지중지하는 남자가 있었습니다.

하루는 강아지가 이상증세를 보여 서둘러 병원에 데려갔는데 의사는 크게 아픈 곳은 없지만 한 달 동안 처방해준 약을 하루도 잊지 않고 먹여야 한다고 부탁했습니다.

남자는 그날부터 심혈을 기울여 강아지에게 약을 먹였습니다.

강아지가 약을 거부할까봐 간식을 준다고 하면서 무릎 사이에 강아지를 끼운 뒤에 손으로 입을 벌려 약을 먹였는데 강아지의 반항이 어찌나 거센지 날이 갈수록 약을 먹이는 일이 힘들어졌습니다.

강아지에게 약을 먹일 생각만 하면 마음이 무거워질 정도였습니다. 그러던 어느 날 강아지에게 약을 먹이려던 남자가 실수로 약을 바닥에 떨어뜨렸는데 갑자기 강아지가 달려와 싹싹 핥아먹었습니다. 강아지가 싫어했던 것은 약이 아니라 약을 먹이는 남자의 방법이었던 것입니다.

잘못된 생각은 잘못된 방법을 부릅니다.

옳은 내용만큼 옳은 방법도 중요합니다.

진리의 말씀에 사랑의 배려를 더할 때 하나님의 나라가 확장될 수 있습니다.

세상과 복음에 대한 잘못된 편견들을 내려놓고 오직 말씀이 이끄는 대로 실천하며 성령님과 동행하는 삶을 살아가십시오. 아멘!!

💜 주님! 내 생각과 의지가 아닌 성령님의 인도하심을 따르게 하소서.

🧩 혹시 나와 어려운 관계의 사람에게 내 방식이 맞는지 생각해 봅시다.

죄를 멈춰라

읽을 말씀 : 에스겔 18:23-32

● 겔 18:31 너희는 범한 모든 죄악을 버리고 마음과 영을 새롭게 할찌어다 이스라엘 족속 아 너희가 어찌하여 죽고자 하느냐

그리스의 철학자 플라톤이 쓴 '국가'에 나오는 내용입니다.

엘이라는 남자는 자신이 저승에 갔다왔다며 사람들에게 이렇게 말했습니다.

"사람은 죽으면 광대한 들판에 떨어집니다. 들판은 사막과도 같아서 아주 오랜 시간을 여행해야 합니다. 목이 너무 마른 사람들은 갈증을 견디지 못하고 망각의 샘물을 마시는데 이 물은 마실 때마다 과거의 기억이 사라지는 효능이 있습니다.

지혜로운 사람들은 물을 몇 번 마시고 기억이 완전히 사라질까 봐 목마름을 참아가며 여정을 마치지만 그렇지 못한 사람들은 계속해서 샘물을 마십니다.

들판의 끝에는 다시 한 번 인생을 시작하는 문이 있는데 지혜로운 사람들은 과오를 기억하고 있기에 더 나은 새로운 삶을 살아갑니다. 하지만 샘물을 계속 마셨던 어리석은 사람들은 다시 태어났음에도 똑같은 실수를 반복하며 같은 삶을 살아갑니다."

주 하나님을 믿고도 이전의 습성을 버리지 못하고 같은 죄를 짓는 사람이 예화에 나오는 어리석은 사람입니다.

새로운 피조물로 나를 창조하신 주님의 보혈을 믿고 죄에서 벗어난 새로운 삶을 살아가십시오. 아멘!!

🩶 주님! 매순간 주님이 주신 능력으로 죄에서 승리하게 하소서.
🎴 같은 죄를 반복하지 말고 주님의 능력으로 끊어냅시다.

새 노래로 찬양하라

읽을 말씀 : 시편 144:9-15

● 시 144:9 하나님이여 내가 주께 새 노래로
노래하며 열 줄 비파로 주를 찬양하리이다

심리학자들에 따르면 칭찬은 '하는 사람에 따라서' 효과가 달라진다고 합니다.

예를 들어 연애 초반의 풋풋한 커플들은 서로가 칭찬을 해줄 때마다 부끄러워 얼굴을 붉힙니다.

그러나 결혼을 하고 시간이 흐른 뒤에는 같은 칭찬을 해도 건성으로 대답하거나 그냥 넘어가는 경우가 많습니다. '같은 대상'에게 '같은 칭찬'을 오래 들을수록 칭찬의 효과가 떨어지기 때문입니다.

그래서 심리학적으로 칭찬이 가장 효과가 클 때는 '의외의 상황'에서 '예상치 못했던 사람'에게 받는 칭찬이지만 반대로 생각해보면 항상 곁에 있는 중요한 사람들을 소홀히 여기는 좋지 않은 모습을 나타낸다고도 볼 수 있습니다.

새로운 것을 기뻐하면서도 익숙한 것에 감사할 줄 아는 사람이 참으로 지혜로운 사람입니다.

익숙해지면 소중함을 모르는 것이 인간의 안타까운 속성이지만 사람은 변할지라도 주님은 결코 변하지 않는다는 사실을 기억해야 합니다.

단 한 순간도 나를 포기하지 않으시는 주님을 생각하며, 매일 새로운 마음으로 주님을 찬양하며, 첫사랑의 열정을 회복해나가는 참된 그리스도인이 되십시오. 아멘!!

💙 주님! 날마다 새로운 마음으로 주님을 찬양하며 말씀을 깨닫게 하소서.
📖 주님을 더욱더 사랑함으로 신앙의 권태기를 날려버립시다.

기도의 능력

읽을 말씀 : 에베소서 6:10-20

● 엡 6:18 모든 기도와 간구로 하되 무시로 성령 안에서 기도하고 이를 위하여 깨어 구하기를 항상 힘쓰며 여러 성도를 위하여 구하고

미국의 명문 콜롬비아 의대와 한국의 한 병원이 합작으로 다음과 같은 실험을 한 적이 있습니다.

한국의 병원에서 불임 치료를 받고 있는 환자 200명을 두 그룹으로 나눈 뒤 간단한 신상과 사진을 미국과 캐나다에 있는 기독교인들에게 보내 기도를 부탁했습니다.

결과는 어땠을까요?

똑같이 불임으로 오랜 기간 치료를 받고 있던 사람들이었음에도 기도해주는 사람이 있는 그룹의 치료율이 무려 2배나 높았습니다.

이 실험은 주먹구구식으로 진행된 것이 아니라 전문의학저널에 실릴 목적으로 철저히 과학적인 방법으로 진행됐습니다.

'저널 오브 리프로덕티브 헬스(Journal of Reproductive Health)'에 실린 이 논문을 보고 많은 과학자들이 이런 놀라운 결과가 기도 때문이라고 볼 근거는 빈약하다고 비판했지만 실험 결과에 대해서는 문제를 제기하지 않았습니다.

기도의 원리보다 중요한 것은 기도의 능력이 일으키는 결과입니다. 기도는 그리스도인이 가진 가장 강력한 무기이며 세상을 변화시킬 분명한 힘입니다.

이 사실을 믿고 주님의 뜻을 따라 마음을 다해 기도하십시오. 아멘!!

💛 주님! 문제가 생길 땐 먼저 주님께 기도하게 하소서.

🏣 서로의 어려움과 약함을 위해 기도하고 또 기도합시다.

우선순위의 법칙

읽을 말씀 : 마태복음 6:27-34

● 마 6:33 너희는 먼저 그의 나라와 그의 의를 구하라 그리하면 이 모든 것을 너희에게 더하시리라

중국선교의 아버지 허드슨 테일러가 아들과 함께 중국 오지에 선교를 갔을 때의 일입니다.

허드슨 테일러의 손자인 테일러 3세는 말레이시아의 기숙학교에서 공부 중이었는데 2차 대전으로 말레이시아를 점령한 일본군에게 포로로 잡혀갔습니다.

아직 10대인 어린 손자와 몇 년째 연락이 되지 않았음에도 선교 중인 허드슨 테일러 일가는 흔들림 없이 사명을 다하고 있었고, 손자 역시 수용소에서 친구들을 안심시키며 오히려 복음을 전하고 있었습니다.

수년 뒤 무사히 다시 상봉한 이들 가족에게 사람들은 생사도 알 수 없는 상황에서 어떻게 평정심을 유지하며 그리스도인으로 각자의 자리에서 살아갈 수 있냐고 물었고, 테일러 여사는 온 가족을 대신해 대답했습니다.

"주 하나님이 소중하게 여기시는 사람들을 내가 돌보면, 내가 소중하게 여기는 사람들을 주 하나님이 보살펴주신다는 믿음 때문입니다. 우리 가족은 이 사실을 정말로 믿고 있습니다."

하늘의 새들도, 길가의 백합도, 주 하나님의 전능하심을 믿기에 걱정하지 않습니다.

주님이 맡기신 그 일을 할 때 모든 어려움과 걱정을 주님이 책임져 주신다는 사실을 믿으십시오. 아멘!!

💟 주님! 주님의 손을 꼭 붙잡고 항상 동행하게 하소서.
🖼 언제나, 어디서나, 어떤 상황 가운데에서도 주 하나님만을 의지합시다.

진짜인가, 가짜인가

읽을 말씀 : 야고보서 1:19-27

● 약 1:22 너희는 도를 행하는 자가 되고 듣기
만 하여 자신을 속이는 자가 되지말라

베스트셀러 작가이기도한 팀 켈러 목사님이 한 칼럼에 쓴 '가
짜 기독교인이라면 대답할 수 없는 3가지 질문'의 내용입니다.
● 첫 번째 질문 / 당신의 삶에 주 하나님의 임재하심에 대한
증거가 있는가?
당신의 삶에 주님이 나타나고 계십니까? 주님의 용서와 사
랑이 얼마나 선명하게 삶 속에 자리 잡고 있습니까? 주님이
주신 기쁨이 넘칠 만큼 가득 차 있습니까?
● 두 번째 질문 / '성경이 당신을 변화시키고 있다는 증거가
있는가?'
성경이 정말 주 하나님의 말씀이라는 사실을 찾았습니까?
말씀을 통해 당신을 향한 부르심을 발견했습니까?
● 세 번째 질문 / '주 하나님의 자비에 대한 감사의 증거가 있
는가?'
나의 소중한 것을 드릴 수 있을 만큼 하나님의 자비에 감사
하고 있습니까? 하나님의 자비가 나를 이전과 다른 사람으
로 만들었습니까?
켈러 목사님이 폭발적으로 부흥하던 뉴욕의 리디머 장로교회
의 담임목사직을 돌연 사임한 것도 사회적 시선과 성공보다 주
님과의 친밀한 관계에 초점을 맞췄기 때문입니다.
주님을 정말로 사랑하는 나는 이 질문에 어떤 대답을 할 수
있는지 묵상해보십시오. 아멘!!

🩷 주님! 갈급한 심령을 주님과의 교제로 채워나가게 하소서.
🖼 세 가지 질문에 대답한 뒤 부족한 부분을 기도로 채워나갑시다.

1등보다 귀한 꼴찌

읽을 말씀 : 잠언 28:20-28

● 잠 28:20 충성된 자는 복이 많아도 속히 부하고자 하는 자는 형벌을 면치 못하리라

2003년 파리 육상대회 100m 예선에서 있었던 일입니다.

헐렁한 티셔츠에 체육복 바지를 입은 한 선수가 엉성한 폼으로 출발선에 섰습니다.

그녀는 뛰는 폼도 선수답지 않게 어색했고 다른 선수들이 들어온 뒤 한참이 지나서야 결승선에 들어왔습니다.

18초 37이라는 그녀의 기록은 대회 역사상 가장 느린 기록이었습니다.

'가장 느린 신기록의 주인공' 리마 아지미는 내전으로 피폐해진 아프가니스탄 출신입니다. 본래 성적으로는 대회에 나올 수 없었지만 아프가니스탄의 상황을 세계에 알리기 위한 조직위의 특별한 배려로 출전할 수 있게 된 것입니다.

모든 것이 피폐해진 아프가니스탄이지만 온 국민이 노력해서 조금씩 회복하고 있는 조국을 알리기 위해 용감하게 출전한 리마의 용기를 보고 대회장에 있는 수많은 사람들은 1등에게보다 더 큰 격려와 박수와 환호성을 보냈습니다.

하나님과 동등하신 예수님은 나를 살리기 위해 십자가의 고난도 마다하지 않으셨습니다. 주님의 사랑을 본받아 잃어버린 영혼을 위해, 세상에 참된 진리를 알리기 위한 고난과 어려움도 기꺼이 감내하십시오. 아멘!!

♡ 주님! 복음을 위해 맡겨진 일을 충성스럽게 하게 하소서.
▒ 주님을 위해 받는 어려움들을 오히려 감사합니다.

마음을 채워주는 말씀

읽을 말씀 : 느헤미야 1:1-11

● 느 1:5 가로되 하늘의 하나님 여호와 크고 두려우신 하나님이여 주를 사랑하고 주의 계명을 지키는 자에게 언약을 지키시며 긍휼을 베푸시는 주여 간구하나이다

너무 열심히 일한 탓에 무기력증에 빠지는 현상을 '번아웃 증후군'이라고 합니다.

설문 조사에 따르면 한국 직장인의 80%가 번아웃 증후군을 겪고 있다고 합니다. 경쟁을 부추기는 현대사회에 지쳐 만족을 모르고 쓰러질 때까지 일을 하기 때문입니다.

이런 사람들을 위해 영국의 크리스천투데이가 뽑은 '자신에게 만족하지 못하는 사람들을 위한 세 가지 성경 구절'입니다.

1. 로마서 8장 9-11절 / "만일 너희 속에 하나님의 영이 거하시면 너희가 육신에 있지 아니하고 영에 있나니 누구든지 그리스도의 영이 없으면 그리스도의 사람이 아니라…"

2. 로마서 8장 28-30절 / "우리가 알거니와 하나님을 사랑하는 자 곧 그의 뜻대로 부르심을 입은 자들에게는 모든 것이 합력하여 선을 이루느니라…"

3. 로마서 8장 37-39절 / "…내가 확신하노니 사망이나 생명이나 천사들이나 권세자들이나… 우리를 우리 주 그리스도 예수 안에 있는 하나님의 사랑에서 끊을 수 없으리라"

인간의 노력에는 한계가 있습니다.

그 한계 안에서 최선을 다하며 나의 부족함을 긍휼로 채워주시는 주님께 모든 것을 맡겨 버리십시오. 아멘!!

🤍 주님! 무엇보다 귀한 하나님의 자녀라는 사실을 잊지 않게 하소서.

📻 위로해주시는 주님의 말씀으로 마음의 부담감을 이겨냅시다.

칭찬의 법칙

읽을 말씀 : 빌립보서 2:1-11

● 빌 2:3 아무 일에든지 다툼이나 허영으로 하지 말고 오직 겸손한 마음으로 각각 자기보다 남을 낮게 여기고

'칭찬은 고래도 춤추게 한다'는 말대로 칭찬을 싫어하는 사람은 없지만 제대로 칭찬하는 사람은 극히 드뭅니다.

유명한 컨설턴트이자 '칭찬 전문가'로 불리는 타니구치 사치코가 말하는 '제대로 칭찬하는 8가지 방법'입니다.

1. 구체적인 칭찬이 마음을 움직인다.
2. 간결한 칭찬이 기억에 오래 남는다.
3. 다른 사람이 많을수록 칭찬을 아끼지 말아라.
4. 지극히 사소한 것부터 칭찬하라.
5. 당사자 지인도 되도록 칭찬하라.
6. 우연한 때, 의외의 상황에서 칭찬하라.
7. 상대의 직위와 위치에 맞게 칭찬하라.
8. 결과와 함께 노력도 칭찬하라.

나는 올바른 방법으로 상대를 세워주는 바른 칭찬을 하고 있습니까?

아니라면 지금부터라도 칭찬의 습관을 바꿔야 합니다.

칭찬은 사람의 마음의 문을 열고 위로할 수 있는 가장 좋은 수단입니다.

멋진 칭찬으로 먼저 다가가 주님의 사랑을 효과적으로 전하십시오. 아멘!!

💙 주님! 타인의 단점은 잊고 장점은 칭찬하게 하소서.
🎨 만나는 모든 사람들에게 먼저 인사와 칭찬을 더합시다.

변화를 만든 기다림

읽을 말씀 : 야고보서 1:2-8

● 약 1:4 인내를 온전히 이루라 이는 너희로 온전하고 구비하여 조금도 부족함이 없게 하려 함이라

    20세기 초에는 아직 어린이들을 교육시키는 이론이 발달되어 있지 않았을 때인데, 이탈리아에서는 일을 하는 부모님들을 위해 아이들을 모아 놓는 학교 비슷한 시설이 있었지만 모인 아이들을 어떻게 가르쳐야 할지를 몰라 사회적인 문제가 되고 있었습니다.

    전문가들 중 많은 사람들이 말을 잘 듣도록 상과 벌을 주고 심한 경우 체벌을 해야 한다고 주장했습니다.

    그런데 정 반대의 주장을 펼치는 여선생님이 있었습니다.

    채광이 잘 되는 교실에 아이들을 모아놓고 적당한 규칙을 정해준 뒤 지켜만 봐도 아이들은 스스로 성장한다는 것이 이 선생님의 주장이었습니다.

    많은 사람들이 의구심을 품자 선생님은 빈민가를 돌며 자신의 교육방식이 옳다는 것을 증명했습니다.

    아이들은 처음엔 싸우기도 하고, 말도 안 듣고, 규칙도 지키지 않았지만 시간이 지나자 서로 협력하며 문제를 해결하고, 예의범절을 지키는 착한 아이들로 변화됐습니다.

    최초의 아동교육법을 만든 '마리아 몬테소리'는 아이들이 내면에 가지고 있는 보물을 발견할 충분한 시간을 줘야 한다고 주장했습니다.

    내 마음속에 주시는 주님의 감동을 따라 더 나은 그리스도인으로 변화되십시오. 아멘!!

💜 주님! 매일 주시는 감동을 따라 더 나은 삶을 살아가게 하소서.
🎴 사명을 다하는 그날까지 포기하지 말고 변화를 위해 노력합시다.

진짜 중요한 내용

읽을 말씀 : 사도행전 4:1-12

● 행 4:12 다른이로서는 구원을 얻을 수 없나
니 천하 인간에 구원을 얻을만한 다른 이름
을 우리에게 주신 일이 없음이니라 하였더
라

철학자 데마데스가 그리스의 아고라 광장에서 사람들에게 연
설을 하고 있었습니다.

"사람의 본질은 모두 똑같습니다. 다른 사람을 향한 잣대가 나
에게도 똑같이 적용되지 않으면 우리가 살아가는 사회는 혼란
속에 빠지게 됩니다."

사람들은 "데마데스가 잘난 체를 하고 말이 너무 어렵다"며 자
리를 떠났습니다. 자신의 사상을 전하고 싶었던 데마데스는 집
에서 곰곰이 생각했습니다.

'어떻게 해야 사람들이 내 말을 듣게 할 수 있을까? 재밌는 이
야기에 교훈을 담아볼까?'

다음날 광장에 나온 데마데스는 딱딱한 연설 대신 동물들이
등장하는 이야기를 시작했습니다.

"포도를 아주 좋아하는 여우가 있었습니다. 그런데 그 여우의
손이 도저히 닿지 않는 곳에 탐스런 포도가 열려 있었습니다…."

이 이야기들은 묶여서 훗날 '이솝 우화'로 세상에 알려졌습니
다. 그러나 당시 그리스 사람들은 데마데스 이야기의 본질을 깨
닫지 못하고 우화가 주는 재미만을 탐닉해 '철학자' 데마데스를
'만담꾼' 데마데스라고 불렀습니다.

신앙의 본질이 복이 아닌 구원인 것처럼, 교회의 본질도 즐거
움보다는 먼저 전도여야 합니다.

가장 중요한 본질을 신앙생활에서 잊지 마십시오. 아멘!!

🧡 주님! 믿음과 교회의 본질을 깨닫고 바른 신앙생활을 하게 하소서.
📖 신앙생활도, 인생도 우선순위를 철저히 지킵시다.

수술실의 기도

읽을 말씀 : 야고보서 5:13-20

● 약 5:16 이러므로 너희 죄를 서로 고하며 병
낫기를 위하여 서로 기도하라 의인의 간구는
역사하는 힘이 많으니라

　　미국 정신과의사협회 연구 결과에 의하면 믿음이 치료에 도움
을 준다고 99%의 의사들이 믿고 있으며, 이중 80%의 의사는
기도가 환자의 치료에 영향을 준다고 응답했고, 60%는 환자가
원하지 않아도 기도를 권해야한다고 응답했으며, 63%의 의사
가 하나님의 도움이라고 설명 할 수 밖에 없는 방법으로 환자들
이 낫는 것을 체험했다고 합니다.
　　한국의 크리스천 의사들 중에도 수술 전 환자와 함께 기도하
고 시작하는 분들이 많습니다.
　　S여성병원의 장전호 원장도 환자를 위해 기도하는 의사 중
한명인데, 그는 수술 전 모든 산모를 위해 같이 기도한 후에 수
술을 하고 있으며 태어나는 아기를 위해 축복 기도를 해주고 있
습니다. 크리스천이 아닌 다른 종교를 가졌거나 종교가 없다는
산모들도 기도 해주겠다고 하면 거부하지 않고 기도를 받고 있
으며, 그는 기도의 씨가 뿌려져서 그 집안에 복음이 들어가고 주
님을 알게 되기를 기대하며 기도하고 있습니다.
　　장 원장이 특히 기억하고 있는 감동은 어려운 생활에 있는 아
프리카에서 온 노동자 아내가 수술 후, 너무 감사하면서 장 원
장이 준 산모 수첩의 뒷장을 찢어 써준 아래 글이라고 합니다.
　　"당신은 하나님께서 내게 보내준 천사입니다."
　　간절한 기도로 주 하나님의 능력을 생활에서 체험하며 베풀며
사는 능력 있는 크리스천이 되십시오. 아멘!!

🤍 주님! 모든 일에 앞서 주님께 간구하고 기도의 능력으로 일하게 하소서.
🎎 기도의 힘을 의심하지 말고 항상 먼저 기도합시다.

마음의 소통

읽을 말씀 : 시편 133:1-3

● 시 133:1 형제가 연합하여 동거함이 어찌 그리 선하고 아름다운고

박항서 감독은 베트남 국가대표팀을 맡았을 때 베트남어를 한 마디도 못 했다고 합니다.

당시 축구 열기가 뜨거운 베트남에서는 성적향상을 위해 유럽 감독을 데려오라는 요구가 거셌기에 선수들도 박항서 감독의 능력에 의구심을 갖고 있었습니다. 명장 히딩크 감독 밑에 있었다는 사실 말고는 어떤 '특별함'도 없었기 때문입니다.

그런데 특별함이 없는 평범함이 오히려 기적을 만들었습니다. 말을 못 해도 먼저 다가가 머리를 쓰다듬고 안으면서 마음을 표현했던 박 감독의 진심이 선수들에게 전해졌기 때문입니다. 선수들의 생일을 기억해 파티를 열어주고, 훈련이 끝난 선수의 발을 직접 마사지해주는 박 감독의 노력에 선수들은 감동을 받았고 '매 경기 마지막처럼 최선을 다한다'는 박 감독의 철학을 경기장 안에서 보여주기 위해 죽을 힘을 다해 주님께 기도하며 뛰었습니다.

그 결과 모든 전문가들의 예상을 뒤엎고 감독을 맡은 지 3개월 만에 아시안컵 준우승, 아시안게임 4강, 스즈키컵 우승을 이루며 피파 랭킹 100위 안으로 베트남을 끌어올렸습니다.

할 수 있는 최선을 다하며 다가갈 때 마음을 열지 않을 사람은 없습니다.

빛 되신 주님을 전하고자 하는 굳은 사명으로 따스한 손과 마음으로 이웃에게 사랑을 전하십시오. 아멘!!

♡ 주님! 우리의 목적은 정죄가 아닌 사랑임을 알게 하소서.
▨ 세상 사람들의 편견과 무시도 덮어버릴 수 있는 사랑을 실천합시다.

예수님과 죄인

읽을 말씀 : 마태복음 9:1-13

● 마 9:13 너희는 가서 내가 긍휼을 원하고 제사를 원치 아니하노라 하신 뜻이 무엇인지 배우라 내가 의인을 부르러 온 것이 아니요 죄인을 부르러 왔노라 하시니라

죄를 지은 사람들을 대하는 법은 어렵지만 결코 피할 수 없는 문제이기도 합니다.

교역자들을 위한 웹사이트 '처치리더스닷컴'에 실린 '예수님이 죄인들을 대하시는 3가지 방법'입니다.

1. 죄인들을 판단하지 않으셨다.

"남을 판단하지 말라"고 우리에게 말씀하신 예수님은 스스로도 죄인을 판단하지 않으셨습니다. 예수님의 초점은 죄인에게 빛이 되고 사랑을 전하는데 있으셨기 때문입니다.

2. 죄인들에게 자비를 보여주셨다.

죄인들을 처벌하려는 사람들을 만날 때마다 예수님은 은혜의 말씀을 전하셨습니다. 죄의 잘못을 깨닫게 하심과 동시에 그 죄를 덮을 놀라운 은혜를 베푸는 것이 예수님의 목적이셨습니다.

3. 진리를 숨기지 않으셨다.

예수님은 죄인을 판단하지 않고 자비를 베푸셨지만 죄를 분명히 지적하시고 회개하실 것을 말씀하셨습니다. 예수님은 사람들의 관심과 흥미에 상관없이 항상 진리의 편에 서서 복음을 전하셨습니다.

예수님의 은혜가 필요한 죄인이 바로 나이며 우리의 이웃입니다. 은혜를 베푸신 예수님의 사랑을 본받아 아직 주님을 모르는 영혼들도 오래 참고, 변화되기까지 인내하십시오. 아멘!!

♡ 주님! 잘못된 정죄와 판단으로 교만의 죄를 짓지 않게 하소서.
▦ 잘못된 판단과 행실로 다른 영혼을 실족하게 하지 맙시다.

비난은 쓸모가 없다

읽을 말씀 : 로마서 14:1-12

● 롬 14:1 믿음이 연약한 자를 너희가 받되 그의 의심하는 바를 비판하지 말라

헨리 포드가 처음 완성한 차에는 후진 기어가 없는 치명적 결함이 있었습니다. 모든 신문과 잡지들은 이 사실을 대서특필하며 포드의 실수를 꼬집었고 사람들은 뒤로도 못 가는 차가 무슨 쓸모가 있냐며 비난했습니다. 곧바로 실수를 보완해 새로운 포드의 차가 나왔을 때도 마찬가지 일이 일어났습니다.

'기차가 더 빠른데 누가 차를 타겠는가?'

'말보다 수십 배 비싼 돈을 주고 왜 차를 사는가?'

'주유소가 없는 곳에선 어떻게 차를 타는가?'

사람들이 실컷 포드의 차를 헐뜯는 동안 한 젊은이는 이런 생각을 했습니다.

'저 차는 머잖아 전 미국을 휩쓸 것이다. 지금이 주유소에 투자할 때다.'

청년은 여기저기서 돈을 빌려 주유소를 세우기 시작했고 곧 백만장자가 됐습니다. 존 록펠러가 세운 스탠더드 오일이 미국 내 석유 판매의 95%를 독점할 수 있었던 것은 포드의 차를 보고 사람들이 비난만 할 때 미래를 보는 혜안이 있었기 때문입니다.

다른 사람을 향한 비난만큼 무의미한 일은 없습니다.

다른 사람의 실수와 잘못을 기뻐하지 않고 격려로 용기를 주고, 배울 것은 배우는 현명한 사람이 되십시오. 아멘!!

💚 주님! 무의미한 비난의 말과 마음을 멈추게 하소서.
📖 다른 사람을 향한 험담을 절대로 하지 맙시다.

말씀을 따르라

읽을 말씀 : 베드로전서 1:13-25

● 벧전 1:25 오직 주의 말씀은 세세토록 있도다 하였으니 너희에게 전한 복음이 곧 이 말씀이니라

제록스는 처음으로 복사기를 만든 회사입니다.

뛰어난 기술력과 운영 노하우가 있었기 때문에 제록스는 전 세계 시장의 90%를 차지했습니다.

이후에 생긴 복사기 업체들의 목표는 단 한 가지 '제록스를 따라하라'였습니다. 제록스가 가진 노하우를 넘어설 수가 없었기 때문입니다.

그렇게 수십 년이 지나고 마침내 제록스의 아성이 무너지기 시작했습니다. 제록스를 제대로 벤치마킹하며 오히려 추월한 '캐논'의 약진 때문이었습니다. 제록스는 40%의 점유율이 무너지기 시작하자 캐논을 벤치마킹하며 따라 했습니다.

디자인과 가격정책, 회사와 직접 연결된 품질관리로 업계 1위가 된 캐논을 제록스가 다시 따라 하게 된 것입니다.

자존심이 상하는 일이었지만 캐논을 따라함으로 제록스는 생산원가를 50%나 절감했고, 가격경쟁력을 바탕으로 미국 시장에서 다시 재기에 성공할 수 있었습니다.

더 나은 방법이 없다면 지금까지 나온 최고의 방법을 따라 하는 것이 가장 빠른 발전 방법이듯이, 절대 진리인 성경을 매일 한 구절이라도 따르며 살아가는 것이 하나님이 원하시는 삶을 살아가는 가장 빠른 방법입니다.

말씀을 따르며 말씀대로 살아가는 그리스도인이 되십시오. 아멘!!

🖤 주님! 매일의 삶 속에서 말씀을 실천하게 하소서.
🧎 말씀을 즐겨 읽고 또 삶으로 살아냅시다.

2월 29일

의미 있는 하루

읽을 말씀 : 에베소서 5:15-21

● 엡 5:16 세월을 아끼라 때가 악하니라

　제임스 조이스의 '율리시스'라는 소설에는 평범한 현대인의 하루가 묘사되어 있습니다.

　치밀한 심리묘사로 현대문학의 정수로 평가받는 이 책에는 스티븐과 레오폴드라는 남자가 주인공으로 등장합니다.

　두 남자의 별다른 특징이 없는 하루가 이 책의 전부입니다.

　아침에 일어나서 회사에 가고, 식당에 들러 밥을 먹고, 산책을 하고, 이런 평범한 일상이 무려 26만 단어로 1000페이지에 가깝게 표현되어 있습니다.

　그러나 실상 이 책에 나오는 주인공들의 하루를 살펴보면 이들이 한 일은 아무것도 없습니다.

　바쁘게 살고, 많은 생각을 하면서 살지만 어쩌면 정말 의미 있는 일은 하지 않고 있는 현대인의 모습일지도 모르겠습니다.

　'오만가지 생각'이라는 말처럼 사람들은 실제로 하루 평균 약 5만여 가지의 생각을 하고 산다고 합니다.

　소설의 주인공처럼 바쁘게 살고, 또 많은 생각을 하지만 그리스도인으로서 의미 있는 일을 하며 살고 있는지가 중요합니다.

　하나님이 허락하신 새로운 삶, 새로운 꿈을 낭비하지 말고 허락하신 하루하루를 주님을 위해 의미 있게 사용하십시오. 아멘!!

♡ 주님! 주님이 허락하신 하루, 주님을 위해 살게 하소서.
▩ 반복되는 일상 중에도 성도의 책임을 다하며 삽시다.

3

"… 여호와는 나의 반석이시요 나의 요새시요
나를 위하여 나를 건지시는 자시요"
-사무엘하 22:2-

3월 1일

지친 영혼을 찾아오신 하나님

읽을 말씀 : 시편 119:45-55

● 시 119:50 이 말씀은 나의 곤란 중에 위로라 주의 말씀이 나를 살리셨음이니이다

『전쟁 중 미국으로 건너간 나는 지독한 향수병을 앓았다. 떨어지는 낙엽만 보아도 눈물이 났다. 밤하늘 달은 외로움을 사무치게 만들었다. 고향 하늘에서 본 그 달과 똑같은 모양이었기 때문이다. 그 달 속에 어머니의 얼굴이 보였다. 창가에 앉아 나도 모르게 눈물을 흘렸다. 영어가 조금 들리고 말문이 약간 트일 즈음 기숙사 룸메이트 제리 메이저가 다가왔다.

그는 내게 성경 요한복음 3장 16절을 읽어보라고 했다.

"하나님이 세상을 이처럼 사랑하사 독생자를 주셨으니…"

채플이나 기숙사 예배에서 느끼지 못했던 큰 감동이 몰려왔다. 울먹이며 "제리, 난 매일 울어, 예수님이 나를 도와줄 수 있을까?"라고 묻자 "빌리, 예수님은 반드시 너를 도와주실 거야. 예수님을 믿으면 더 이상 외로움에 눈물지을 일도 없어"라고 답했다.

그는 하나님의 독생자 예수께서 죄인을 구원하기 위해 이 땅에 오셨고, 우리를 대신해 십자가에 못 박혀 죽으시고 부활 승천하셨고, 우리의 모든 죄를 용서하셨으므로, 예수님을 믿기만 하면 구원을 받고 하나님의 자녀가 된다는 복음을 들려주었다.

나는 그를 따라 내 입을 열어 기도했다. 그리고 하나님을 만났다. 구원을 받았다. 하나님의 자녀가 되었다. 나의 복음사역은 여기서부터 시작되었다.』 - 김장환 목사 3E인생에서 발췌

외롭고 슬플 때 진정으로 위로를 주는 분은 오직 예수님 뿐임을 믿고 하나님아버지의 위로받는 자녀가 되십시오. 아멘!!

♥ 주님! 외롭고 힘든 마음까지도 주님께 내어놓고 위로받게 하소서.
▨ 마음이 힘들고 어려울수록 더욱 주님을 의지합시다.

정말로 믿는다면

읽을 말씀 : 마태복음 21:12-22

● 마 21:21 … 만일 너희가 믿음이 있고 의심
치 아니하면 이 무화과나무에게 된 이런 일
만 할뿐 아니라 이 산더러 들려 바다에 던지
우라 하여도 될것이요

베이징의 한 유명 패션쇼 현장에서 있었던 일입니다.
중국의 유명 모델들이 멋진 워킹을 하던 중 갑자기 백발이 성
성한 모델이 런웨이에 등장했습니다. 젊은 모델들 사이에 있어
서 더욱 눈에 띈 노인은 백발이 믿기지 않을 정도의 탄탄한 근육
을 갖고 있었습니다. 어떤 면에서는 다른 모델들보다 더 뛰어난
몸매였습니다.
패션쇼가 끝나고 많은 기자들이 백발의 모델에게 몰려들었고
79세라는 그의 나이를 듣고는 모두 깜짝 놀랐습니다.
단 한 번의 패션쇼로 스타가 된 왕 데순 할아버지는 20살 때
부터 배우를 꿈꾸다가 50살이 돼서 모델이 되겠다고 결심했습니
다. 백발이 성성한 노인을 아무도 세워주지 않았지만 79세에
런웨이에 서서 꿈을 이루기까지 단 하루도 운동을 빼먹지 않았
습니다. 전 세계 그 누구도 해본 적이 없는 일이지만 도전을 포
기하지만 않으면 언젠가는 이룰 수 있다고 믿었기 때문입니다.
데순 할아버지는 이날 인터뷰에서 이런 말을 남겼습니다.
"저는 오늘 이날을 위해서 60년을 준비했습니다."
정말로 이룰 수 있다고 믿는 사람은 행동으로 증명합니다.
하나님의 진리의 말씀을 정말로 믿는다면 그 말씀이 명하는
바를 지켜 행하십시오. 아멘!!

🖤 주님! 말의 고백에서 그치지 않고 삶의 고백으로 이어지게 하소서.
📷 주님이 주시는 말씀을 믿고, 실천하며 살고 있는지 점검해 봅시다.

비전을 선언하라

읽을 말씀 : 유다서 1:17-23

● 유 1:20 사랑하는 자들아 너희는 너희의 지극히 거룩한 믿음 위에 자기를 건축하며 성령으로 기도하며

중국 선교의 아버지 허드슨 테일러의 9가지 비전 선언문입니다.

1. 믿음 – 하나님의 방법대로 하며 하나님이 공급하신다.
2. 희생 – 자기를 부인하는 사람만이 남을 도울 수 있다.
3. 하나님의 주권 – 그리스도인에게는 순종만 있을 뿐 권리가 없다.
4. 선교 – 선택이 아닌 하나님의 명령이다.
5. 하나님의 인도 – 하나님을 기다리는 것은 결코 시간 낭비가 아니다.
6. 고난 – 시련과 역경은 비전의 확장과 축복을 가져온다.
7. 거룩한 생활 – 거룩한 생활을 위해서는 시간을 투자해야 한다.
8. 성도로써의 삶 – 하나님은 우리가 전적으로 주님을 의지하기를 바라신다.
9. 리더십 – 작은 것은 작은 것이지만 작은 것에 충성하는 것은 큰 것이다.

주 하나님이 주신 비전을 이루기 위해서는 주 하나님을 향한 전적인 신뢰와 삶 속에서의 체험이 필요합니다.

나에게 주신 주님의 비전과 그 비전을 위한 나의 믿음이 무엇인지 생각해보고 담대하게 선포하십시오. 아멘!!

♡ 주님! 세상의 유혹에 빠지지 않고 성령님을 따라 살아가게 하소서.
▨ 주님이 나에게 주신 비전을 적고 매일 기도하며 묵상합시다.

전도하지 않는 이유

읽을 말씀 : 사도행전 5:29-42

● 행 5:42 저희가 날마다 성전에 있든지 집에 있든지 예수는 그리스도라 가르치기와 전도하기를 쉬지 아니하니라

　예수님이 남기신 마지막 지상 명령은 복음전파, 즉 전도입니다. 하지만 지금 성도들이 가장 지키지 못하는 명령이기도 합니다.

　미국 크리스천의 60%는 한 번도 전도를 해본 적이 없다고 합니다.

　선교단체 '데어 투 쉐어(Dare to Share)'의 설립자 그레그 스티어 목사가 전하는 '성도들이 전도하지 않는 7가지 이유'입니다.

　1. 복음이 가장 시급한 문제라는 사실을 모른다.
　2. 사회에서 본이 되는 리더가 되지 못 한다.
　3. 영혼을 위해 기도하지 않는다.
　4. 전도훈련을 받지 않아 방법을 모른다.
　5. 복음에 대한 확신이 없다.
　6. 복음을 전할 이웃이 누구인지를 모른다.
　7. 복음을 문화적으로만 전달하려 한다.

　복음은 나를 구원해주신 주님의 놀라운 역사이며, 전도는 그 이야기를 다른 사람에게 전하는 일에서 시작되어야 합니다.

　죄로 죽었던 나의 삶을 살리신 생명의 예수님을 만나 일어난 이야기를 사람들에게 전하는 것이 전도이니 이 일을 더 이상 지체하지 마십시오. 아멘!!

♡ 주님! 만나는 모든 사람에게 복음을 전하게 하소서.
🎴 복음을 전할 대상을 2명 이상 선정하고 기도하며 준비합시다.

3월 5일

편안함의 유혹

읽을 말씀 : 빌립보서 2:12-18

● 빌 2:16 생명의 말씀을 밝혀 나의 달음질도 헛되지 아니하고 수고도 헛되지 아니함으로 그리스도의 날에 나로 자랑할 것이 있게 하려 함이라

40년간 노인들만 연구한 노화학의 대가 마크 윌리엄스 박사는 잘 늙기 위해서는 한 가지 준비가 필요하다고 말했습니다.

"습관이 주는 편안함의 유혹을 이겨내라."

박사의 연구에 따르면 나이가 들어도 학습능력, 창의성 등은 젊은 시절과 다를 바가 없고 질병에 걸리지만 않으면 건강에도 별다른 문제가 없다고 합니다. 다만 대부분 그동안 살아온 습관을 따라 살기 때문에 창의력과 학습능력이 발휘될 기회가 없었을 뿐입니다.

미켈란젤로가 세기의 대작 '피에타'를 완성한 것은 90세였고, 파브르가 '파브르 곤충기'를 완성한 것은 85세였습니다.

미국 최대의 차량 공유 회사인 집카(Zipcar)를 설립한 건 자녀를 유치원에 데려다주다가 불편함을 느낀 40세의 주부 로빈 체이스였고 미국에서 가장 인기 있는 빵 브랜드 던컨 하인즈는 음식 평론가인 던컨 하인즈가 73세에 세운 회사입니다.

이전의 습관에서 벗어나지 못하면 우리는 살아온 대로 살아가게 됩니다.

믿음으로 구원받은 새로운 피조물이 되었으면 이제 하나님의 자녀에 합당한 변화가 차근차근 일어나야 합니다.

구원받아 새로운 피조물이 된 그리스도인답게 새로운 삶을 살아가십시오. 아멘!!

💛 주님! 주님이 주신 능력을 온전히 활용하며 살아가게 하소서.

📷 더 거룩한 삶을 위해 바꿔야 할 부분들을 하나씩 바꿔나갑시다.

가장 중요한 끈

3월 6일

읽을 말씀 : 로마서 8:31-39

● 롬 8:39 높음이나 깊음이나 다른 아무 피조물이라도 우리를 우리 주 그리스도 예수 안에 있는 하나님의 사랑에서 끊을 수 없으리라

　유명한 건축가 찰스 엘렛 주니어가 나이아가라 폭포에서 연을 띄우고 있었습니다. 미국 국경 쪽에서 캐나다 국경 쪽으로 연을 날린 찰스가 신호를 보내자 상대 쪽에 있던 사람들이 연을 낚아 가느다란 줄을 묶기 시작했습니다.

　찰스가 나이아가라 폭포 사이에 이은 한 가닥의 코일을 보고 사람들이 물었습니다.

　"정말로 여기에 다리를 세울 수 있습니까?"

　높이가 50m에 너비가 1km, 바로 밑에선 폭포수가 천둥소리를 내며 떨어지는 곳에 이런 방식으로 다리를 세울 수 있다고는 생각할 수가 없었습니다.

　찰스는 다시 연을 날려 코일에 철사를 이었고, 철사 위에 밧줄을 이었습니다.

　튼튼히 이어진 '한 줄'이 완성되자 찰스는 이렇게 말했습니다.

　"한 줄이 됐으니 나머지도 문제없습니다."

　찰스가 이 방식으로 완성한 다리는 '무지개 다리'로 불리며 미국과 캐나다 양쪽에서 가장 많이 찾는 나이아가라 폭포의 명소가 됐습니다.

　그리스도인에게 가장 중요한 것은 주 하나님과의 관계입니다.

　많은 어려움과 혼란 속에서도 가장 중요한 이 끈을 놓지 마십시오. 아멘!!

　♡ 주님! 주님과의 바른 관계를 토대로 문제를 해결하게 하소서.
　🎴 주님과의 바른 관계를 통해 전인적인 성도로 성장합시다.

3월 7일

실종된 그리스도인

읽을 말씀 : 히브리서 13:1-8

● 히 13:5 돈을 사랑치 말고 있는 바를 족한 줄로 알라 그가 친히 말씀하시기를 내가 과연 너희를 버리지 아니하고 과연 너희를 떠나지 아니하리라 하셨느니라

세계 3대 커피인 하와이의 '코나(Kona) 커피'를 재배하는 농부들이 최근 미국의 유통 대기업들을 상대로 소송을 냈습니다.

1년에 생산되어 세계로 판매되는 코나 커피의 양은 1300톤 정도인데 미국 내에서만 코나 커피로 팔리는 양이 무려 '9000톤'이라고 합니다.

시중에 판매되는 코나 커피의 80% 이상이 가짜라는 말입니다.

'코스트코', '월마트' 같은 유통업체뿐 아니라 '마우이 커피', '하와이안 코나 커피' 같은 커피 전문점에서도 '코나 커피'의 이름을 무분별하게 사용한다는 것이 농부들의 주장입니다.

농부들은 광고를 통해 "당신의 코나 커피는 진짜입니까?(Is your kona coffee real?)"라고 물었습니다.

이름이 같아도 내용물이 다르면 진짜가 아니듯이, '그리스도인'이라고 불리는 내 안에 '예수님'이 없다면 속이 빈 쭉정이나 다름없습니다.

진정한 그리스도인은 그 마음에 예수님을 구세주와 주님으로 모신 사람입니다.

말씀의 흉내를 내며 사는 가짜 그리스도인이 아니라 마음에 예수님을 주인으로 모시고 성령님의 인도하심을 따라 살아가는 진짜 그리스도인이 되십시오. 아멘!!

🤍 주님! 내 삶의 모든 영역에 주님의 주권을 인정하게 하소서.

🖼 내안에 예수 그리스도가 계신지, 진짜 그리스도인인지 점검해봅시다.

한 명의 마음

읽을 말씀 : 신명기 29:1-14

● 신 29:9 그런즉 너희는 이 언약의 말씀을 지켜 행하라 그리하면 너희의 하는 모든 일이 형통하리라

　　고치지 못하는 병이 없기로 유명한 조선시대의 한 명의가 있었습니다. 이 명의는 자신의 평생의 연구를 집대성해 다음의 5권의 책을 만들었습니다.

　1. 내장의 치료와 정신질환을 다룬 내경편(內景篇)
　2. 외과적 치료를 다룬 외형편(外形編)
　3. 응급처치와 소아 질병을 다룬 잡병편(雜病篇)
　4. 침과 뜸의 요령이 담긴 침구편(鍼灸篇)
　5. 각종 약재의 효능이 담긴 탕액편(湯液篇)

　각 책의 앞장에는 다음의 3가지 원칙이 적혀 있습니다.
　첫째, 무엇보다 마음의 다스림이 중요함을 잊지 말 것.
　둘째, 반드시 필요한 처방만을 사용할 것.
　셋째, 모든 백성이 볼 수 있도록 한글로도 약명을 적을 것.
　조선시대 소문난 명의의 이름은 '허준'이고 그가 쓴 책은 '동의보감'입니다.

　　당대 최고의 의사로 임금님을 모시는 어의였던 허준은 일반 백성들도 병을 쉽게 치료하게 하려는 마음으로 '동의보감'을 썼습니다.

　　환자에게 의사가 필요하듯이 구원의 처방은 모든 사람에게 필요합니다. 십자가에서 겪으신 예수님의 고난과 하나님의 원대한 구원의 계획이 바로 나를, 그리고 이웃을 위한 것임을 기억하고, 모든 사람에게 전하십시오. 아멘!!

♡ 주님! 나에게 주시는 주님의 말씀을 즐겁게 묵상하게 하소서.
🙇 우리 모두를 위한 말씀을 기쁘게 받고, 또 전합시다.

문제를 만드는 습관

읽을 말씀 : 잠언 16:1-9

● 잠 16:6 인자와 진리로 인하여 죄악이 속하게 되고 여호와를 경외함으로 인하여 악에서 떠나게 되느니라

습관만큼 인생에 중요한 건 없습니다. 하지만 때로는 나쁜 습관으로 인지하지 못하는 좋지 않은 습관들이 있습니다.

심리학자인 존 베리 박사의 '인생에 나쁜 영향을 미치는 7가지 습관'입니다.

1. 남의 부탁은 거절하며 도움만 받으려는 습관
2. 다른 사람에게는 높은 기준을 요구하고 자신에게는 관대한 가치관
3. 실패의 원인을 외부 환경이나 다른 사람에게서 찾으려고 하는 자세
4. 익숙하지 않은 일들을 무조건 피하려고 하는 경향
5. '작은 실수'나 '작은 거짓말' 등 작은 잘못은 괜찮다는 생각
6. 다른 사람의 장점보다 단점에 집중하는 시선
7. 다른 사람의 재능을 인정하지 않는 모습

주님을 만나 나중에 신학자가 된 존 베리 박사는 위의 습관의 7번째 항목에서 재능을 은사로만 바꾸면 교회를 비롯한 성도들의 공동체를 건강하게 만드는 일에 가장 큰 방해가 되는 습관과 정확히 일치한다고 말했습니다.

남을 향한 질투와 열등감은 내 인생뿐 아니라 교회와 공동체에도 나쁜 영향을 미칩니다.

주님이 각자에게 허락하신 은사와 재능을 인정하고 나에게 주신 사명과 능력에 집중하십시오. 아멘!!

♡ 주님! 질투와 욕심에서 나오는 열등감을 이겨내게 하소서.
▨ 다른 사람의 단점은 잊고 장점만 칭찬합시다.

이해할 수 없는 믿음

3월 10일

읽을 말씀 : 요한1서 4:7-16

● 요1 4:10 사랑은 여기 있으니 우리가 하나님을 사랑한 것이 아니요 오직 하나님이 우리를 사랑하사 우리 죄를 위하여 화목제로 그 아들을 보내셨음이니라

미국의 국무장관을 역임했던 다니엘 웹스터가 변호사였던 시절에 그는 보스턴의 사교클럽에서 종종 유명인들과 담소를 나눴습니다.

한 번은 종교에 대한 이야기가 나왔는데 웹스터는 양해를 구하고 자신이 믿는 예수님과 기독교가 참 진리인 이유에 대해서 자신 있게 전했습니다.

웹스터의 간증이 끝나자 저명한 작가는 이런 질문을 던졌습니다.

"뛰어난 지성인인 줄 알았던 당신이 이런 말을 하다니 매우 당황스럽습니다. 신이 동시에 인간이 될 수 있다는 사실이 정말로 이해가 되십니까? 자기가 창조했다면 애초에 죄를 짓지 않도록 만들면 될 일이 아닙니까?"

이 작가의 논리에 많은 사람이 동조했습니다.

웹스터는 한 번 더 양해를 구하고 다음과 같이 말했습니다.

"솔직히 이해할 수 없습니다. 그러나 이해할 수 없기 때문에 나는 예수님을 믿습니다. 사람의 생각대로 움직이고, 사람이 완전히 이해할 수 있는 신이 왜 필요하겠습니까?"

나를 누구보다 귀한 존재로 창조하신 주님, 죽기까지 사랑하시고 구원하신 사랑, 지금도 도우시고 힘주시는 하나님의 은혜는 인간의 한계를 초월한 놀라운 은총입니다. 나의 생각과 한계를 넘어서 은혜를 베푸시는 주님께 더욱 순종하십시오. 아멘!!

♡ 주님! 죽든지 살든지 주님을 따라가게 하소서.

🎴 내 생각과 의지를 넘어서 주님의 음성에 순종합시다.

떠날 수 없었던 이유

읽을 말씀 : 로마서 11:25-36

● 롬 11:29 하나님의 은사와 부르심에는 후회하심이 없느니라

한 미국인이 미얀마의 한 항구에서 떠나는 배를 쓸쓸히 바라보고 있었습니다. 배가 사라질 때까지 한참을 바라보던 그는 집으로 돌아가 일기에 다음과 같이 적었습니다.

'선교 활동 중 건강이 나빠진 아내를 오늘 본국으로 보내고 왔다. 앞으로 남은 인생을 함께 편안한 곳에서 보낼 수 있다면 얼마나 좋을까? 항구를 떠나는 배를 볼 때마다 이곳을 떠나고 싶다는 생각이 몇 번이나 들었다.

그러나 그럴 수 없다. 인생은 너무나 짧고 지금도 수백만 명의 미얀마 사람들은 주님을 몰라 죽어가고 있다. 지금 이곳에서 그들에게 주님을 전할 수 있는 사람은 지구상에 오직 나뿐이다.'

남자는 미국에서의 성공이 보장된 삶을 멀리하고 미얀마로 떠난 아도니람 저드슨이었습니다.

아도니람 저드슨 선교사가 미얀마에서 한 사람을 전도하기까지는 6년이 걸렸고, 17개월의 수감생활이 필요했습니다. 그러나 그 한 사람이 두 사람이 되고, 그 두 사람이 열 사람이 되며 수십만 명이나 되는 그리스도인이 저드슨의 헌신을 통해 거듭났습니다.

지금 내가 있는 곳이 주님이 나를 보내신 곳입니다. 주님이 보내신 곳에서 그리스도인의 사명을 묵묵히 감당하십시오. 아멘!!

🖤 주님! 주님이 보내시는 곳에서 허락하신 사명을 감당하게 하소서.
📖 지금 내가 있는 곳에서 복음을 전할 수 있는 방법을 찾아봅시다.

식사 기도의 효능

읽을 말씀 : 마가복음 9:14-29

● 막 9:29 이르시되 기도 외에 다른 것으로는
이런 유가 나갈 수 없느니라 하시니라

　　미국의 의사 존 자웨트는 '식사 기도의 효능'이라는 독특한 주
제로 연구를 했습니다. 정말 감사한 마음을 가지고 식사 기도를
하는 사람들을 꾸준히 연구한 결과 존 자웨트 박사는 '식사 기도
를 할 때만 나오는 3가지 물질'이 있다고 했습니다.
　1. '종류를 알 수 없는 백신'입니다.
　　　모든 질병에 효과가 있다고 알려진 특이한 백신인데, 이
　　　백신은 기도를 하는 사람들을 연구할 때 자주 확인되는 백
　　　신이라고 합니다.
　2. '항독성 물질'입니다.
　　　이 물질은 다양한 균을 박멸해주기 때문에 병의 예방은 물
　　　론 이미 있는 병의 진행을 억제시켜 주기도 한다고 합니다.
　3. '안티셉틴'이라는 방부제'입니다.
　　　죽으면 안 되는 건강한 세포들을 지켜주고 음식물의 부패를
　　　막아주기 때문에 건강에 큰 도움을 주는 물질이라고 합니다.
　　1950년대 미국의 래즈랜드 대학교에서 처음으로 시작된 '기
도에 대한 실험'은 이후 130여 편이 넘게 다양한 실험을 거쳐
논문으로 발표됐지만 원인을 설명할 수 없음에도 항상 긍정적인
결과를 나타냈습니다. 아마 주님이 주시는 특별 선물이라 규명
이 잘 안되나 봅니다.
　　기도는 능력이자 성도의 특권입니다. 모든 기도를 주님께 감사
한 마음으로 드리며 주님이 주시는 큰 복을 누리십시오. 아멘!!

♡ 주님! 기도의 힘을 믿고 기도해 주님의 능력을 체험하게 하소서.
🎖 모든 기도를 진실함과 감사한 마음을 담아 올려드립시다.

세상에 공짜는 없다

읽을 말씀 : 시편 9:1-12

● 시 9:10 여호와여 주의 이름을 아는 자는
주를 의지하오리니 이는 주를 찾는 자들을
버리지 아니하심이니이다

미국 캘리포니아에서 골드러시의 열풍이 끝날 즈음에는 경기
가 매우 좋지 않았습니다.

사람들이 지출을 아끼기 시작해 많은 식당들이 문을 닫는데
폐광 근처의 한 식당에서 이런 팻말을 걸었습니다.

"저녁에 술을 드신 분들에게 다음날 점심을 무료로 제공합
니다."

술을 마시면 점심이 공짜라는 말에 사람들은 몰려들었습니다.

그런데 몇 달이 지난 뒤에 사람들 사이에 이상한 소문이 돌았
습니다.

분명 점심을 공짜로 먹었는데도 돈이 생각보다 많이 나간다는
이야기였습니다.

알고 보니 식당에선 점심 메뉴 금액에 맞춰 술과 안주의 비용
을 조금씩 올렸고, 결국 사람들은 자신들이 낸 돈으로 점심을 먹
는 것이나 마찬가지였습니다.

이때의 이야기로 미국에서는 "공짜 점심은 없다"는 격언이 널
리 퍼졌습니다.

세상에선 모든 것이 이익을 따라 움직이기에 사람을 믿어서는
안 되고, 믿을 수도 없습니다.

사람을 신뢰하지 말고 언제나 동일하신 주 하나님 한 분만 믿
으십시오. 아멘!!

♡ 주님! 주님만을 신뢰하며, 주님만으로 만족하게 하소서.
🖼 주님보다 세상을, 사람을 더 신뢰하지 맙시다.

상대방을 이해하는 법

3월 14일

읽을 말씀 : 골로새서 2:1-11

● 골 2:2 이는 저희로 마음에 위안을 받고 사랑 안에서 연합하여 원만한 이해의 모든 부요에 이르러 하나님의 비밀인 그리스도를 깨닫게 하려 함이라

한때 미국 밀워키주의 여러 공공장소에 붙어 있던 안내문들입니다.

화장실 세면대에는 "1시간 동안 손을 씻고 일하러 돌아가세요"라는 안내문이 붙어 있었고 전등 스위치에는 "불이 제대로 꺼지는지 20번 정도 확인하세요"라는 스티커가 붙어 있었습니다.

이상한 건 그뿐만이 아니었습니다.

계단에는 "짝수 계단은 절대로 밟지 마세요", 그리고 사무실의 문 입구에는 "들어가기 전에 신발을 10번 정도 터세요"와 같이 일반인들은 이해할 수 없는 행동들을 권장하는 스티커가 여러 건물에 붙어 있어 사람들의 호기심과 궁금증을 증폭시켰는데 알고 보니 이 스티커들은 '국제강박장애협회'에서 진행한 일일 캠페인이었습니다.

정신병으로 분류될 만큼 고통받는 증세이지만 평범한 사람들은 이해하지 못하기 때문에 평소 강박증 환자들이 어떤 고통을 받고 있는지 잠깐이라도 경험해볼 수 있게 스티커를 붙인 것이었습니다.

상대방의 입장에서 보는 것이 상대방을 이해하기 위한 가장 좋은 방법이듯이 예수님도 인간을 구원하기 위해 인간의 몸으로 세상에 오실 수밖에 없었습니다.

날 위해 이 땅에 오신 예수님을 생각하며 상대방의 입장에서 이해하고자 하는 배려의 마음을 가지십시오. 아멘!!

♡ 주님! 다른 사람을 향한 관심으로 사랑을 표현하게 하소서.

🀄 내가 알지 못하는 일들에 대해서 단정 짓지 맙시다.

행복이 있는 곳

읽을 말씀 : 신명기 8:1-10

● 신 8:7 네 하나님 여호와께서 너로 아름다운 땅에 이르게 하시나니 그곳은 골짜기에든지 산지에든지 시내와 분천과 샘이 흐르고

이른 나이에 큰 성공을 거둔 영화배우가 있습니다.

엄청난 유명세와 큰돈을 번 남자는 그동안 상상만 했던 삶을 살아봤으나 즐거움은 잠깐뿐이었습니다. 사치와 향락이 인생을 행복하게 만들어주지 않음을 깨달은 배우는 인생의 두 가지 철칙을 세웠습니다.

첫째, 인생을 행복하게 살 것.

둘째, 보통사람처럼 살 것.

"돈은 내 것이 아니며, 행복의 원천도 아니다"라고 생각했던 배우는 일반식당을 애용하면서 한 달 식비로 약 20만 원을 쓰며 차도 사지 않고 대중교통을 이용했습니다. 심지어 핸드폰도 아주 구형을 사용하고 있을 정도로 돈을 아끼고 아꼈습니다.

이야기의 주인공인 홍콩의 세계적 배우 주윤발은 이런 삶을 살고 있는 이유에 대해 "남을 돕기 위해서"라며 평생 모은 재산 8천억 원을 모두 기부하기로 최근 서약했습니다.

인생의 가치를 행복에 둘 때 사람들이 그토록 추구하는 돈과 명예, 권력이 얼마나 덧없는 것인지 깨닫게 됩니다.

행복은 돈이 아닌 나눔에서 옵니다.

값없이 모든 사람에게 나눠주신 주 하나님의 은혜로 인생의 참된 행복을 찾으십시오. 아멘!!

💚 주님! 나를 구원하신 은혜로 인해 기뻐하고 즐거워하게 하소서.

📷 주님이 주신 귀한 은혜를 함께 나눕시다.

스마트폰의 시대

읽을 말씀 : 레위기 26:1-12

● 레 26:1 너희는 자기를 위하여 우상을 만들
지 말찌니 목상이나 주상을 세우지 말며 너
희 땅에 조각한 석상을 세우고 그에게 경배
하지 말라 나는 너희 하나님 여호와임이니라

네덜란드 암스테르담에서 매년 열리는 '빛의 축제'는 빛의 공
해문제를 다루는 주제로 다양한 예술작품을 전시하는 행사입니
다.

이 행사에서 최근 큰 이슈가 됐던 한 작품이 있었습니다.

얼핏 보기에는 평범한 벤치지만 가운데 한두 사람 정도 앉을
자리가 있고 양쪽에는 스마트폰을 들고 있는 사람 조각이 놓여
있습니다.

사람 모양의 조각이 들고 있는 스마트폰에서는 빛이 나와 밤
에는 실제 핸드폰을 보고 있는 사람과 헷갈릴 정도였습니다.

아이러니한 것은 이 작품을 발견한 사람들의 태도였습니다.

스마트폰이 없으면 잠시도 가만있지 못하는 현대인들에게 경
종을 울리고자 하는 작품이었지만 사람들은 이 벤치에 앉아 기
념사진을 핸드폰으로 찍고 바로 SNS에 올렸고, 대부분의 사람
들은 벤치의 조형물과 한데 섞여 조각과 같은 자세로 함께 스마
트폰을 보고 있었습니다.

이 작품의 제목인 '빛에 매몰되다(Absorbed light)'를 작품이 아
닌 사람들이 표현하는 것 같았습니다.

스마트폰은 현대인이 가장 조심해야 할 우상일지도 모릅니다.

필요 이상으로 스마트폰을 사용하지 말고 남은 시간을 주님을
위해, 이웃을 위해 지혜롭게 사용합시다. 아멘!!

♡ 주님! 주님보다 더 의지하는 모든 것이 우상임을 알게 하소서.
🖼 예배를 드릴 때와 교제를 나눌 때는 핸드폰을 쓰지 맙시다.

3월 17일

거짓을 멀리하라

읽을 말씀 : 신명기 5:15-21

● 신 5:20 네 이웃에 대하여 거짓 증거하지도 말찌니라

최초의 코카콜라 광고를 한 유서 깊은 '애틀랜타 저널'에 실린 "나는 누구일까요?"라는 글입니다.

"나는 누구일까요?

나는 포탄의 파편보다 치명적입니다.

나는 상대를 죽이지 않고도 이길 수 있습니다.

나는 가정을 파괴하고, 사람의 마음을 찢고, 삶을 붕괴시킵니다.

나에게는 바람보다 빨리 달릴 수 있는 날개가 있습니다.

법원의 무죄 판결도, 사람의 순결함도 나를 이길 수는 없습니다.

나는 진실이 무엇이든 신경 쓰지 않고, 정의를 존중하지 않으며, 그 어떤 자비도 없습니다.

나에게 당한 사람들은 바닷가 모래알처럼 많습니다.

나는 희생자들을 결코 잊는 법이 없고, 용서하는 법도 없습니다.

내 이름은 험담(Gossip)입니다."

다른 사람의 험담은 '가끔 할 수도 있는 말'이 아닌 '무조건 해서는 안 되는 말'입니다.

다른 사람의 험담은 진실이든 아니든 무조건 좋지 않은 결과를 초래하기 때문입니다.

상처를 들추고 공격하는 악한 본성을 버리고 사랑으로 덮어주고 배려함으로 위로하는 하나님의 자녀가 되십시오. 아멘!!

♡ 주님! 하나님이 기뻐하시는 말과 마음만 품게 하소서.

▨ 다른 사람의 험담은 하지도 말고 듣지도 맙시다.

주님을 믿게 된 이유

읽을 말씀 : 시편 51:10-19

● 시 51:12 주의 구원의 즐거움을 내게 회복
시키시고 자원하는 심령을 주사 나를 붙드소
서

　퇴사를 결심한 한 직원이 담당자를 찾아가 사직서를 제출했습니다. 직원은 사직서를 낸 뒤에 고위층 임원의 사무실로 불려가 다음과 같은 질문을 받았습니다.

　"우리 회사에 입사하려고 했던 이유가 뭔지 물어봐도 될까?"

　일반적으로 퇴직자에게 퇴사 이유를 묻는 것과는 달리 아웃도어 회사인 파타고니아는 입사 이유를 묻습니다. 그리고 다음의 3가지 질문을 더 묻습니다.

　첫째, 회사로부터 원했던 경험이 무엇이었나요?

　둘째, 회사는 당신에게 어떤 경험을 제공했나요?

　셋째, 회사에서 어떤 부분이 충족되지 않았나요?

　회사를 위해 헌신했던 직원들의 피드백을 소중히 듣고 반영할 수 있는 부분은 반영하기 위해서입니다.

　신기한 것은 퇴사를 결심했던 직원들이 이 인터뷰를 통해 다시 회사를 향한 열정을 회복하고 때로는 눈물을 보이는 경우도 있다는 점입니다. 이런 회사 분위기 때문인지 파타고니아는 세계적으로 유래가 없을 정도로 이직률이 낮고 직원들의 만족도가 높다고 합니다.

　험한 세상을 살다 보면 신앙이 힘들고 믿음이 흔들릴 때가 있습니다. 그럴 때마다 내 삶에 찾아와주신 주님의 은혜의 순간을 떠올리며 첫 만남의 열정을 다시 회복하십시오. 아멘!!

♡ 주님! 변함없이 나를 믿어주시는 은혜를 떠나지 않게 하소서.
▧ 주님을 믿게 된 이유와 당시 품었던 열정을 다시 떠올립시다.

인생의 허무함

읽을 말씀 : 전도서 12:9-14

● 전 12:13 일의 결국을 다 들었으니 하나님
을 경외하고 그 명령을 지킬찌어다 이것이
사람의 본분이니라

고고학자들이 이집트 사막에서 발굴을 하던 중이었습니다.

오랜 발굴 끝에 고대 석상이 하나 나왔는데 산산조각이 난 상
태였습니다. 아주 오랜 시간이 지난 뒤에야 석상의 잔해를 모을
수 있었는데 그럼에도 얼굴의 절반을 비롯한 몸의 일부분은 사
라진 처참한 모습이었습니다.

그나마 온전한 모습을 유지한 부분은 받침대와 이어진 두 다
리였습니다. 학자들이 받침대의 먼지를 털어내자 그곳에는 이런
글이 적혀 있었습니다.

"나 람세스 2세는 모든 왕 중의 가장 위대한 왕이다.

아무리 자신의 위대함을 자랑한다 해도

나의 업적을 보면 고개를 숙일 것이다.

온 인류여 나를 영원토록 기억하라."

실제로 위대한 왕이었고, 당시 가장 강대국인 이집트의 람세
스 2세였지만 그가 세운 제국은 몇 백 년도 버티지 못했고, 그
업적을 기리기 위해 세운 석상도 처참하게 조각나 있을 뿐이었
습니다.

세상을 정복한 위대한 왕이 있다 해도 죽음의 문제는 결코 피
할 수 없습니다. 죽음의 문제는 성공이 아닌 주님을 만날 때만이
해결할 수 있습니다. 주님을 따름으로 허무한 인생을 가치 있는
인생으로 변화시키십시오. 아멘!!

♡ 주님! 사소한 것에 마음을 빼앗겨 시간을 낭비하지 않게 하소서.
🖼 세상 사람처럼 허무한 인생을 살지 말고 영원을 위해 살아갑시다.

한 차원 높은 생각

읽을 말씀 : 잠언 19:21-29

● 잠 19:21 사람의 마음에는 많은 계획이 있어도 오직 여호와의 뜻이 완전히 서리라

　　미국 애리조나주 카이바브 고원에서 있었던 일입니다.

　　푸른 녹초지 넓게 펼쳐져 있는 고원에는 사슴을 비롯한 많은 초식동물이 살고 있었습니다. 더 많은 사슴을 잡아 이득을 취하려고 했던 사람들은 사냥꾼을 고용해 사슴의 천적인 늑대와 퓨마를 마구잡이로 사냥했습니다. 몇 년 뒤 천적이 없어진 사슴은 급격히 수가 늘어났습니다.

　　사람들은 사슴을 열심히 잡았지만 늘어나는 사슴을 막기에는 역부족이었습니다. 결국 급격히 늘어난 사슴 때문에 초원의 풀들이 씨가 말랐고 1년 사이 늘어난 사슴의 절반 이상이 굶어 죽는 참사가 일어났습니다.

　　사람들의 잘못된 판단으로 결국 카이바브 고원은 풀도 사슴도, 늑대도, 퓨마도 사라진 황폐한 곳이 되고 말았습니다.

　　이 사건을 통해 생각 없이 저질렀다가 막을 수 없는 큰일이 되어 돌아온다는 뜻의 '방아쇠 효과'라는 말이 생겼습니다.

　　눈앞의 일만 바라보는 사람의 생각으로는 주님의 생각이 이해가 되지 않을 수 있습니다. 하지만 진정한 믿음은 오히려 믿을 수 없을 때 필요합니다. 하나님의 지혜와 나를 향한 사랑을 어떠한 순간에도 의심하지 말아야 합니다.

　　내 삶에 가장 조화로운 복을 주시는 주님이심을 믿고 베풀어 주시는 모든 은혜에 감사함으로 응답하십시오. 아멘!!

💗 주님! 사람의 지혜를 의지하지 않고 주님만을 신뢰하게 하소서.
🏯 선한 목자이신 주님만을 온전히 신뢰합시다.

세상을 감동시켜라

읽을 말씀 : 로마서 14:13-23

● 롬 14:18 이로써 그리스도를 섬기는 자는 하나님을 기쁘시게 하며 사람에게도 칭찬을 받느니라

페레드 스미스는 드넓은 미국 땅 어디든지 하루 만에 물건을 배달할 수 있다고 믿었습니다.

명문 예일대를 다니던 그는 자신의 아이디어를 실천할 사업계획서를 레포트로 제출했으나 교수는 실현 가능성이 절대 없다며 C학점을 줬습니다.

학교를 졸업한 페레드는 자신의 생각이 옳다는 걸 증명하기 위해 창업을 했습니다. 회사의 비전을 '24시간 내에 배달을 완료하는 것'으로 세운 페레드는 직원들에게 누누이 말했습니다.

"고객과의 약속은 하늘의 명령입니다. 물건을 약속시간까지 배달하기 위해 무슨 일이든 하십시오."

불법만 저지르지 않으면 물건을 배달하기 위해서 하는 어떤 행위도 용납했습니다. 태풍으로 다리가 무너진 마을에 배달을 가려고 헬기를 빌려 큰 적자가 나도 오히려 칭찬했습니다.

사람들은 약속시간을 무조건 지키는 서비스에 만족을 넘어서 감동을 느껴 지역마다 소비자들이 "페덱스 직원들께 정말 큰 감사를 드립니다"라는 광고를 실어주는 일들이 일어났습니다.

그리스도인들이 세상에서 최선을 다할 때 세상은 감동하며 우리 안에 계신 주 하나님을 볼 것입니다.

모든 일을 주님을 섬기듯 최선을 다해 해내십시오. 아멘!!

♥ 주님! 주님을 위해 모든 일에 최선을 다하게 하소서.

 세상에서 주님을 위해 최선을 다하는 성도가 됩시다.

구원의 자격

읽을 말씀 : 히브리서 7:23-28

● 히 7:25 그러므로 자기를 힘입어 하나님께 나아가는 자들을 온전히 구원하실 수 있으니 이는 그가 항상 살아서 저희를 위하여 간구하심이라

　영국 빅토리아 여왕의 아버지인 켄트 공작은 신실한 그리스도인이자 훌륭한 정치인이었습니다. 켄트 공작이 중병에 걸려 임종이 가까이 왔다는 소식을 들은 많은 사람들이 공작의 마지막을 함께 하기 위해 찾아왔습니다.

　그중 켄트 공작을 잘 아는 한 귀족이 공작을 위로하려는 목적으로 생전의 그의 업적을 찬양하며 말했습니다.

　"공작은 높은 위치에 있으면서도 항상 서민을 생각하는 정치를 펼쳤습니다. 청렴하면서도 품위를 잃지 않았고, 자비로우면서도 원칙을 지키는 분이었습니다. 이렇게 훌륭한 분이 죽어서 천국에 가지 않는다면 어떤 분이 갈 수 있겠습니까?"

　이 말을 듣던 켄트 공작은 이어지던 귀족의 말을 끊고는 이렇게 말했습니다.

　"칭찬은 감사합니다만 제가 구원을 받는 것은 훌륭한 일들을 해서가 아닙니다. 바로 내가 죄인이기 때문입니다."

　병든 자에게 의사가 필요하고, 죄인에게 자비와 은혜가 필요하듯이 하나님은 나 같은 죄인을 용서하기 위해 예수님을 보내주셨습니다.

　나의 공로가 아닌 하나님의 은혜로 구원받았다는 사실을 잊지 말고 항상 겸손 하십시오. 아멘!!

♡ 주님! 베풀어주신 은혜를 기억하며 다른 이를 정죄하지 않게 하소서.
▥ 죄인인 나를 구원해주신 은혜를 생각하며 더욱더 겸손합시다.

잊지 못했던 피자

읽을 말씀 : 빌립보서 4:1-9

● 빌 4:3 또 참으로 나와 멍에를 같이 한 자 네게 구하노니 복음에 나와 함께 힘쓰던 저 부녀들을 돕고 또한 글레멘드와 그 외에 나의 동역자들을 도우라 그 이름들이 생명책에 있느니라

미국 네브래스카주에 있는 한 피자 가게에 한 통의 전화가 왔습니다.

"저 혹시… 피자 배달이 가능할까요?"

"네, 당연하죠. 주소가 어디신가요?"

전화를 건 남자는 사장에게 무려 400km나 떨어진 지역으로 피자를 배달해달라고 부탁했습니다. 장난전화 같은 무리한 주문이었지만 남자에게는 딱한 사정이 있었습니다.

"제 아들 부부가 어렵던 시절 월급날에만 먹던 댁의 피자 맛을 잊지 못하고 있습니다. 아내가 말기 암에 걸려 먼 지역까지 이동이 어려운데 혹시 방법이 없을까요?"

사연을 들은 사장님은 잠깐의 망설임도 없이 지금 배달하겠다고 대답했습니다. 그렇게 400km의 거리를 뚫고 도착한 피자를 받은 모건 부부는 사장님이 전달해 준 피자를 먹으며 하염없이 눈물을 흘렸습니다.

다 식은 피자에 몸도 정상이 아니었지만 가장 행복했던 시간의 추억을 사장님의 수고로 다시 느낄 수가 있었기 때문입니다.

가장 힘들고 어려웠을 때의 기억을 찾아보십시오. 그때가 가장 아름다운 추억이 되기도 합니다.

힘들었을 때 나를 찾아와 위로하시고 도우시는 주님을 생각하며 지금 그 사랑이 필요한 어려운 이웃들에게 전하십시오. 아멘!!

♥ 주님! 놀라운 주님의 사랑을 잊지 않고 기억하게 하소서.

🖼 지금 주님의 사랑이 필요한 사람이 주변에 있는지 찾아봅시다.

소명을 다하는 법

읽을 말씀 : 히브리서 3:10-19

● 히 3:13 오직 오늘이라 일컫는 동안에 매일
피차 권면하여 너희 중에 누구든지 죄의 유
혹으로 강퍅케 됨을 면하라

1900년대 초반 중국에서 최고의 인기를 누리는 남자배우가
있었습니다. 하루는 배우에게 어떤 영화의 섭외가 들어왔는데
일본계 자금이 투자되어 출연료가 일반 영화의 몇 십 배였습니
다. 그러나 그는 대본을 보자마자 거절했습니다.

"우리 부모님은 모두 독립을 위해 싸우다 돌아가셨는데 내가
어떻게 제국주의를 옹호하는 영화에 출연할 수 있겠습니까?"

1900년대 초반 중국에서 가장 인기가 많았던 남자배우 김덕
린 씨는 독립운동가 김필순의 아들이었습니다.

돈으로 설득이 안 되자 훗날 일본 쪽에서는 협박을 하며 제국
주의 영화에 김덕린을 출연시키려 했으나 김덕린은 독립투사의
아들답게 의연히 대처했습니다.

"기관총으로 나를 겨눈다고 해도 결코 출연하지 않겠습니다."

김덕린은 비록 중국에서 최고의 인기를 누리는 배우였으나 출
세나 돈을 버는 일을 목적으로 삼지 않았습니다. 영화라는 문화
로 아시아의 청년들에게 좋은 영향력을 끼치는 것이 그의 목표
였기에 그는 돈과 무력 앞에서도 떳떳하게 소신을 지켰습니다.

하나님이 주신 사명을 깨달은 사람은 세상의 회유와 협박에
굴하지 않습니다.

지금 내가 하고 있는 일을 통해 주님이 주신 소명을 다하십시
오. 아멘!!

♡ 주님! 모든 일에 주님의 뜻이 있음을 알게 하소서.
▣ 작은 일이든 큰일이든 맡겨주신 일에 충성합시다.

3월 25일

결혼생활의 회복

읽을 말씀 : 에베소서 5:22-33

● 엡 5:33 그러나 너희도 각각 자기의 아내 사랑하기를 자기 같이 하고 아내도 그 남편을 경외하라

　가정은 하나님이 허락하신 소중한 공동체이기에 그리스도인 가정의 회복과 행복을 위해 노력해야 합니다.

　크리스천 여성들을 위한 신앙사이트 '아이빌리브(https://www.ibelieve.com)'에 올라온 '결혼생활의 사랑을 회복시키는 10가지 방법'입니다.

　01. 성경적 사랑의 근원을 회복하라(고전 15:33).
　02. 성경을 통해 사랑을 공부하라(고전 13:8).
　03. 회복을 위해 부부가 함께 기도하라(약 5:13).
　04. 마음이 상한 이유를 돌아보라(겔 36:26).
　05. 하나님의 눈으로 상대방을 보라(벧전 2:17).
　06. 서로 섬기며 필요를 채워주라(빌 2:3).
　07. 원활한 의사소통을 위해 노력하라(잠 16:21).
　08. 처음 만났을 때의 기쁨을 기억하라(시 77:11).
　09. 무조건 사랑하라(눅 6:32).
　10. 사랑을 위해 헌신하라(고전 13:7).

　오직 믿음의 가정 만이 세상에서 하나님이 주시는 천국의 기쁨을 누릴 수가 있습니다.

　지금 일어나는 수많은 사회문제의 원인은 가정의 불화입니다.

　주님이 허락하신 기쁨을 먼저 부부관계 안에서 회복하십시오. 아멘!!

🖤 주님! 이 땅의 모든 가정들을 위해 기도하게 하소서.
🧎 성경이 가르치는 사랑과 지혜로 부부관계를 회복합시다.

금화와 자루

읽을 말씀 : 로마서 6:1-7

● 롬 6:6 우리가 알거니와 우리 옛 사람이 예수와 함께 십자가에 못 박힌 것은 죄의 몸이 멸하여 다시는 우리가 죄에게 종노릇 하지 아니하려 함이니

러시아 작가 이반 끄르일로프의 우화입니다.

집안에 처박혀 가끔 걸레로나 쓰이는 커다란 자루가 있었습니다.

하루는 주인이 밖에서 큰돈을 벌어와 자루에 금화를 가득 채웠습니다.

주인은 하루에도 몇 번씩 자루를 보며 미소를 지었고 친한 친구와 가족들이 올 때마다 자루를 보여주며 자랑했습니다.

사람들이 자루를 볼 때마다 미소를 지으며 칭찬을 하자 자루는 자기가 존귀한 존재가 됐다고 생각해 사람들이 자신을 보러 올 때마다 건방지게 굴었습니다.

그런데 하루는 이 집에 도둑이 들어 금화를 훔쳐갔습니다.

도둑은 자신이 가져온 가방에 금화를 털어넣고 도망쳤습니다.

다음날 자루를 확인한 주인은 크게 화를 내며 자루를 쓰레기통에 버렸습니다.

쓰레기통에 담긴 자루는 금화를 찾으러 급하게 떠나는 주인을 보며 그제서야 사람들이 귀하게 여겼던 것은 자기 안에 담긴 금화라는 것을 깨달았습니다.

죄인인 우리가 주 하나님의 자녀로 존귀하게 여김을 받을 수 있는 이유는 주님의 은혜가 있기 때문입니다.

죄의 종에서 나를 구원해주신 주님의 희생과 사랑으로 겸손히 주님만을 섬기십시오. 아멘!!

♡ 주님! 모든 것이 주님의 은혜임을 기억하게 하소서.

🎴 주님이 주신 은사를 내 것으로 착각하지 맙시다.

3월 27일

죄를 사하시는 주님

읽을 말씀 : 에베소서 4:25-32

● 엡 4:32 서로 인자하게 하며 불쌍히 여기며
서로 용서하기를 하나님이 그리스도 안에서
너희를 용서하심과 같이 하라

외국의 한 보안업체가 생활반경과 인터넷 사용습관을 분석해
철저하게 개인정보를 보호하는 솔루션을 만들었습니다.

개인정보를 중요하게 여기는 지금 시대에 딱 맞는 서비스라고
생각한 회사는 성공을 확신하며 다음과 같이 광고를 냈습니다.

"당신의 사생활을 완벽히 지켜드릴 보안시스템!"

그러나 아무리 광고를 해도 예상과는 달리 전혀 매출이 늘지
않았습니다.

회사는 결국 컨설팅 전문가에게 사업계획을 점검받았는데 그
전문가는 기존의 광고문구가 오히려 사생활 노출에 대한 걱정을
일으킨다며 다음과 같이 바꾸라고 조언했습니다.

"그 어떤 것도 공개되지 않습니다."

주님께 고백하는 우리의 죄가 이와 같습니다.

하나님은 우리의 어떤 죄도 책망하지 않으시며 용서해주시는
놀라운 은혜의 하나님이십니다.

모든 죄를 용서해주시는 주님을 믿으며 그 은혜에 힘입어 죄
에서 자유한 새로운 삶을 살아가십시오. 아멘!!

♡ 주님! 모든 죄를 통회하는 마음으로 주님 앞에 털어놓게 하소서.
▩ 주님께는 그 어떤 죄도 숨기지 말고 자복합시다.

알려야 할 사람들

읽을 말씀 : 시편 40:9-17

● 시 40:9 내가 대회 중에서 의의 기쁜 소식을
전하였나이다 여호와여 내가 내 입술을 닫지
아니할 줄을 주께서 아시나이다

　　미국의 유통업체인 C마트는 광고나 홍보에 일체 돈을 쓰지
않는다고 합니다. 예산이 적다는 말이 아니라 정말로 지출 금액
이 '0원'이라고 합니다. 언론을 상대하는 홍보팀이 없어 기자들
의 취재요청에도 대부분 거절한다는데, 그럼에도 미국에서 소
비자가 가장 사랑하는 기업으로 매년 미국 소비자들을 대상으
로 한 만족도 조사에서 상위권에 머물고 최근엔 1위를 차지했습
니다.

　　반면에 경쟁사인 W마트는 홍보비용으로 매년 3조 원 이상을
사용하지만 순위는 항상 10위권입니다. 하물며 W마트에 비해
C마트에 대해 좋은 기사가 더 많다고 합니다.

　　왜 이런 현상이 일어날까요? 그 비결은 C마트가 홍보비와 광
고비를 아껴서 판매가격을 내리기 때문입니다. 좋은 제품을 더
저렴하게 구할 수 있기 때문에 소비자들은 자발적으로 C마트를
홍보합니다. 항상 문전박대를 당하는 기자들도 C마트의 고객이
기 때문에 C마트의 차가운 태도에도 우호적인 기사를 써줍니다.
C마트와 고객은 서로의 필요를 채워주는 최고의 파트너십을 맺
고 있는 것입니다.

　　길 잃은 영혼에게 복음을 전하고 교회로 인도할 사명은 성도
인 우리에게 있습니다. 내가 하는 말과 행동이 우리 교회의 이미
지이며, 세상 사람들이 보는 복음의 지표라는 사실을 기억하십
시오. 아멘!!

💗 주님! 복음의 기쁜 소식을 전하는 것이 나의 임무임을 알게 하소서.
🙇 내가 믿는 복음과 다니는 교회에 대한 좋은 이야기만 전합시다.

3월 29일

필요한 고난

읽을 말씀 : 이사야 49:8-15

● 사 49:13 하늘이여 노래하라 땅이여 기뻐
하라 산들이여 즐거이 노래하라 여호와가
그 백성을 위로하였은즉 그 고난 당한 자를
긍휼히 여길 것임이니라

베를린 필하모니 오케스트라의 지휘자가 카라얀일 때의 일입
니다. 카라얀은 베를린 필하모니 오케스트라가 세계 최고가 되
기 위해선 조금의 실수도 용납돼선 안 된다고 생각해 혹독하게
연습을 시켰습니다. 그리고 머지않아 카라얀의 지휘로 베를린
필하모니 오케스트라는 명실상부한 세계 최고의 오케스트라로
유명세를 떨쳤습니다.

하지만 단원들은 카라얀이 상식 이상으로 연습을 시킨다고 불
만을 표했습니다. 카라얀이 무서워 앞에서는 말을 못 했지만 단
원 중에는 "카라얀이 죽게 해달라"고 기도하는 사람까지 있었습
니다.

시간이 흐르고 카라얀이 사임하자 단원들은 드디어 해방됐다
며 파티를 열었습니다.

후임인 아바도는 카라얀과 달리 온화한 성품으로 연주자들의
가정사까지 챙길 정도로 따뜻한 사람이었습니다. 그런데 아바도
가 온 지 얼마 되지도 않아 연주자들이 아바도를 내쫓고 카라얀
을 다시 불러달라며 들고 일어났습니다. 카라얀의 혹독한 연습
이 자신들을 최고로 만들었다는 사실을 깨달았기 때문입니다.

주님이 나에게 고난을 주시는 이유는 그 고난을 통해 더욱 성
장시키기 위해서입니다.

견딜 고난만을 주시는 주님을 신뢰하며 어려움 가운데 더욱
주님을 의지하십시오. 아멘!!

💙 주님! 고난에도 감사하며 언제나 주님을 찬양하게 하소서.
🧎 내 삶에 고난이 임할 때 오히려 감사하며 찬양합시다.

인식을 바꾸기 위한 노력

3월 30일

읽을 말씀 : 베드로전서 4:12-19

● **벧전 4:16** 만일 그리스도인으로 고난을 받은즉 부끄러워 말고 도리어 그 이름으로 하나님께 영광을 돌리라

친일파의 아들이라는 낙인을 피해 일본으로 도망쳐 공부하는 학자가 있었습니다. 일본에서는 한국 사람이라는 이유로 극심한 차별을 받았지만 그는 뛰어난 노력으로 세계적인 육종학자가 됐습니다.

광복 후 가난에 허덕이던 조국은 학자에게 "우수한 농산물을 개발해달라"며 도움을 요청했습니다. 아버지의 오명을 씻고 조국에 보탬이 되고자 했던 학자는 한국에 돌아와 소임을 다했습니다.

가장 많이 소비되는 배추와 무, 쌀을 개량하고 선진국의 대량생산 기술을 전수했지만 이런 업적에도 친일파의 아들이라는 보이지 않는 꼬리표가 따라다녔습니다. 그럼에도 학자는 끝까지 자신이 할 수 있는 최선을 다해 헌신했습니다.

무려 10년의 세월이 흐른 뒤에야 공을 인정받아 훈장을 받았는데 이 학자는 훈장을 받은 날 집에 돌아와 마침내 조국이 자신을 인정했다며 눈물을 흘렸다고 합니다.

이 이야기의 주인공은 '씨 없는 수박'을 개발한 사람으로만 알려진 우장춘 박사입니다.

세상에 팽배한 교회의 좋지 않은 시선을 바꾸기 위해선 성도인 우리들의 노력이 필요합니다.

더 나은 교회, 더 나은 성도의 모습을 보여주기 위해서 기꺼이 사람들을 섬기십시오. 아멘!!

🧡 주님! 세상에서 인정받고 존경받는 교회와 성도가 되게 하소서.
🙇 세상에서 들리는 험담에 신경 쓰지 말고 마땅히 할 일을 합시다.

말씀을 철칙으로

3월 31일

읽을 말씀 : 창세기 12:1-9

● 창 12:4 이에 아브람이 여호와의 말씀을 좇아 갔고 롯도 그와 함께 갔으며 아브람이 하란을 떠날 때에 그 나이 칠십 오세였더라

덴마크에서는 한때 큰 인기를 끌었던 소설 때문에 사람들의 생활 양식까지 달라졌다고 합니다.

악셀 산데모제의 소설 '도망자'에는 얀테의 법칙 10가지가 나오는데 이 소설은 덴마크에서 큰 인기를 끌어 지금도 사람들의 가치관에 큰 영향을 주고 있다고 합니다.

01. 나만 특별한 사람이라고 생각하지 말라.

02. 내가 다른 사람만큼 좋은 사람이라고 착각하지 말라.

03. 내가 다른 사람보다 똑똑하다고 생각하지 말라.

04. 내가 다른 사람보다 낫다고 자만하지 말라.

05. 내가 다른 사람보다 더 많이 알고 있다고 생각하지 말라.

06. 내가 다른 이들보다 더 중요할 거라 생각하지 말라.

07. 내가 뭐든지 잘 할 것이라고 여기지 말라.

08. 다른 사람을 비웃지 말라.

09. 다른 사람이 당신을 신경 쓰고 있다고 생각하지 말라.

10. 다른 사람을 가르치려 들지 말라.

그러나 시대가 지나고 이 법칙을 바꾸자는 많은 움직임이 생겨나고 있습니다. 사람이 만든 것은 완벽할 수 없기 때문입니다.

세상에 변하지 않는 것은 오직 주 하나님과 그 말씀뿐입니다.

주님이 주신 진리의 말씀만을 삶의 철칙으로 삼으십시오. 아멘!!

💙 주님! 성경만이 만고불변의 진리임을 알게 하소서.

🎴 성경의 가르침을 인생의 가장 큰 교훈으로 삼읍시다.

4

"날마다 우리 짐을 지시는 주
곧 우리의 구원이신 하나님을 찬송할지로다"
- 시편 68:19 -

하나님을 만나면 기적이 일어난다

읽을 말씀 : 고린도후서 4:1-7

● 고후 4:7 우리가 이 보배를 질그릇에 가졌
으니 이는 능력의 심히 큰 것이 하나님께 있
고 우리에게 있지 아니함을 알게 하려 함이
라

『밥 존스 고등학교 2학년 때, 전국 고등학교 웅변대회 출전을
결심했다. 짧은 생활영어도 '버벅'거리던 내가 전국웅변대회 출
전이라니! 몇 년 전만 해도 상상조차 할 수 없는 일이었다. 밤새
워 작성한 원고를 선생님께 내밀며 출전의사를 밝혔다.

선생님이 엄지손가락을 치켜들고 "빌리, 훌륭해!"라고 말했다.
곧바로 고된 스피치 훈련이 시작됐다. 가장 힘든 일은 R과 L 발
음의 교정이었다. 입에 구슬을 물고 피나는 연습을 했다.

"저는 한국 사람입니다. 민주주의를 옹호합니다."

교내대회, 1등이었다.

"저는 미군 칼 파워스의 도움으로 학교에 다닐 수 있었습니다.
도움의 손길을 펼쳐준 미국, 이런 자유를 주신 하나님께 감사합니
다. 오직 민주주의만이 개인의 권리를 보장하며 더 좋은 교육
기회를 제공할 수 있습니다."

시 대회 1등, 주 대회 최우수상을 받았다. 그리고 미국 전국
대회 1등 상인 아이젠하워상까지 당당히 거머쥐었다. 하나님을
만나면 기적이 일어난다.』- 김장환 목사 3E인생에서 발췌

하나님을 만나면 모든 것이 변합니다. 죽을 운명이 영생을 얻
게 되고, 죄에 빠진 삶이 사랑과 기쁨으로 충만합니다.

오직 하나님만이 내 삶을 만족시킬 권능자이심을 인정하며 그
분의 뜻에 순복하십시오. 아멘!!

♡ 주님! 경건 생활을 통해 주님을 더 깊이 알아가게 하소서.

▧ 날마다 주님과 더 가까워지는 삶을 추구합시다.

리리카의 이웃

읽을 말씀 : 로마서 13:1-10

● 롬 13:10 사랑은 이웃에게 악을 행치 아니
하나니 그러므로 사랑은 율법의 완성이니라

브라질 상파울루에 있는 한 쓰레기 처리장에는 '리리카'라고
불리는 개가 있습니다. 리리카는 평소에 쓰레기 처리장에서 살
다가 먹을 것을 구할 때만 시내로 나갑니다. 쓰레기를 뒤지는 리
리카가 안쓰러워 먹이를 주는 주민들도 많이 있는데 어쩐 일인
지 리리카는 먹이를 다 먹지 않고 항상 절반 정도를 남겨서 물고
갔습니다.

양이 많아서인가 싶어 조금 줄여도 음식을 남겼고, 혹시나 싶
어 더 많은 양을 줘도 항상 절반을 남겼습니다.

리리카의 이 모습에 호기심이 생긴 루시아는 리리카가 남은
음식을 담아갈 수 있도록 가방을 만들어주고 쓰레기 처리장으로
돌아가는 리리카를 따라갔습니다.

리리카가 쓰레기 처리장에 도착하자 갑자기 주변에서 고양이
와 강아지들이 나타나 가져온 음식을 먹기 시작했습니다.

리리카가 음식을 남겨서 가져온 이유는 자기와 함께 생활하는
이웃들을 챙기기 위함이었습니다. 리리카가 친구들을 챙기기 위
해 매일 걸었던 거리는 무려 6km였습니다.

주님이 말씀하신 대로 이웃을 어떻게 섬기고 위해야 하는지
리리카로부터 교훈을 배울 수 있습니다.

주님이 말씀하신 이웃을 찾아가 주님이 말씀하신 대로 섬기십
시오. 아멘!!

🤍 주님! 복음과 물질을 남과 아낌없이 나누는 성도가 되게 하소서.
🎴 이웃을 사랑하고 섬기는 성도의 본분을 실천합시다.

하나만 아는 사람

읽을 말씀 : 시편 14:1-7

● 시 14:1 어리석은 자는 그의 마음에 이르기를 하나님이 없다 하는도다 그들은 부패하고 그 행실이 가증하니 선을 행하는 자가 없도다

타조는 위험에 처할 때 땅에 구멍을 파서 머리를 넣는 습성이 있습니다. 많은 사람들이 이 모습을 보고 타조는 '위험에 처하면 구덩이에 머리를 파묻고는 적이 사라진 줄 착각한다'라고 생각했습니다. 그런데 계속된 연구에 따르면 이 해석은 완전히 잘못된 것이라고 합니다.

타조의 키는 평균 2m 정도입니다.

그래서 적이 나타났을 때는 재빨리 머리를 숙여 몸을 숨겨야 합니다.

타조는 또한 청력이 좋기 때문에 귀를 땅에 대면 진동을 통해 어디서, 어떤 종류의 적이, 어떤 속도로 오는지 판단할 수 있다고 합니다.

타조의 달리기 속도는 사자를 비롯한 대부분의 맹수보다 빠르기 때문에 적이 오는 방향을 제대로 파악하면 몰이에 당하지 않고 안전하게 도망칠 수 있습니다.

우리가 그동안 타조의 어리석은 행동으로 알고 있던 모습은 사실은 장점을 극대화시키는 타조의 지혜였던 것입니다.

사람의 지각과 지혜는 분명한 한계가 있기에 무엇이든지 섣불리 판단해서는 안 됩니다.

완전한 지혜로 내 길을 예비하시는 주님만을 믿고 의지하십시오. 아멘!!

🖤 주님! 섣부른 판단으로 오해하지 않게 하소서.

📖 내 생각과 판단이 틀릴 수도 있다는 겸손의 자세를 가집시다.

전단지의 부활

읽을 말씀 : 야고보서 1:9-18

● 약 1:17 온갖 좋은 은사와 온전한 선물이 다 위로부터 빛들의 아버지께로부터 내려오나니 그는 변함도 없으시고 회전하는 그림자도 없으시니라

최근 이메일 광고를 중지하고 다시 우편물을 보내는 미국의 유명한 회사들입니다.
 - 미국 젊은 세대들이 가장 많이 찾는 침구류 업체 '캐스퍼'
 - 우버의 라이벌인 차량 공유회사 '리프트'
 - 면도기 시장 독점체제를 무너뜨린 면도기 배송회사 '해리스'
 - 세계적인 향수회사 '피메니쉬'
인터넷 시대가 시작되면서 대부분의 기업들은 우편물 광고를 중단하고 배너나 이메일로 홍보를 진행했습니다.

그런데 시간이 지나고 나니 손이 가는 우편물 광고는 뜯어보는 경우가 66%였지만 이메일의 경우 30%였고, 70%의 경우 스팸으로 등록해 다시는 광고를 보지 않았습니다. 심지어 우편을 받은 경우는 50%나 내용을 정독했습니다.

이런 트렌드에 맞춰 이메일 광고를 제작해주던 회사들은 이제 다시 전단지 광고로 돌아가고 있으며 고객들에게 손글씨로 대신 편지를 써주는 서비스 등이 생겨나고 있다고 합니다.

상품을 팔 확률을 높이기 위해 불편함을 감수하는 기업들의 모습을 우리 그리스도인들도 본받아야 합니다. 조금 더 귀찮고, 조금 더 돈을 써야 하는 일이라도 복음을 전한다는 마음으로 할 수 있는 모든 일들을 실행하십시오. 아멘!!

♡ 주님! 예수님의 희생을 기억하며 복음을 위해 헌신하게 하소서.
▨ 손 편지와 식사의 교제를 통해 전도대상자를 예배에 초청합시다.

마음이 만든 요리

읽을 말씀 : 야고보서 1:9-18

● 약 1:12 시험을 참는 자는 복이 있나니 이는 시련을 견디어 낸 자가 주께서 자기를 사랑하는 자들에게 약속하신 생명의 면류관을 얻을 것이기 때문이라

한 유명한 식당에 어떤 여인이 셰프를 하게 해달라며 찾아왔습니다.

사장은 요리도 시켜보지 않고 여인의 얼굴을 보자마자 정중히 거절했습니다. 여인은 포기하지 않고 다시 다른 식당을 찾아가 똑같은 요청을 했으나 이번에도 결과는 마찬가지였습니다.

요리사가 되길 원하는 여인이 시각장애인이었기 때문입니다.

이런 시련에도 끝까지 포기하지 않았던 로라 마르티네즈는 지금 최초의 시각장애인 요리사가 되어 찰리 트로터라는 미국의 유명한 레스토랑의 셰프로 일하고 있습니다.

그녀는 달궈진 프라이팬의 온도를 손끝으로 확인하고 소리로 익힘의 정도를 구별합니다.

재료를 썰고 플레이팅을 하는 일도 아무런 문제가 없습니다.

시각 대신 후각과 청각, 미각이 발달했기 때문에 그녀가 만든 요리가 더 맛있다고 말하는 손님도 많습니다.

장애를 멋지게 극복하고 셰프가 된 그녀가 가장 어려웠던 것은 요리가 아닌 기회를 얻는 일이었다고 합니다.

스스로 한계를 규정하는 사람은 시련을 극복할 수 없습니다.

믿음으로 모든 일을 할 수 있다고 말씀하신 주님을 기억하며 기도로 모든 시련을 극복하십시오. 아멘!!

💙 주님! 주님이 바라시는 일이 주님의 뜻대로 이루어지게 하소서.
🔲 기도할 수 있다면 포기하지 맙시다.

우릴 위해 오셨다

읽을 말씀 : 요한1서 3:13-24

● 요1 3:16 그가 우리를 위하여 목숨을 버리
셨으니 우리가 이로써 사랑을 알고 우리도
형제들을 위하여 목숨을 버리는 것이 마땅하
니라

경복궁의 서쪽 연못 앞에는 경회루라는 누각이 있습니다.

경회루는 잔치를 열 때 사용되는 장소로 국가적인 경사가 있
을 때만 사용되기 때문에 경복궁 안의 궁궐 중에서도 가장 화려
한 곳입니다. 그런데 조선 시대에 이 경회루 옆에 초가집이 세워
진 일이 있었습니다.

버린 장작으로 기둥을 세우고 억새로 지붕을 덮은 두 칸짜리
초라한 초가집은 바로 세종대왕의 집무실이자 침소였습니다. 재
위한 뒤 몇 년 동안 가뭄이 들자 백성들의 어려운 상황을 잊지
않겠다는 다짐으로 초가집을 세운 것입니다.

세종대왕은 2년 동안 초가집에서 집무를 보고, 바닥도 깔지
않고 잠을 잤습니다. 백성들의 상황을 살피러 시찰을 나갈 때는
점심도 먹지 않고 고통을 함께했습니다.

백성이 굶주리지 않게 하는 것이 왕의 가장 중요한 일이라고
생각했기 때문에 세종대왕은 자신이 할 수 있는 모든 일을 다해
국정을 살폈습니다.

주 하나님에게 가장 중요한 일은 우리를 구원하시는 것이었고
그래서 세상에 예수님을 보내실 수밖에 없으셨습니다.

인간이 되어 십자가의 모든 고통을 감내하시면서까지 나를 사
랑하신, 우리를 구원하신 하나님의 사랑을 잊지 마십시오. 아
멘!!

🖤 주님! 높으신 주님의 사랑, 넓으신 주님의 은혜를 깨닫게 하소서.
👣 예수님이 나를 위해 오셨다는 사실을 잊지 맙시다.

4월 7일

과도한 헌신의 위험성

읽을 말씀 : 디모데후서 2:14-26

● 딤후 2:15 너는 진리의 말씀을 옳게 분별하며 부끄러울 것이 없는 일꾼으로 인정된 자로 자신을 하나님 앞에 드리기를 힘쓰라

교회의 시스템이 바르게 돌아가기 위해서는 많은 사람들의 헌신이 필요합니다. 그런데 이런 헌신에 함정이 숨어있을 수도 있습니다.

미국 남침례회 소속인 라이프웨이 연구소의 톰 레이너 박사는 교회 안의 너무 많은 프로그램과 행사, 헌신을 조심해야 한다고 주장합니다. 교회 생활 때문에 정작 중요한 관계인 주 하나님, 그리고 성도 간의 관계가 소홀할 수 있기 때문입니다.

다음은 톰 레이너 박사가 말한 '과도한 헌신에 빠지는 7가지 원인'입니다.

1. 바쁘게 활동해야 가치가 생긴다고 믿는다.
2. 프로그램과 사역의 의미를 혼동한다.
3. 프로그램의 분명한 목적이 없다.
4. 리더들이 맡겨진 사역이나 프로그램을 거부할 권한이 없다.
5. 프로그램을 줄이는 것이 실패라고 생각한다.
6. 교회를 외형적인 모습으로만 평가한다.
7. 문화를 사용하지 않고 문화에 이용을 당한다.

교회의 목적은 하나님을 예배하는 것이고, 우리 삶에서 역사하시는 하나님의 은혜를 함께 나누며 복음의 기쁜 소식을 전파하는 것입니다. 헌신과 프로그램은 반드시 필요한 일들이지만 가장 중요한 목적을 혼동하지 마십시오. 아멘!!

💟 주님! 신앙생활을 통해 더 주님을 알아가게 하소서.
🎴 지칠 정도의 과도한 헌신이나 사역을 조심합시다.

은혜의 작심삼일

읽을 말씀 : 갈라디아서 6:1-10

● 갈 6:9 우리가 선을 행하되 낙심하지 말지니
　포기하지 아니하면 때가 이르매 거두리라

　뚜렷한 목표를 가진 사람들은 종이에 목표를 먼저 적는다고 합니다. 다음은 요한 웨슬리 목사님의 일기에 쓰인 4가지 결심입니다.
　첫째, 어떤 사람에게도 거짓말을 하지 말고 누구도 차별하지 말 것.
　둘째, 작은 일에 충성하고, 경솔한 일을 조심할 것.
　셋째, 세속적인 대화를 줄이고 주님의 영광을 말로 드러내고자 할 것.
　넷째, 주님 앞에 떳떳한 기쁨만을 추구할 것.
　그런데 이 일기에는 다음과 같은 말이 추가되어 있습니다.
　"예전에 한 결심을 다시 되새기기 위해서 기록한다."
　이 말의 뜻은 요한 웨슬레 목사님도 결심을 지키지 못해 수차례 다시 다짐하셨다는 말입니다.
　그럼에도 포기하지 않고 주님 앞에 다시 무릎을 꿇고 다짐했기에 요한 웨슬레라는 복음의 거장이 탄생할 수 있었습니다.
　지금 나의 모습은 어떻습니까?
　사람은 누구나 연약하고 실수를 반복합니다. 그러나 다시 다짐하고, 다시 일어날 때 우리의 믿음은 조금씩 성장하고, 조금씩 단단해집니다.
　쉽게 무너지고, 다시 넘어질지라도 하나님을 붙들며 다시 다짐하십시오. 아멘!!

🤍 주님! 한량없는 주님의 은혜로 상한 심령을 회복시키소서.
🙇 평생을 안고 갈 믿음의 다짐을 적어놓고 포기하지 맙시다.

4월 9일

세 가지 행복, 세 가지 질문

읽을 말씀 : 시편 36:1-12

● 시 36:9 진실로 생명의 원천이 주께 있사오
니 주의 빛 안에서 우리가 빛을 보리이다

사람은 누구나 행복하길 원합니다. 그런데 이 행복을 어떻게
찾을 수 있을까요?

톨스토이는 행복을 위해서는 다음의 3가지 질문에 답을 찾아
야 한다고 했습니다.

첫째, 이 세상에서 가장 중요한 때는 언제인가?

둘째, 이 세상에서 가장 필요한 사람은 누구인가?

셋째, 이 세상에서 가장 중요한 일은 무엇인가?

톨스토이는 소설을 통해 이 답을 말했지만 정작 본인은 인생
의 무상함을 해결하지 못해 숱한 방황을 하다가 뒤늦게 주 하나
님을 믿고 진정한 행복을 찾았습니다.

또 철학자 칸트는 행복에 3가지 원칙이 있다고 말했습니다.

첫째, 어떤 일을 할 것.

둘째, 어떤 사람을 사랑할 것.

셋째, 어떤 일에 희망을 가질 것.

하지만 세상엔 어떤 영원한 일도, 영원한 사랑도, 영원한 희
망도 있을 수 없습니다. 칸트의 조건은 결국 세상엔 진정한 행복
이 없다는 뜻이나 마찬가지입니다.

세상에 영원한 것은 존재할 수 없습니다.

주님의 말씀을 통해 유한한 세상에서 무한한 행복의 근원을
찾으십시오. 아멘!!

💛 주님! 세상의 모든 만족이 결국 헛것임을 알게 하소서.

📖 주님이 주신 말씀으로 주님이 주신 행복을 누립시다.

주일학교의 중요성

읽을 말씀 : 누가복음 18:9-17

● 눅 18:16 예수께서 그 어린 아이들을 불러 가까이 하시고 이르시되 어린 아이들이 내게 오는 것을 용납하고 금하지 말라 하나님의 나라가 이런 자의 것이니라

미국의 '세계 주일학교 협의회(World Sunday School of Religious Education)'의 총재로 선출된 한 사업가의 연설입니다.

"제 인생을 지탱했던 가장 중요한 교육은 주일학교에서 배운 성경 말씀이었습니다. 저는 공교육을 거의 받지 못했습니다.

그러나 주일학교가 있어 성경을 배울 수 있었고, 그때가 가장 큰 즐거움을 느꼈던 시간이었습니다.

저는 세상의 지식으로는 절대 배울 수 없는 귀한 지혜를 성경을 통해 배울 수 있었습니다. 성경으로 삶의 원칙과 기초를 세웠고, 말씀을 기반으로 제 인격과 사업을 세우려고 노력했습니다.

제가 받았던 이 교육이 너무 귀했기에 제 인생 전부를 투자했고, 앞으로도 투자할 것입니다."

이 연설을 한 사람은 백화점 왕 워너메이커입니다. 워너메이커는 회장이었을 때도, 장관이었을 때도 언제나 자기 본업은 '주일학교 교사'이며 부업이 사업가라고 사람들에게 소개했습니다. 전 세계의 어린이, 청소년들을 위해 평생을 헌신한 워너메이커는 무려 65년간 주일학교 사역을 했습니다.

자라나는 세대에게 주님을 전하고 믿음을 갖게 하는 것만큼 중요한 일은 없습니다.

다음 세대의 주역인 청소년들과 어린이들을 위해 기도하며 헌신하십시오. 아멘!!

♡ 주님! 한국 교회학교의 부흥이 다시 시작되게 인도하여 주소서.
▨ 교회의 교육부서를 위해 기도하며 필요한 일을 도웁시다.

4월 11일

선한 길로 인도하신다

읽을 말씀 : 시편 23:1-6

● 시 23:1 여호와는 나의 목자시니 내가 부족
함이 없으리로다

사업에 여러 번 실패해 큰 빚을 진 한 청년이 있었습니다.

청년은 빚을 청산하고 큰돈을 벌기 위해 호시탐탐 기회만을 노리고 있었는데 그러던 중 '금속 활자'를 만들어 책을 찍어내겠다는 아이디어가 떠올랐습니다.

청년의 생각을 들은 사람들은 하나같이 "미쳤다"고 말했습니다. 그럴 수밖에 없었던 것이 당시 유럽의 인구는 96%가 글을 몰랐고, 청년 역시 글을 몰랐습니다. 책을 찍어서 낸다 한들 읽을 사람이 없었던 것입니다.

이런 상황에도 청년은 자신의 아이디어를 실현시켰고 5년 뒤 첫 책으로 '성경'을 만들었습니다. 이로 인해 더 많은 사람이 성경을 읽게 됐고 청년의 기술로 마르틴 루터의 '95개조 반박문'도 대량으로 인쇄되어 유럽 전역에 종교개혁의 불씨를 일으켰습니다.

이런 이유로 역사채널인 히스토리 채널에서는 지난 1000년 간 인류 역사에 가장 큰 발자취를 남긴 인물 100명 중 1위에 구텐베르크를 선정했습니다.

하나님은 세상의 모든 일을 주관하고 계십니다.

나의 실수와 잘못까지도 덮어주시고 선한 일에 사용하실 주님의 은혜를 믿고 지은 죄는 즉시 자백하며 주님 안에 거하십시오. 아멘!!

💚 주님! 주님이 주신 비전은 누가 뭐래도 기도하며 이루어가게 하소서.
🧎 완전하신 주님을 믿음으로 지금 맡은 일에 최선을 다합시다.

부활의 복음

읽을 말씀 : 로마서 1:1-7

● 롬 1:4 성결의 영으로는 죽은 가운데서 부활하여 능력으로 하나님의 아들로 인정되셨으니 곧 우리 주 예수 그리스도시니라

    1885년도 갑신정변이 일어난 한국 땅은 외국인들에게 '소망이 없는 황무지'처럼 여겨졌습니다. 그럼에도 세계의 어떤 단체도 구호나 원조를 꺼리는 상황에서 미국의 젊은 선교사 두 명이 순교를 각오하고 한국으로 떠나는 배에 탑승했습니다.

    '황무지일수록 복음이 들어가야 한다'는 믿음으로 한국을 찾았던 두 명의 선교사 아펜젤러와 언더우드는 이날의 감격을 선교보고서에 다음과 같이 적었습니다.

    "우리가 도착한 날은 4월 부활절이었습니다. 죽음에서 부활하신 주님의 능력이 조선의 결박을 끊고, 사망의 철창을 쳐부수고, 이 땅의 백성들을 하나님의 자녀로 삼으사 빛과 자유의 세계로 인도해주시기를 기도드렸습니다."

    한국에 첫 복음이 들어오는 날은 놀랍게도 부활절이었습니다.

    부활의 복음을 믿음으로 죽기를 각오하고 한국을 찾았던 두 명의 선교사의 결단이 없었다면 황무지라 불리는 한국 땅에 복음의 빛이 비치지도 못했을 것이고 지금처럼 복음의 전진기지로 세계에 선교사를 파송하는 믿음의 강대국으로 하나님께 쓰임 받지도 못했을 것입니다.

    부활의 복음은 곧 생명의 복음입니다.

    나를 살리고 구원하신 부활의 놀라운 복음을 아직도 모르는 사람들에게 전하십시오. 아멘!!

♡ 주님! 날 위해 죽으시고 날 위해 부활하신 주님을 평생 따르게 하소서.
🎴 부활의 소망을 전하는 일을 소홀히 여기지 맙시다.

행동하는 한 사람

읽을 말씀 : 베드로전서 3:8-22

● 벧전 3:11 악에서 떠나 선을 행하고 화평을 구하며 그것을 따르라

보얀 슬라트는 16살 때 지중해로 스쿠버다이빙을 갔습니다.

지중해의 경치는 너무나 아름다웠지만 정작 바다 속으로 들어가자 엄청난 쓰레기가 떠다녔습니다. 물고기보다 더 많은 쓰레기들이 바다 안에 있는 것을 보고 소년은 큰 충격을 받았습니다.

그날 이후 바다에 떠다니는 쓰레기들에 대한 생각이 소년의 머릿속을 떠나지 않았고 보얀은 24살이 되던 때 바다를 깨끗하게 만드는 일에 평생을 바치기로 결심했습니다.

태평양에만 우리나라 면적의 10배가 넘는 쓰레기들이 떠다니고 있고, 지금도 세계에서 무분별하게 버리는 쓰레기로 그 면적은 점점 넓어지고 있습니다.

20대 청년 혼자서 이 쓰레기를 치우는 것은 불가능해 보이지만 누군가는 반드시 해야 할 이 일을 하기 위해 보얀은 '오션 클린업(The Ocean Cleanup)'이라는 단체를 만들어 바다에 떠다니며 쓰레기를 수거하는 장치를 개발하고 있습니다.

행동하는 사람만이 세상을 더 좋게 변화시킬 수 있습니다.

예수님의 말씀을 따라 평생을 살았던 제자들처럼, 초대교회 성도들처럼, 세상에서 말씀을 실천하는 행동하는 그리스도인이 되십시오. 아멘!!

🤍 주님! 말씀을 들을 뿐 아니라 지켜 행하게 하소서.

▨ 주님의 말씀을 따라 살고자 하는 거룩한 부담감을 가집시다.

아들의 표식

읽을 말씀 : 누가복음 15:11-24

● 눅 15:24 이 내 아들은 죽었다가 다시 살아
났으며 내가 잃었다가 다시 얻었노라 하니
그들이 즐거워하더라

빛의 화가 렘브란트의 '돌아온 탕자'는 미완성임에도 최고의
작품으로 인정받고 있습니다. 이 그림을 잘 살펴보면 탕자의 비
유에 대한 렘브란트의 깊은 묵상이 느껴집니다.

먼저 탕자를 맞아주는 아버지의 초점 없는 눈은 나이가 들어
시력을 거의 잃을 때까지 탕자를 기다리던 아버지의 사랑과 인
내심을 표현하고 있습니다.

또한 옆에서 말없이 바라보는 장자의 두 손은 색이 다릅니다.
아버지의 말에 순종하며 남아있으면서도 재산을 차지하고 싶은
이중적인 모습을 양손의 대비로 표현한 것입니다. 그러나 이 그
림의 하이라이트는 탕자가 허리에 차고 있는 칼에 있습니다. 신
발이 터져서 맨발을 드러낼 정도로 모든 것을 탕진한 탕자가 왜
금으로 장식된 칼은 탕진하지 않았을까요?

이 칼이 바로 아버지의 아들이라는 신분을 나타내는 칼이기
때문입니다.

탕자는 비록 아버지의 재산을 미리 받아가 탕진하고 방황했지
만 끝까지 아버지의 아들이라는 표식만은 팔지 않았고 아버지는
그 마음을 확인했기에 탕자를 받아주었다고 렘브란트는 생각했
습니다.

주 하나님은 결코 자신의 자녀들을 포기하지 않으십니다.

이미 허락하신 하나님의 구원의 은혜를 의심하지 말고 항상
하나님의 자녀라는 정체성을 지키십시오. 아멘!!

♡ 주님! 결코 저를 포기하지 않는 주님의 은혜를 찬양하게 하소서.
🖼 어떤 고난과 역경 가운데도 결코 하나님을 떠나지 맙시다.

4월 15일

시간을 아끼는 지혜

읽을 말씀 : 갈라디아서 6:1-10

● 갈 6:8 자기의 육체를 위하여 심는 자는 육체로부터 썩어질 것을 거두고 성령을 위하여 심는 자는 성령으로부터 영생을 거두리라

전문 컨설팅업체 '페리에'의 회장 와다 히로미는 컨설팅하는 기업들마다 최소 20%의 업무 효율성을 향상시키는 시간 관리의 대가로, 다음은 와다 히로미 회장이 말한 '시간을 낭비하지 않는 7가지 방법'을 소개합니다.

1. 시간은 양보다 질이 중요하니 먼저 하려는 마음을 가지라.
2. 나에게 필요한 목표를 설정하라
3. 잡담으로 시간을 낭비하지 마라
4. 불필요한 일은 정중하게 거절하라
5. 연락이 되지 않으면 메시지를 남겨라
6. 중요한 일은 미리 이미지 트레이닝을 하라
7. 가끔은 돈으로 시간을 사라

와다 회장은 시간이 없는 것이 아니라, 있는 시간을 활용하지 못하는 것이 문제라고 말했습니다.

시간을 낭비한다는 것은 지금 필요한 일, 하고 싶은 일을 하며 사는 인생이 아니란 뜻이기도 합니다.

한정된 시간을 정말로 가치 있는 일, 내가 해야만 하는 일, 복음을 전하는 일을 위해 사용하십시오. 아멘!!

💜 주님! 시간을 아끼고 잘 관리하는 지혜를 주소서.

 하루를 효율적으로 보내고 있는지 타임 테이블을 적어봅시다.

감동을 따르라

읽을 말씀 : 요한복음 16:1-13

● 요 16:13 그러나 진리의 성령이 오시면 그가 너희를 모든 진리 가운데로 인도하시리니…

　미국 오클라호마의 한 대형 슈퍼마켓에서 있었던 일입니다.
　금요일 저녁이라 많은 사람들이 슈퍼마켓을 찾았고 모든 계산대에도 줄이 길게 늘어서 있었습니다. 그런데 한 카운터에서 문제가 생겼습니다.
　한 여성이 정부의 복지프로그램을 이용해 결제를 시도했는데 뭐가 잘못됐는지 자꾸 오류가 생겼습니다. 뒤에서 기다리던 사람들이 불평을 쏟아냈지만 현금이 없는지 여성은 어쩔 줄을 몰라했고 결국 마트 직원들에게 항의하는 고객들까지 생겼습니다.
　이 모습을 지켜보던 캐셔 테이트는 "이 여성을 도우라"는 주님의 감동을 느끼고는 정중히 양해를 구하고 대신 계산을 했습니다. 그런데 알고 보니 여성은 어려운 환경에서도 버려진 아이 3명을 입양해 키우는 상황이었습니다.
　나중에 사연을 알게 된 테이트는 그때 자신이 느꼈던 음성이 주님의 뜻이 확실했다고 고백하며 오히려 도움을 받은 여성에게 감사를 전했습니다.
　그리스도인으로써 우리가 해야 할 일을 주님은 감동으로 오늘도 알려주고 계십니다.
　주님이 주시는 확실한 감동이 있다면 인간적인 생각을 버리고 그리스도인답게 실천하십시오. 아멘!!

🩷 주님! 주님이 보내시는 곳에서 주님이 원하시는 일을 하게 하소서.
🧎 주님이 주시는 감동에 내가 할 수 있는 한 최대한 순종합시다.

다윈과 공작

읽을 말씀 : 시편 119:30-38

● 시 119:37 내 눈을 돌이켜 허탄한 것을 보지 말게 하시고 주의 길에서 나를 살아나게 하소서

생물학자 다윈은 갈라파고스 섬을 연구하다가 '적자생존'으로 대표되는 진화론을 발표했습니다. 다윈은 자신이 만든 이론으로 대다수 생물들의 발달과정을 설명했습니다.

기린의 목, 코끼리의 코, 사람의 꼬리뼈 등 많은 부분이 진화론으로 설명이 가능했다지만 공작새만큼은 도대체 왜 화려한 깃털을 가지게 진화됐는지 이유를 설명할 수 없었습니다. 공작새의 꼬리는 눈에 잘 띄어 적에게 발각되기 쉽고, 아무리 생각해도 생존에 방해만 될 뿐 도움이 되는 요소가 없었습니다.

그래서 다윈은 공공연하게 "나는 공작새의 꼬리만 봐도 울화통 터진다"라고 말하곤 했습니다.

결국 다윈의 이론은 공작새의 꼬리를 설명하지 못했고, 이는 다윈의 이론이 맞지 않음을 보여준 것입니다.

훗날 다른 학자들이 '핸디캡 이론', '짝짓기 지능' 등을 통해 부분적으로 해석하려고 했지만 지금도 공작새 꼬리의 존재 이유를 완벽하게 아우르는 이론은 나타나지 않았습니다.

10년 전의 진실이 오늘날에는 거짓이 될 수 있기에 과학은 세상의 많은 것을 설명해주지만 진리가 될 수는 없습니다.

시대를 초월한 분명한 진리는 오직 성경뿐임을 잊지 마십시오. 아멘!!

♥ 주님! 참된 진리이신 주 하나님만을 믿고 따르게 하소서.

▩ 변하지 않는 것과 변하는 것들을 혼동하지 맙시다.

하나님이 쓰신다

읽을 말씀 : 고린도전서 7:13-24

● 고전 7:22 주 안에서 부르심을 받은 자는 종이라도 주께 속한 자유인이요 또 그와 같이 자유인으로 있을 때에 부르심을 받은 자는 그리스도의 종이니라

다음과 같은 병을 앓고 있는 사람이 있다고 생각해보십시오.
- 관절염으로 고통받는 두 손
- 불구인 한쪽 다리
- 시력을 잃은 한쪽 눈, 시력을 잃어가는 나머지 눈
- 청각을 잃은 한쪽 귀
- 10%정도만 제 기능을 발휘하는 신장
- 소화 기능을 제대로 발휘하지 못하는 내장
- 원인 모를 통증으로 절단해야 할지도 모르는 발

이런 병을 앓고 있는 사람이 할 수 있는 일이 있을까요?
주 하나님은 이런 사람도 필요로 하시고 사용하실까요?
어떻게 생각하십니까?

그러나 이 증상을 실제로 앓고 있는 미르바 던은 그럼에도 하나님이 자신을 필요로 한다고 느꼈고 부르시는 음성에 순종했습니다. 그리고 이 놀라운 순종에 하나님은 미르바를 지금 세계적인 영성 신학자이자 작가로 쓰고 계십니다.

사람의 생각으로는 힘들고 불가능한 일들도 하나님이 쓰시면 가능합니다.

나를 부르시고 나를 사용하길 원하시는 주님의 음성에 순종하십시오. 아멘!!

🖤 주님! 모든 부르심에 순종으로 응답하는 충성된 일꾼이 되게 하소서.
🏯 나를 향한 주님의 뜻을 분별하게 해달라고 간절히 기도합시다.

변하지 않는 것

읽을 말씀 : 갈라디아서 1:1-10

● 갈 1:9 우리가 전에 말하였거니와 내가 지금 다시 말하노니 만일 누구든지 너희가 받은 것 외에 다른 복음을 전하면 저주를 받을지어다

중국 주나라에 노반이라는 유명한 건축가가 있었습니다.

그는 한창 일을 하던 중 갑자기 비가 내려 급하게 정자로 피했는데 이런 생각이 들었습니다.

'비만 오면 일은 고사하고 걸어 다닐 수가 없으니 너무 불편한걸.'

그러면서 잠시 쉬려고 누웠는데 문득 '걸어다니면서 쓸 수 있는 작은 정자를 만들 수 없을까?'라는 생각이 들었습니다.

노반은 비가 그치자마자 대나무를 잘게 썰어 살을 만들고 천을 붙였습니다. 가운데 손잡이용으로 뭉뚝한 대를 붙이자 훌륭한 우산이 완성됐습니다.

이집트에서도 파라오와 귀족들이 비를 피하는 용도로 우산을 만들어 사용했는데 지금 쓰는 우산과 완전히 똑같은 형태였습니다.

우산은 세계 어디에서 개발되어도 형태가 같고, 4,000년 전이나 지금이나 기능이 동일합니다. 비를 피하는 용도로는 지금의 우산보다 더 나을 수가 없기 때문입니다.

유일한 구원의 방법인 예수님을 향한 믿음과 하나님의 말씀인 성경도 그 자체로 완벽하기에 더 이상 달라질 이유도, 필요도 없습니다.

일점일획의 오차도 없는 완벽한 하나님의 말씀을 믿고 진리를 따르십시오. 아멘!!

🖤 주님! 주님을 향한 일말의 의심도 씻겨지게 하소서.
📖 하나님의 말씀이 태초부터 지금까지 진리임을 확신합시다.

그리스도인의 표정

읽을 말씀 : 잠언 13:1-9

● 잠 13:9 의인의 빛은 환하게 빛나고 악인의 등불은 꺼지느니라

　해외 유학생들을 대상으로 하는 큰 수련회에 초청받은 목사님이 있었습니다. 집회가 끝나고 유학생이 처음으로 집회에 참석했다가 주님을 믿기로 결심했다는 현지인 친구를 데려왔습니다. 목사님은 현지인 친구가 한국어를 전혀 못 한다는 사실을 알고는 설교도 듣지 못했을 텐데 어떻게 회심을 하게 됐는지 물었습니다.

　"제가 옆에서 간간이 통역을 해줬지만 제대로 알아듣지는 못했어요. 그런데 이 친구 말이 말씀을 전하는 목사님의 얼굴과 표정에서 분명한 확신이 느껴졌다고 하네요."

　비언어 의사소통 전문가인 폴 에크먼 박사는 사람은 누구나 300가지의 얼굴표정을 만들 수 있다고 합니다.

　그런데 어떤 표정을 아무리 잘 흉내 낸다 해도 그 안에 숨겨져 있는 감정은 절대로 바꿀 수가 없다고 합니다. 속으로 화가 난 사람이 짓는 웃는 표정은 정말로 즐거운 사람이 웃는 표정과 절대로 똑같을 수가 없고 훈련으로 똑같게 만들 수도 없기 때문입니다.

　주 하나님을 만나 진정한 기쁨을 누리고 있다면 나의 얼굴은 어떻습니까? 숨길 수 없는 진실한 기쁨이 드러나는 삶을 살고 있습니까?

　죄로 인해 죽은 죄인을 구원해주신 주 하나님의 놀라운 은혜를 삶에서 절대로 잊지 마십시오. 아멘!!

🤍 주님! 예배를 통해 주님이 주시는 참된 기쁨을 누리게 하소서.
🎴 주님이 허락하신 최고의 기쁨을 누리며 살아갑시다.

겸손이란 기다림

읽을 말씀 : 사무엘하 22:1-7

●삼하 22:2 이르되 여호와는 나의 반석이시요 나의 요새시요 나를 위하여 나를 건지시는 자시요

산에서 자라는 양들은 목초지에서 길러지는 양들보다 풀을 발견하기가 쉽지 않습니다. 그래서 때때로 가파른 절벽이나 파인 고랑에도 풀이 있다면 뛰어내려 꼴을 뜯습니다. 하지만 점프력이 낮아 다시 올라올 수 없기에 목동의 도움을 받아야만 합니다.

그런데 양의 울음소리를 듣고 찾아온 목동은 바로 양을 구해주지 않고 한참을 기다립니다. 바로 줄을 내리면 양은 자기를 잡으려는 줄 알고 뒷걸음질을 치다 떨어지는 경우가 있기 때문입니다.

양이 배고파 지쳐 울음소리를 내지도 못할 정도가 되면 목동은 그때가 돼서야 줄을 내려 조심스럽게 양을 끌어올립니다.

바다에 빠진 사람을 구조할 때도 마찬가지입니다.

위기에 처한 사람은 이성적으로 판단을 내릴 수 없기 때문에 구해주려고 온 사람을 붙잡고 오히려 바다에 빠트립니다. 그래서 구조대원들은 물에 빠진 사람이 힘이 빠져 정신을 잃을 때까지 지켜보다가 물에 뜨는 순간 구조를 하러 들어갑니다.

내 힘으로 살아보려고 노력해도 주 하나님의 도움이 없다면 우리는 다시 죄에 넘어집니다.

나의 힘으로 서려는 교만을 버리고 주님의 손을 붙잡으십시오. 아멘!!

♡ 주님! 세상의 복이 아닌 주님이 주시는 복을 받게 하소서.

🙏 내 안에 있는 욕심을 버리고 주님의 말씀을 붙잡읍시다.

실패하는 이유

4월 22일

읽을 말씀 : 시편 62:1-12

● 시 62:5 나의 영혼아 잠잠히 하나님만 바라 라 무릇 나의 소망이 그로부터 나오는도다

'야베스의 기도'를 쓴 브루스 윌킨슨 목사님에게 한 청년이 찾아와 이런 고민을 털어놨습니다.

"목사님, 저는 예배를 드릴 때마다 큰 감명을 받고 헌신을 결심합니다. 그런데 아무리 큰 은혜를 경험하고 결심을 해도 한 달이 지나지 않아 그전의 생활로 돌아갑니다. 이제는 일주일도 버티지 못하는 것 같습니다. 도대체 어떻게 해야 할까요?"

목사님은 이렇게 대답했습니다.

"형제님의 힘으로 하나님의 일을 하려고 하지 말고, 형제님의 삶을 그저 하나님께 맡기십시오. 그러면 하나님이 전적으로 인도해주실 것입니다."

주님을 위해 사는 일은 나의 노력으로는 할 수 없다는 뜻입니다.

조지 뮬러는 노년에 이런 말을 했습니다.

"저는 하나님의 말씀을 믿고 행하는 일을 정말로 사랑합니다. 이 일이 나에게 가장 큰 기쁨이기 때문에 순종하려고 억지로 노력해 본 적이 없습니다."

나의 힘으로 주님의 일을 할 수는 없습니다.

내가 아닌 주님이 일하시도록 나의 삶을 온전히 주님께 맡기십시오. 아멘!!

💙 주님! 내 생각과 의지가 아닌 주님의 말씀으로 살아가게 하소서.
🖼 모든 일에 주님의 뜻을 물으며 순종하며 삽시다.

4월 23일

예수님의 희망

읽을 말씀 : 마태복음 28:16-20

● 마 28:19 그러므로 너희는 가서 모든 민족을 제자로 삼아 아버지와 아들과 성령의 이름으로 세례를 베풀고

필로포스 2세는 약소국이었던 마케도니아를 군사 대국으로 만들 기틀을 다진 능력있는 왕이었습니다.

아무런 자원이 없는 마케도니아가 강대국이 되기 위해서는 주변국을 정복해야 한다고 생각한 필로포스는 강력한 군대를 만들어 주변국을 하나하나 점령하기 시작했습니다.

전과는 비교할 수 없는 국력과 군사력을 만들어 재기발랄한 후계자 알렉산더에게 모든 것을 물려줬지만 정작 알렉산더는 정복 전쟁을 떠나기 전 아버지가 물려준 모든 재산을 신하들에게 나눠줬습니다.

이에 페르디카스라는 신하가 "도대체 빈손이 되어 얻는 게 무엇입니까?"라고 묻자 알렉산더는 "나에겐 희망이 있다"고 대답했고, 이 말을 들은 신하는 다음과 같이 화답했습니다.

"그렇다면 저희도 그 희망을 따르겠습니다."

십자가에 달려 돌아가신 예수님은 인류를 구원하기 위한 하나님의 유일한 희망이었습니다.

그 희망을 놓치지 않고 세계에 전파한 제자들처럼 참된 희망을 세상에 전파하십시오. 아멘!!

💛 주님! 세상을 구원할 유일한 방법이 주님의 십자가임을 알게 하소서.

🖼 세상의 유일한 소망 예수님을 세상에 전파합시다.

많을수록 유리하다

읽을 말씀 : 마태복음 25:14-30

● 마 25:29 무릇 있는 자는 받아 풍족하게 되고 없는 자는 그 있는 것까지 빼앗기리라

똑같이 투자를 해 10%의 수익을 올린 두 사람이 있습니다.

두 사람이 올린 수익은 똑같았지만 한 사람은 100만 원을 투자해 10만 원을 벌었고, 다른 사람은 1,000만 원을 투자해 100만 원을 벌었습니다. 수익률은 10%로 똑같았지만 실제 번 돈은 10배나 차이가 났습니다.

'부자는 더 부자가 되고 가난한 사람은 더 가난하게 된다'는 이 법칙을 심리학자들은 마태복음 25장 29절을 인용해 '마태 효과' 라고 부릅니다. 학자들에 따르면 마태효과는 돈뿐 아니라 인간 관계와 성격 등 모든 분야에 적용된다고 합니다. 친구가 많은 사람은 더 많은 친구를 소개받아 인간관계가 넓어지고, 친구가 적은 사람은 인간관계를 넓히고 싶어도 기회가 훨씬 줄어듭니다.

반대로 성격이 좋은 사람은 주변 사람들이 잘 대해줘서 더 긍정적이 되는 반면에 매사에 부정적이고 짜증을 내는 사람은 주변 사람들과 다툴 일도 많기 때문에 성격이 더 부정적으로 변합니다.

'마태 효과'는 신앙에도 동일합니다.

주 하나님을 더 사랑하고 하나님을 더 경험하게 되고 더 거룩한 삶을 살게 됩니다.

세상을 향해있는 내 삶의 나침반을 주 하나님을 향해 돌리십시오. 아멘!!

♡ 주님! 주님과 동행하는 기쁨을 누리며 살게 하소서.
▧ 주님을 경험하는 삶을 위해 필요한 경건 생활을 시작합시다.

4월 25일

집중을 위한 최소화

읽을 말씀 : 고린도전서 10:23-33

● 고전 10:31 그런즉 너희가 먹든지 마시든지 무엇을 하든지 다 하나님의 영광을 위하여 하라

스마트폰과 컴퓨터의 보급에 큰 공을 세운 스티브 잡스와 빌 게이츠에게는 자녀들의 컴퓨터 사용과 스마트폰 사용을 극히 제한한다는 공통점이 있습니다.

통제력이 발달하지 않은 어린 나이에 이런 기기들을 사용하게 되면 '사고력, 집중력, 창의성'이 떨어지기 때문입니다.

또 텀블러라는 사이트를 만들어 억만장자가 된 데이비드 카프는 퇴근 후에는 스마트폰과 컴퓨터를 비롯한 어떤 전자기기도 사용하지 않습니다.

과도한 전자기기의 사용은 삶을 매몰시킨다고 생각하기 때문입니다.

이런 이유인지 가장 IT산업이 발전한 실리콘밸리의 부모들 사이에서는 자녀들을 어떤 전자기기도 사용하지 않는 '테크 프리 (Tech-Free)'학교에 보내는 것이 유행이라고 합니다.

전자기기 필수인 시대가 찾아왔지만 오히려 그것들을 멀리할 때 제대로 활용할 수 있는 힘이 생기기 때문이라고 합니다.

삶을 편하게 해주려고 개발한 기기들이 오히려 삶을 제한하는 경우가 있습니다.

시대의 흐름은 거부하기 힘들지만 주어진 것들을 풍성한 삶과 복음을 위해 바르게 사용하십시오. 아멘!!

💛 주님! 작은 일들부터 주님이 원하시는 방향으로 향하게 하소서.
📓 꼭 필요한 경우에만 전자기기를 사용하도록 노력합시다.

면도날의 모순

4월 26일

읽을 말씀 : 전도서 8:9-17

● 전 8:17 … 해 아래에서 행해지는 일을 사람
이 능히 알아낼 수 없도다 사람이 아무리 애
써 알아보려고 할지라도 능히 알지 못하나
니…

영국 오컴 출신인 논리학자 윌리엄은 "논리적으로 가장 단순
한 것이 진실일 확률이 높다"고 주장했습니다.

예를 들면 이렇습니다.

어느 날 집 앞에 커다란 나무 한 그루가 생겼습니다. 그러면
이 나무가 우연히 바람에 날아와 집 앞에 심겨졌다고 생각하기
보다는 누군가 자는 동안 나무를 옮겨놨다고 생각하는 것이 이
치에 맞습니다.

이 논리는 많은 학자들이 인용하며 '오컴의 면도날'로 불리는
데 최근에는 무신론자들이 기독교를 공격할 때 많이 사용합니
다. 기독교적 논리로 창조와 세상을 설명하는 것보다는 물리학
과 진화론이 더 간단하기 때문입니다.

하지만 정말 그럴까요?

오컴의 면도날에 따르면 우리는 스마트폰보다는 전화만 되는
무전기를, 복잡하고 아름다운 명화보다는 단순한 만화를 선택해
야 합니다. 게다가 세상에는 상식적으로 이해되지 않는 수많은
일들이 일어나고 있습니다. 진리는 확률이 아닌 확신이어야 합
니다.

같은 사건을 봐도 어떤 생각을 가지고 있느냐에 따라 시각이
달라지듯이 진리를 보고도 착각할 수 있습니다.

믿음에서 멀어지게 하는 모순된 세상의 이론에 빠지지 마십시
오. 아멘!!

🤍 주님! 주님이 창조하신 세상을 통해 주님을 알아가게 하소서.

🎊 세상의 잘못된 이론과 사상에 미혹되지 맙시다.

축복이 된 가난

읽을 말씀 : 다니엘 12:1-10

● 단 12:10 많은 사람이 연단을 받아 스스로 정결하게 하며 희게 할 것이나 악한 사람은 악을 행하리니 악한 자는 아무것도 깨닫지 못하되 오직 지혜 있는 자는 깨달으리라

어린 나이에 아버지가 유전병으로 돌아가시고, 어머니는 거리에서 구걸을 하다가 정신병원에 들어간 소년이 있었습니다.

지독한 가난에서 벗어나기 위해 마을을 돌아다니며 구걸을 했지만 벌이는 형편없었고 집으로 돌아가면 거짓말을 일삼는 할머니와 병든 할아버지만 있었습니다. 외모마저 흉측했던 소년은 태어나서 한 번도 사랑을 받은 경험이 없었습니다.

인생의 아무런 빛이 없는 11살 소년에게 한 목사님이 소설책들을 빌려줬습니다. 셰익스피어와 괴테의 문학작품을 읽은 소년은 현실을 벗어날 수 있는 매개체로 소설을 선택했습니다.

'못생긴 오리가 백조가 된 이야기, 구걸을 하다 천국에 간 가여운 소녀, 왕자와 이룰 수 없는 사랑에 빠진 인어공주….'

세계적인 동화작가 안데르센의 이야기입니다. 그의 작품은 모두 비참한 현실을 투영한 것들입니다. 생전에 훌륭한 작가로 인정받은 안데르센은 다음과 같은 말을 남겼습니다.

"내 머리 위에는 수많은 행운의 별이 빛나고 있었다. 나의 모든 약점과 가난은 더할 수 없는 기쁨이 됐다. 나는 하나님과 모든 사람들에게 진심으로 사랑과 감사를 전하고 싶다."

주님을 만났다면 세상의 그 어떤 것도 기쁨이며 축복이 될 수 있습니다. 지금 나의 처지를 비관하지 말고 언제나 좋은 것을 주시는 주님을 신뢰하십시오. 아멘!!

♥ 주님! 나의 모든 만족과 기쁨의 근원이 주님이 되게 하소서.
▨ 지금 나의 상황과 처지에 오직 감사를 드립시다.

인생이란 착각

읽을 말씀 : 시편 94:1-11

● 시 94:11 여호와께서는 사람의 생각이 허무함을 아시느니라

파키스탄에서 오래도록 전해지고 있는 이야기입니다.

시골에서 연자맷돌을 돌리고 있는 소 두 마리가 있었습니다.

그런데 이상하게 소들의 눈은 검은 안대로 가려져 있었습니다. 이를 이상하게 생각한 한 여행자가 마침 근처에 있던 농부에게 물었습니다.

"저렇게 열심히 일을 하는데 왜 눈을 가려 앞까지 못 보게 하십니까? 아무리 말 못 하는 짐승이지만 너무하지 않습니까?"

그러자 농부가 대답했습니다.

"뭘 모르는 소리 하지 마십시오. 소들은 눈을 가려놓지 않으면 같은 자리를 계속 도는 줄 알고 몇 바퀴 돌지도 않아 주저앉아 버립니다. 하지만 눈을 가리고 가끔 매질을 하면 먼 곳으로 가고 있는 줄 알고 열심히 일을 합니다."

지금 내 인생은 어디를 향해가고 있습니까?

지금 내가 추구하고 있는 가치는 무엇입니까?

그 길의 끝에 하나님의 비전과 나라가 있습니까?

어쩌면 하루를 반복해서 사는 우리들의 삶이 이 이야기 속 소와 같을지 모릅니다.

죽음 이후의 천국과 성경이라는 진리가 있기 때문에 우리의 삶과 인생이 의미가 있음을 기억하십시오. 아멘!!

💚 주님! 세상에서 천국으로까지의 여정을 온전히 마치게 하소서.

🎑 무의미한 일상으로 하루를 소비하지 맙시다.

얼마면 포기하시겠습니까

읽을 말씀 : 디모데전서 6:11-21

● 딤전 6:14 우리 주 예수 그리스도께서 나타
나실 때까지 흠도 없고 책망 받을 것도 없이
이 명령을 지키라

행동경제학자들이 진행한 연구 중에 '동전 던지기 실험'이라는
것이 있습니다. 사람들에게 동전을 주고 던져서 앞면이 나올 때
만 100만 원을 주기로 합니다.

실험을 진행하기 전 "50만 원을 주면 동전을 던질 기회를 포
기하겠나?"고 물으면 대부분의 사람은 100만 원을 얻을 기회
대신 확실한 50만 원을 선택합니다. 일반적으로 사람들은 35만
원까지는 기회를 포기하지만 그 아래로 내려가면 확실한 30만
원보다 위험한 100만 원을 선택합니다.

이와 비슷한 몸값 실험도 있습니다.

예를 들면 고소공포증이 있는 사람에게 10만 원을 제시하
며 높은 곳에 올라가라고 하면 대부분 절대로 할 수 없다고 합
니다.

하지만 가격이 조금씩 올라가면 결국 언젠가는 허락을 하게
되는데 그 가격이 바로 두려움을 이겨낼 수 있는 수치입니다.

돈의 크기에 따라서 절대 할 수 없는 일이 할 수 있는 일이 되
기도 하고, 100% 받을 수 있는 돈보다 위험한 도박을 하기도
하는 것이 사람의 마음입니다. 주 하나님은 세상에서 가장 귀한
예수님을 나의 가치로 책정하셨습니다.

무엇보다 귀하고 놀라운 사랑을 선물하신 주 하나님께 나의
전부를 드리기로 결심하십시오. 아멘!!

♡ 주님! 세상 그 무엇과도 바꿀 수 없는 주님의 사랑을 깨닫게 하소서.
🖼 주님의 사랑을 정말로 무엇보다 귀하게 여기고 있는지 돌아봅시다.

최선을 기대하라

읽을 말씀 : 시편 34:1-10

● 시 34:10 젊은 사자는 궁핍하여 주릴지라도
여호와를 찾는 자는 모든 좋은 것에 부족함
이 없으리로다

　　하버드대학교 심리학과의 로젠탈과 포드 교수는 학생들에게
미로 찾기 훈련을 시킬 쥐들의 사육을 맡겼습니다.
　　학생들은 일주일 정도 쥐들을 돌봤고 교수는 이 쥐들로 미로
실험을 한 뒤 성적순으로 차이점을 조사했습니다.
　　그러나 아무리 조사를 해도 미로를 잘 찾는 쥐와 그렇지 못한
쥐의 차이점을 찾을 수가 없습니다. 지능, 체격, 생활 습성 등
아무리 세세하게 나눠봐도 일관성이 없었습니다. 결국 오랜 조
사 끝에 두 교수는 이런 생각을 했습니다.
　　'혹시 교육시킨 학생들의 태도가 영향을 미친 것은 아닐까?'
　　몇 번 실험을 반복하며 이번엔 학생들의 태도를 지켜봤는데,
정말로 정성껏 기른 학생들의 쥐가 미로를 월등히 빨리 찾았습
니다. 로젠탈과 포드 교수의 가정은 쥐가 아닌 어린 학생들을 대
상으로도 진행됐고 현장에서 입증됐습니다.
　　이후로 교육계에선 기대치만큼 성적이 향상되는 것을 '피그말
리온 효과'로, 반대로 기대치가 낮아 성적이 더 떨어지는 것을
'골렘 효과'라고 부르고 있습니다.
　　주 하나님은 나를 주님의 귀한 자녀로, 왕 같은 제사장으로,
세상의 빛과 소금으로 부르셨습니다.
　　세상과 사람이 아닌 주님의 시선으로 나의 가능성을 생각하며
분별하십시오. 아멘!!

💚 주님! 주님이 원하시는 놀라운 일을 할 수 있는 믿음을 주소서.
🎰 부정적인 생각과 말을 버리고 항상 최고의 결과를 생각합시다.

5

"여호와께서 집을 세우지 아니하시면
세우는 자의 수고가 헛되며
여호와께서 성을 지키지 아니하시면
파수꾼의 깨어 있음이 헛되도다"
- 시편 127:1 -

작전명, 내 사랑 트루디

읽을 말씀 : 에베소서 5:22-33

● 엡 5:25 남편들아 아내 사랑하기를 그리스도께서 교회를 사랑하시고 위하여 자신을 주심 같이 하라

『Sparkle(불꽃)』이라는 별명을 가진 트루디는 남학생들 사이에 인기가 높은 여학생이었다. 친구들 중에는 밥존스대학교 총장 아들도 있었다. 학교식당에서 아르바이트를 하던 트루디가 그날은 내가 앉은 테이블의 서빙을 맡았다. 단정한 모습, 웃음 띤 그녀를 보자 심장이 솜방망이질을 해댔다. 2년 동안 영어를 가르쳐주신 선생님을 찾아갔다. 트루디의 마음을 얻기 위한 나와 선생님의 합동작전이 펼쳐졌다. 작전명은 '내 사랑, 트루디!'

● 1단계 / 내가 서툴지만 정성스럽게 편지를 쓴다 ● 2단계 / 영어 선생님이 멋진 단어와 훌륭한 문장으로 내 편지를 재탄생시킨다 ● 3단계 / 그 편지를 다시 나의 글씨로 베껴 쓴다

작전은 대성공!! 트루디는 음악회에 함께 가자는 나의 초대에 응했다. 이후에 사건의 전모를 알게 된 트루디는 "나는 빌리에 대한 호기심과 영어 선생님의 훌륭한 문장에 걸려들었다"고 고백했다. 우리는 이후 편지를 주고받으며 서로에 대한 관심을 키워나갔고, 트루디가 고등학교 3학년 때부터는 정식으로 데이트를 시작했다.

'심겨진 곳에서 활짝 꽃 피우라'는 좌우명을 가진 트루디는 그렇게 해서 나의 아내가 되었다.』- 김장환 목사 3E인생에서 발췌

사랑에 빠진 사람은 두려운 것이 없습니다. 인간은 이해조차 할 수 없는 놀라운 사랑을 베풀어주신 주님께 감사하며 힘차게 나아갑시다. 아멘!!

♡ 주님! 사랑을 통해 더욱 주님의 귀한 은혜를 알아가게 하소서!
▨ 주님이 주신 귀한 사랑의 마음을 붙잡고 살아갑시다.

오늘에 충실하라

읽을 말씀 : 데살로니가전서 4:1-12

● 살전 4:11 또 너희에게 명한 것 같이 조용히 자기 일을 하고 너희 손으로 일하기를 힘쓰라

윌리엄 오슬러는 세계 최초로 의학 교과서를 쓰고 존스 홉킨스 의대의 임상연구소를 세운 현대의학의 기틀을 다진 명의입니다.

당연히 많은 사람들이 오슬러에게 질문을 했으나 그중에는 장수에 대한 것이 으뜸이었습니다.

오슬러는 진찰을 받던 한 환자가 장수의 비결을 묻자 이렇게 대답했습니다.

"지금 하는 일에 최선을 다하십시오."

다음으로 들어온 환자는 미래에 대한 불안감으로 어려움을 느끼는 환자였습니다. 그 환자에게도 오슬로는 이렇게 말했습니다.

"오늘 해야 할 일만을 생각하십시오."

서로 다른 증상의 사람에게 왜 같은 조언을 하냐는 동료 의사의 말에 오슬로는 대답했습니다.

"그날 하루에 해야 할 일만을 생각하고 행동하는 것보다 더 좋은 치료법을 아직 발견하지 못했습니다."

하나님이 나의 모든 것을 책임져 주십니다. 이 사실을 믿으십니까? 오늘 해야 할 성도의 본분을 지키며, 오늘 드리는 예배에 충실하는 삶이 주님이 기뻐하시는 삶입니다.

다가오지 않은 미래가 아닌 주님이 허락하신 오늘을 최선을 다해 살아가십시오. 아멘!!

♡ 주님! 저에게 지금 허락하신 일들에 충성하며 살아가게 하소서.

▨ 매일 하루를 주님이 주신 선물로 생각하며 최선을 다합시다.

알 수 없는 그때

읽을 말씀 : 마가복음 13:28-37

● 막 13:35 그러므로 깨어 있으라 집 주인이 언제 올는지 혹 저물 때일는지, 밤중일는지, 닭 울 때일는지, 새벽일는지 너희가 알지 못함이라

시골 마을 양로원에서 요양 중인 할아버지가 있었습니다.

어느 날 할아버지는 기분 좋은 일이 있는지 친구들을 불러 저녁을 사며 말했습니다.

"이번에 새로 나온 캠핑카가 아주 좋아 보이더군. 다음 주에 살까 생각 중이야."

양로원에서 요양하는 할아버지에게 그런 큰돈이 있을 리 만무했지만 어쩐 일인지 할아버지는 만나는 사람한테마다 새로운 캠핑카나 집, 그리고 해외여행 계획에 대해서 늘어놓았습니다.

그런데 할아버지는 안타깝게도 1주일 뒤 세상을 떠났습니다.

할아버지의 장례식장을 찾은 하객들은 1주일 전부터 할아버지가 기분이 좋았던 이유를 알게 됐는데 그 이유는 바로 큰 금액의 복권에 당첨됐기 때문이었습니다. 모든 사람이 바라는 평생의 행운이 할아버지를 찾아왔지만 안타깝게도 입금된 금액을 단한 푼도 사용하지 못한 채 할아버지는 세상을 떠났습니다.

캐나다 노바스코샤주에서 실제로 있었던 일입니다.

죽음은 살아있는 동안에는 도저히 찾아올 것 같지 않지만 언젠가는 반드시 모든 사람에게 일어나는 일입니다. 다가올 그때 후회하지 않기 위해 지금 더욱 주님을 위해 살아야 합니다.

언제라도 천국에 가도 주님께 칭찬받을 수 있도록 경건하고 신실한 성도로 살아가십시오. 아멘!!

💙 주님! 하루를 살아도 주님 앞에 부끄러운 삶이 안 되게 인도하소서.
🎴 곧 세상을 떠난다면 어떤 일을 해야 할지 생각해봅시다.

황금과 죽음

읽을 말씀 : 마태복음 16:21-28

● 마 16:26 사람이 만일 온 천하를 얻고도 제 목숨을 잃으면 무엇이 유익하리요 사람이 무엇을 주고 제 목숨과 바꾸겠느냐

19세기 초반에 미국 캘리포니아에서 금광이 발견됐다는 소문을 듣고 전국의 사람들이 캘리포니아를 찾았습니다.

광산지대로 알려진 곳을 남들보다 하루라도 빨리 찾기 위해서 사람들은 지름길을 찾아 헤맸는데 그중에 최단 거리로 갈 수 있는 곳은 애리조나주에 있는 척박한 사막이었습니다.

가는 길에 물도 없고 먹을 곳도 없고, 마을도 없는 황무지였지만 사람들은 황금을 조금이라도 빨리 캐기 위해 그 사막을 지났습니다. 수많은 사람들이 사막을 지나다 목숨을 잃었지만 그래도 황금을 향한 발걸음은 줄지 않았습니다.

목이 말라 죽고, 길을 헤매다 죽고, 뜨거운 태양 아래 목숨을 잃어도 사람들은 포기하지 않았고 결국 너무나 많은 사람들이 목숨을 잃어 '죽음의 골짜기'라는 이름이 붙었습니다.

황금을 쫓아 생명을 버리는 사람만큼 어리석은 사람은 없습니다.

그러나 어쩌면 우리도 이 시대의 다른 '황금'을 쫓다 목숨을 버리는 똑같은 어리석은 사람일지도 모릅니다.

가장 귀한 생명을 버리면서 물질을 쫓는 삶을 이제는 끊어버리고 거룩한 것을 위해, 주님을 위해 귀한 땀을 흘리며 살아가십시오. 아멘!!

🩷 주님! 눈앞의 탐욕에 마음을 빼앗기지 않게 지켜주소서.
🧎 육을 위한 일보다 영을 위한 일에 더욱 힘을 냅니다.

교육해야 할 의무

읽을 말씀 : 에베소서 6:1-9

● 엡 6:4 또 아비들아 너희 자녀를 노엽게 하지 말고 오직 주의 교양과 훈계로 양육하라

하루는 갓 6살이 된 자녀가 엄마에게 서점에 가자고 졸랐습니다.

"엄마, 급한 일이 있어서 그런데 오늘 서점에 가면 안 될까요?"

엄마는 일이 있으니 다음에 가자며 거절했지만 아이는 지칠 줄 모르고 졸랐습니다.

결국 아이에게 항복한 엄마는 함께 서점에 갔는데 아이는 문을 열고 들어가자마자 찾을 책이 있다며 어디론가 사라졌다가 잠시 뒤 '올바른 어린이 교육법'이라고 적힌 책을 가져왔습니다.

슬쩍 책 제목을 본 엄마가 넌지시 물었습니다.

"왜 그런 책을 골랐어? 훌륭하게 자라고 싶어서?"

아이는 책의 첫 장을 넘기며 대답했습니다.

"아니요. 엄마가 나를 제대로 키우고 있는지 확인하려고요."

미국의 한 라디오 프로그램에서 방송된 청취자 사연입니다.

앞날이 창창한 어린이들, 사랑스러운 우리 자녀들은 세상의 미래이자 주님이 맡겨주신 소중한 영혼입니다.

이 영혼들이 바르게 자랄 수 있도록 사랑과 관심, 그리고 무엇보다도 신앙을 전해주어야 합니다.

예수님이 아이들을 사랑하셨듯이 자녀와 어린아이들의 올바른 성장과 믿음을 위해 기도하고 양육해주십시오. 아멘!!

♡ 주님! 다음 세대를 위해 기도하며 응원하는 어른이 되게 하소서.

▦ 사랑하는 자녀에게, 귀한 아이들에게도 생명의 복음을 전합시다.

29년을 기다린 한 마디

읽을 말씀 : 데살로니가후서 3:1-5

● 살후 3:5 주께서 너희 마음을 인도하여 하나
님의 사랑과 그리스도의 인내에 들어가게 하
시기를 원하노라

    미국의 울드 부부는 늦둥이로 얻은 아들인 아더가 지체장애를
가지고 있다는 사실을 5살 때 알게 됐습니다.
    제대로 말도 할 수 없는 아더였지만 그래도 하나밖에 없는 귀
한 자녀였기에 모든 사랑과 정성을 다해 울드 부부는 키웠습니
다. 말을 못 했음에도 특수학교에 보내 적합한 교육을 받게 했고
주일에는 교회에 데려갔습니다. 성인이 되고서는 공장에서 일하
며 사회생활을 할 수 있게 물심양면으로 도왔습니다.
    그렇게 아더의 나이가 29살이 되던 해 공장의 새로운 감독관
으로 온 캐럴은 아더가 말은 못 하지만 말에 대한 반응이 매우
빠르다는 것을 알게 됐습니다.
    캐럴은 말이 아닌 다른 수단으로 의사소통을 할 수 있을 것이
라 생각해 컴퓨터를 사용하는 법을 가르쳤는데 비록 진도는 느
렸지만 아더는 분명히 자신의 의사를 표현할 수 있게 됐습니다.
    그렇게 컴퓨터로 생각을 적을 수 있게 된 아더의 첫 문장은
다음과 같았습니다.
    "드디어 부모님께 사랑한다고 말할 수 있게 되어 너무 행복합
니다."
    말할 수 없지만 29년간 부모님을 사랑했던 아더처럼 태초부
터 지금까지 나를 향한 주 하나님의 사랑은 지금까지 끊이지 않
고 이어져 내려왔습니다. 변치 않는 사랑을 부어주시는 주님께
모든 삶을 드리십시오. 아멘!!

💗 주님! 온 천하에 충만한 주님의 사랑을 깨닫게 하소서.
🧎 놀라운 사랑을 보여주신 주님께 진심을 담아 사랑을 고백합시다.

나의 말씀

읽을 말씀 : 시편 119:105-115

● 시 119:105 주의 말씀은 내 발에 등이요 내 길에 빛이니이다

하나님을 믿는 성도들은 힘들 때 말씀을 묵상합니다.

미국에서 가장 많은 회원을 가진 온라인 성경 사이트 '바이블 게이트웨이'에서 발표한 지난 1년간 성도들이 가장 많이 찾아본 구절입니다.

● 3위 / "내게 능력 주시는 자 안에서 내가 모든 것을 할 수 있느니라" (빌립보서 4장 13절)

● 2위 / "여호와(하나님)의 말씀이니라 너희를 향한 나의 생각을 내가 아나니 평안이요 재앙이 아니라 너희에게 미래와 희망을 주는 것이니라" (예레미야 29장 11절)

● 1위 / "하나님이 세상을 이처럼 사랑하사 독생자를 주셨으니 이는 그를 믿는 자마다 멸망하지 않고 영생을 얻게 하려 하심이라" (요한복음 3장 16절)

사이트의 관계자는 "사람들이 자주 읽은 말씀은 대부분 격려와 소망에 관한 것이었으며 죄와 회개에 대한 말씀을 찾아보는 사람은 5% 정도밖에 되지 않았다"라고 말했습니다.

말씀을 통해 하나님이 주시는 위로와 격려도 중요하지만 죄를 깨닫고 회개하는 것 역시 중요합니다.

성경의 모든 말씀은 단 한 절도 거짓이 없고 틀림이 없는 하나님의 말씀입니다.

하나님이 주신 귀한 말씀을 가리지 말고 받으십시오. 아멘!!

💙 주님! 주님의 모든 말씀을 가감 없이 받게 하소서.

🈁 성경 일독을 위한 계획을 세웁시다.

지나간 기회

읽을 말씀 : 잠언 23:19-25

● 잠 23:25 네 부모를 즐겁게 하며 너 낳은 어미를 기쁘게 하라

　　영국의 한 유명한 시장 한쪽 구석에서 말끔히 차려입은 노신사가 펑펑 눈물을 흘리고 있었습니다. 지나가다 이 모습을 본 한 남자는 노신사의 얼굴을 보고는 깜짝 놀라 다가가 물었습니다.

　　"혹시 사무엘 존슨 선생님 아니십니까?"

　　노신사는 영국에서 가장 유명한 시인이자 평론가인 사무엘 존슨이었고 그를 알아본 남자는 한때 제자였던 사람이었습니다.

　　사무엘은 눈물을 닦으며 제자에게 울음의 이유를 설명했습니다.

　　"지금 내가 서 있는 곳이 나의 어린 시절 아버지가 헌책을 팔던 장소라네. 건강이 좋지 않아 종종 나보고 장사를 나가 달라고 부탁하셨는데 나는 초라한 아버지의 모습이 너무도 부끄러워 한사코 거절하고 말았다네. 얼마 뒤 아버지는 돌아가셨지. 나는 아버지를 부끄러워하는 아들의 모습만을 보여드리고 말았어. 그날로 돌아갈 수만 있다면 내 모든 명성을 포기해도 좋으련만…."

　　이미 지나간 시간을 돌이킬 수 있는 방법은 없습니다.

　　최고의 효도는 지금 할 수 있는 일들로 부모님을 섬김으로 후회를 남기지 않는 것입니다.

　　주 하나님은 자녀들이 부모님을 공경할 것을 명령하셨습니다.

　　할 수 있는 최선을 다해 부모님을 섬김으로 말씀을 지키십시오. 아멘!!

♡ 주님! 말씀에 순종함으로 뒤늦게 후회할 일들이 없게 하소서.

🎴 나를 길러주신 부모님을 위한 선물과 감사의 편지를 준비합시다.

솔베이지의 사랑

읽을 말씀 : 디모데전서 2:1-7

● 딤전 2:4 하나님은 모든 사람이 구원을 받으며 진리를 아는 데에 이르기를 원하시느니라

노르웨이의 산골 마을에 페르귄트라는 가난한 농부가 살고 있었습니다.

너무나 사랑하는 아내 솔베이지를 고생시키고 싶지 않았던 페르귄트는 큰 부자가 되어 돌아오겠다는 약속을 한 뒤 해외로 떠났습니다. 갖은 고생 끝에 성공한 사업으로 큰돈을 벌었지만 이미 10년이란 시간이 흐른 뒤였습니다.

사랑하는 아내가 아직도 자기를 기다릴까 두려웠지만 아내를 잊을 수 없던 페르귄트는 모든 재산을 처분한 뒤 다시 노르웨이로 돌아가려고 했으나 배를 타고 가던 중 해적을 만나 모든 재산을 빼앗기고 말았습니다.

10년 동안의 허송세월에 더 빈털터리가 되어 아내를 볼 면목이 없었던 그는 몇 년을 더 방황하다가 그리움을 참을 수 없어 고향의 집으로 돌아갔는데 아내는 언젠가 돌아올 남편을 기다리며 밤에도 환하게 불을 켜놓고 바느질을 하고 있었습니다.

노르웨이에서 전해내려오는 이 가슴 아픈 이야기는 '솔베이지의 노래'라는 가곡으로 지금도 사람들에게 불리고 있습니다.

한결같은 마음으로 남편을 기다리며 사랑을 지켰던 솔베이지보다 더 큰 사랑으로 주 하나님은 지금도 나를 기다리고 계시며, 잃어버린 한 영혼을 기다리고 계십니다.

모든 영혼이 돌아오기를 바라시는 하나님의 마음을 깨닫고 그 놀라운 하나님의 사랑을 만방에 전하십시오. 아멘!!

♡ 주님! 변함이 없고 다함이 없는 주님의 사랑을 깨닫게 하소서.
🎵 영원한 주님의 사랑을 기쁨으로 노래합시다.

바르게 아는 기쁨

읽을 말씀 : 요한1서 2:18-29

● 요1 2:21 내가 너희에게 쓰는 것은 너희가
진리를 알지 못하기 때문이 아니라 알기 때
문이요 또 모든 거짓은 진리에서 나지 않기
때문이라

유명한 학자 밑에서 배우는 두 제자가 있었습니다.

하루는 학자 밑의 미련한 제자와 지혜로운 제자가 글자 하나
를 놓고 큰 다툼을 벌였습니다.

미련한 제자는 한자 '개 견(犬)'자를 '큰 대(大)'자라고 우겼습니
다. 같은 듯하지만 '개 견'자에는 점이 찍혀 있어 다른 글자라고
아무리 설명을 해줘도 막무가내였습니다.

결국 두 제자는 이 우스운 문제를 가지고 스승을 찾아갔습니
다. 설명을 조용히 듣던 스승은 이야기를 듣고 나서 '개 견'자가
'큰 대'자라며 미련한 제자의 손을 들어줬습니다.

아무리 생각해도 이해가 되지 않던 지혜로운 제자는 조용히
스승을 찾아와 왜 잘못된 답을 했는지 묻자 스승이 대답했습니
다.

"친구를 위해 스스로 미련한 사람이 될 수 있는 것은 큰 상이
다. 그러나 '개 견'자와 '큰 대'자를 구분 못 하는 어리석은 사람은
이미 큰 벌을 받으며 살고 있다. 그런 사람에게 굳이 더 벌을 줄
필요가 있겠느냐?"

놀라운 복음이 믿어지는 것이, 만왕의 창조주가 누구인지 깨
달은 것이 얼마나 큰 기쁨이자 은혜인지 헤아릴 수 없습니다.

미련한 우리에게 진리가 믿어지는 은혜를 주신 주님께 감사와
찬양을 드리십시오. 아멘!!

♡ 주님! 오직 은혜로만 진리가 깨달아지는 것임을 알게 하소서.

🧎 부드러운 목소리와 겸손함으로 진리를 들고 세상으로 나아갑시다.

은혜를 적어라

읽을 말씀 : 역대상 16:7-18

● 대상 16:8 너희는 여호와께 감사하며 그의 이름을 불러 아뢰며 그가 행하신 일을 만민 중에 알릴지어다

미국 국립보건원은 다이어트를 희망하는 사람들을 모집해 매일 먹는 음식을 노트에 적으라고 했습니다.

'먹는 음식을 노트에 적는 것'이 보건원의 유일한 제안이었습니다.

'운동하고, 술을 끊고, 패스트푸드를 줄이라'는 다른 일반적인 다이어트와는 달랐습니다. 그러나 먹는 음식을 적으라는 이 단순한 일을 무려 절반 이상의 사람들이 제대로 하지 못하고 포기했습니다.

1,600명의 지원자 중 약 30%의 사람만이 음식 일기를 제대로 적었습니다. 더 놀라운 일은 6개월 뒤에 일어났습니다.

음식 일기를 적기만 한 사람이 일반적인 다이어트를 한 사람보다 체중이 2배 이상이나 빠졌기 때문입니다.

일기를 보며 사람들은 자신이 얼마나 자주 많은 양을 먹는지 알게 됐고 자발적으로 안 좋은 습관을 없애고 양을 조절하기 시작했습니다. 그 결과 음식 일기를 적은 사람들은 다양한 방법으로 살을 빼는 사람들보다 훨씬 많은 체중을 감량할 수 있었고 요요현상도 적었습니다.

과거를 돌아볼 때 진정한 나를 알 수 있듯이 주님이 주신 감사를 잊지 않을 때 풍성한 은혜와 사랑을 잊지 않게 됩니다.

내 삶을 인도하시는 주님의 사랑을 받은 은혜를 기억함으로 누리십시오. 아멘!!

💛 주님! 베풀어주신 귀한 은혜를 단 하나도 잊지 않게 하소서.
🧎 하루를 마무리하기 전 감사 제목을 5개씩 적읍시다.

물음표의 힘

읽을 말씀 : 여호수아 1:1-9

● 수 1:5 네 평생에 너를 능히 대적할 자가 없
으리니 내가 모세와 함께 있었던 것 같이 너
와 함께 있을 것임이니라 내가 너를 떠나지
아니하며 버리지 아니하리니

미시시피대학의 켄지 노구치 교수는 사람들에게 낱말 퍼즐을
풀게 하는 실험을 했습니다. 예를 들어 'ㄱㅘㅏㅅ'으로 배열된 글
자가 있다면 조합해서 '사과'로 만드는 퍼즐이었습니다.

교수는 사람을 두 그룹으로 나누어 한 그룹은 문제를 풀기 전
"나는 할 수 있다!"라고 20번을 쓰게 했고, 다른 그룹은 "나는 할
수 있을까?"라고 20번을 쓰게 했습니다.

실험결과는 매우 의외였습니다.

평균적으로 "나는 할 수 있을까?"라고 적은 그룹이 50% 정도
더 많은 문제를 풀었습니다.

박사는 이 실험의 결과를 다음과 같이 평가했습니다.

"긍정의 힘은 평서문보다 의문문일 때 더 효과적이다. 막무가
내식 자신감보다는 적절한 질문이 지혜를 끌어내기 때문이다."

하나님이 주신 비전과 사명을 감당하기에 나의 능력과 힘이
너무 보잘 것 없이 느껴질 수 있습니다.

그러나 이런 의심까지도 하나님 앞에 들고 나가야 합니다.

내 삶에 임하실 주님의 능력을 기대할 때 나를 뛰어넘는 주님
의 일을 할 수 있습니다.

주님이 나의 삶을 어떻게 인도하실지 기대감을 갖고 지금 내
가 해야 할 일은 무엇인지 질문하십시오. 아멘!!

♡ 주님! 부족한 저의 지혜가 아닌, 주님의 지혜를 구하게 하소서.

🖼 지금 맡은 사명을 더 감당하기 위해 무엇을 해야 하는지 질문해봅시다.

별을 바라보라

읽을 말씀 : 에베소서 4:1-8

● 엡 4:4 몸이 하나요 성령도 한 분이시니 이
와 같이 너희가 부르심의 한 소망 129. 안
에서 부르심을 받았느니라

4살 때 천연두에 걸려 시력을 거의 잃은 소년이 있었습니다.

어려서부터 잔병치레가 심해 건강도 좋지 않았고 사랑하는 사
람을 만나 결혼을 했지만 불운에 불운이 겹쳐 모든 행복이 산산
조각이 났습니다.

사랑하는 아내는 정신이상자가 되어 생을 마감했고 하나뿐인
아들은 천연두에 걸려 세상을 떠났습니다.

고통과 절망에 빠진 남자의 삶의 유일한 낙은 그나마 남아있
는 낮은 시력으로 밤하늘의 별을 보는 것이었습니다.

시력이 약했던 그는 별을 더 자세히 보기 위해 망원경을 만들
었고 그 망원경으로 별을 보다가 천체의 움직임을 깨달았습니
다.

그가 발견한 천체의 이론들은 훗날 제자들에 의해 정리되며
'법칙'으로 인정받았습니다.

역사상 가장 위대한 천문학자인 케플러의 이야기인데 그의 법
칙들은 험난한 인생 중 별을 통한 위로 가운데 탄생했습니다.

끝없는 절망과 시련 속에서도 주님을 향한 믿음이 있다면 아
직 한 가닥의 희망이 남아있습니다.

모든 슬픔과 외로움을 아시고 위로하시는 주님이 계시기 때문
입니다.

삶이 외롭고 힘들 땐 하늘과 주님을 바라보며 위로를 얻으십
시오. 아멘!!

♡ 주님! 아픔과 시련을 통해 더 아름다운 열매를 맺게 하소서.

▨ 주님을 바라보며 위로를 얻고, 주님을 바라보며 힘을 냅시다.

모든 것을 잃어도

읽을 말씀 : 디모데전서 6:11-21

● 딤전 6:14 우리 주 예수 그리스도께서 나타
나실 때까지 흠도 없고 책망 받을 것도 없이
이 명령을 지키라

　1923년 9월 1일 일본 간토 지역에 12만 가구의 집이 무너
지고 40만 명이 사망한 대지진이 일어났습니다. 자국민의 불안
과 불만을 해소하기 위해서 일본 정부는 "한국인이 혼란한 틈을
타서 우물에 독을 풀고, 밤마다 일본인을 죽이러 다닌다"는 유언
비어를 퍼뜨렸습니다.

　관동 지역의 일본인들은 이 유언비어를 믿고 자경단을 구성해
닥치는 대로 한국인을 죽였습니다.

　전 일본에 반한감정이 가득한 가운데 당시 변호사였던 후세
다쓰지는 일제의 학살 사실을 세계에 고발하며, 유언비어를 퍼
뜨린 것이 일본 정부라는 사실을 지적했습니다.

　진실이 알려지는 것이 두려워 일본 정부는 후세의 변호사 자
격을 박탈하고 다시는 등록도 할 수 없게 조치를 취했고 그것도
모자라 없는 죄를 만들어 징역을 살게 했습니다.

　'독립운동가보다 더 고초를 겪은 일본인'으로 불린 후세는 출
옥 후에도 독립운동들을 변호했으며, 훗날 대한민국 정부로부
터 훈장을 받은 최초의 일본인이자 독립유공자가 됐습니다.

　주 하나님을 두려워하는 사람은 모든 것을 잃어도 진실을 밝
히는 일을 두려워하지 않습니다. 아무리 세상이 어둡고, 믿음을
어리석게 여기는 시대가 찾아와도 그리스도인들은 목숨을 걸고
진리를 지켜야 합니다.

　말씀으로 주신 진리를 통해 세상에 빛을 전하십시오. 아멘!!

💚 주님! 부족한 우리도 진리를 깨달을 수 있는 지혜를 허락하소서.
🙏 어떤 시련이 와도 복음의 진리를 지켜냅시다.

5월 15일

좋은 스승이 되는 법

읽을 말씀 : 신명기 5:22-33

● 신 5:31 너는 여기 내 곁에 섰으라 내가 모든 명령과 규례와 법도를 네게 이르리니 너는 그것을 그들에게 가르쳐서 내가 그들에게 기업으로 주는 땅에서 그들로 이를 행하게 하라 하셨나니

에린 그루웰 선생님은 미국 캘리포니아에 있는 공립학교 우드로 윌슨 고교에서 첫 교사생활을 시작했습니다. 그러나 대부분 불우한 가정환경에서 자란 아이들은 수업에 아무런 관심도 없었고 크고 작은 범죄들을 저지르며 삶을 낭비하고 있었습니다.

에린 선생님은 학생들의 교육을 위해 필요한 예산을 요청했지만 학교는 물론 교육청에서도 '불량학생들을 위한 돈 낭비'라며 거절했습니다.

그럼에도 에린 선생님은 소중한 아이들을 포기할 수 없었고 직접 아르바이트까지 하며 사비로 교육비를 충당했습니다. 아이들 수준에 맞는 책을 사주고, 여행을 통해 견문을 넓혀주고, 명사들을 초청해 인생에 대해 새로운 시각을 가질 수 있게 부단히 노력했습니다.

이런 선생님의 노력으로 아이들은 꿈을 갖기 시작했으며 성적도 점점 향상됐습니다.

에린 선생님은 '올해의 선생님'으로 2번이나 선정됐으며 에린 선생님과 학생들의 감동적인 이야기는 영화와 책으로도 출간됐습니다.

에린 선생님은 좋은 스승이 되기 위해서는 잘 가르치는 것도 중요하지만 이보다 '공감'이 더욱 중요하다고 말했습니다.

먼저 마음을 위로하고 공감하셨던 예수님처럼 복음을 마음으로 전달할 수 있는 스승이 되십시오. 아멘!!

♡ 주님! 복음을 올바르게 전하는 스승이 되게 하소서.

📖 기억에 남는 선생님들께 감사를 드리고 좋은 선생님이 되려고 노력합시다.

진리의 안목

읽을 말씀 : 디모데후서 3:10-17

● 딤후 3:16 모든 성경은 하나님의 감동으로
   된 것으로 교훈과 책망과 바르게 함과 의로
   교육하기에 유익하니

미국의 한 남자가 거실에 걸어놓을 용도로 액자를 구입하러 다녔습니다. 적당한 가격의 쓸만한 중고 액자를 찾은 남자는 당시 우리 돈으로 5천 원 정도에 구입 한 뒤 집에 와서 액자의 먼지를 털었습니다.

그런데 액자의 뒷면이 이상해 자세히 살펴보니 꼬깃꼬깃 접힌 종이가 한 장 있었습니다.

어린 시절 교과서에서 봤던 독립 선언문과 내용이 비슷하다는 생각에 혹시나 싶어 근처 전문가를 찾아가 감정을 의뢰했고 세계 최고의 경매회사인 소더비의 조사 결과 '미국 독립 선언문 원본'임이 밝혀졌습니다.

이토록 중요한 가치를 지닌 물건이 왜 5천 원 정도의 액자 뒷면에 있었는지 그 이유는 아무도 몰랐지만 허름한 액자에 숨겨져 있던 진짜 보물을 찾아낼 안목을 가진 사람은 한 명뿐이었습니다.

한 남자의 안목으로 세상에 공개된 미국 독립 선언문의 감정가는 무려 260억 원이었습니다.

같은 성경을 보더라도 누군가는 좋은 이야기, 누군가는 이스라엘의 역사서, 누군가는 인류를 구원할 유일한 진리로 받아들입니다.

성경에 담긴 참된 진리를 찾고 또 믿는 안목을 가지십시오. 아멘!!

💗 주님! 눈앞의 진리도 깨닫지 못하는 어리석은 자가 되지 않게 하소서.
📻 성경 말씀을 주 하나님의 진리로 대합시다.

가치 있는 이유

읽을 말씀 : 이사야 64:1-12

●사 64:8 그러나 여호와여, 이제 주는 우리 아버지시니이다 우리는 진흙이요 주는 토기장이시니 우리는 다 주의 손으로 지으신 것이니이다

유명한 시인인 하버드대학교의 롱펠로우 교수가 냅킨에 적은 시는 600만 원에 팔렸습니다.

냅킨 한 장에는 아무런 가치가 없고 더 좋은 종이에도 같은 시가 인쇄되어 있지만 그럼에도 롱펠로우가 그 냅킨에 직접 시를 썼기 때문에 가치를 지니는 것입니다.

백만장자가 백지수표에 아무 금액이나 적고 사인을 하면 그 수표는 즉시 적힌 숫자만큼의 가치를 지닙니다. 그러나 가난한 사람은 아무리 적은 금액을 적고 사인을 해도 그저 종잇조각뿐일 수 있습니다.

올림픽 금메달의 무게는 146g인데 이 중 금은 7g정도 밖에 되지 않습니다. 가격으로 환산해도 60만 원 정도에 지나지 않지만 올림픽에서 선수가 획득한 금메달이 경매에 나오면 가격은 100배 이상 폭등합니다.

금메달 자체의 가격이 문제가 아니라 금메달을 획득한 선수의 가치가 그만큼 높기 때문입니다.

내가 가치 있는 이유는 나 자신의 능력과 재산 때문이 아닙니다. 나를 위해 하나님의 독생자 예수님이 값을 치르셨기 때문입니다.

주님의 사랑과 희생을 기억하며 세상에서 가장 귀한 사람이 바로 나라는 사실을 잊지 마십시오. 아멘!!

💜 주님! 슬프고 비참한 가운데서도 도움의 손길을 허락하소서.
🎴 주님으로 인하여 내가 얼마나 소중한 존재인지 기억합시다.

지금 해결할 문제

5월 18일

읽을 말씀 : 누가복음 8:4-15

● 눅 8:14 가시떨기에 떨어졌다는 것은 말씀을 들은 자이나 지내는 중 이생의 염려와 재물과 향락에 기운이 막혀 온전히 결실하지 못하는 자요

심리학자 시마자키 칸은 '사람들이 걱정하는 일'이 실제로 일어날 확률이 얼마나 될지 궁금했습니다. 사람들의 대표적인 걱정을 통계로 계산해낸 시마자키는 사람들이 하고 있는 걱정은 그것이 어떤 것이든지 최소 90% 이상 일어날 확률이 없다고 결론을 내렸습니다.

연구마다 차이가 있지만 사람들의 걱정을 종이에 적은 뒤 분석해보면 대부분 다음의 분포를 따른다고 합니다.

40% - 일어날지 알 수 없는 재난

30% - 이미 바꿀 수 없는 일에 대한 걱정

12% - 건강에 대한 것

10% - 인간관계에 대한 것

8% - 즉각 해결해야 할 문제들에 대한 걱정

예수님은 우리가 아무리 걱정해도 키 한 자를 더 할 수 없다고 말씀하셨습니다.

이 말씀은 걱정하지 말고 다만 하나님만을 의지하라는 뜻입니다.

연구는 다르지만 대부분 걱정을 하든, 하지 않든 우리가 해결할 수 있는 일은 10% 정도입니다.

근심과 걱정은 하나님이 주시는 감정들이 아닙니다.

90%의 걱정을 벗어버리고 지금 할 수 있는 일을 시작하십시오. 아멘!!

♡ 주님! 주님이 주시는 평안으로 살아가게 하소서.

▨ 내 힘으로 어쩔 수 없는 걱정은 주님께 기도로 맡깁시다.

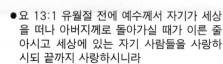

사랑의 전달자

5월 19일

읽을 말씀 : 요한복음 13:1-7

● 요 13:1 유월절 전에 예수께서 자기가 세상을 떠나 아버지께로 돌아가실 때가 이른 줄 아시고 세상에 있는 자기 사람들을 사랑하시되 끝까지 사랑하시니라

평생 아끼고 사랑하며 살던 노부부가 있었는데 안타깝게도 할머니가 뇌졸중으로 쓰러져 의식을 잃었습니다.

할아버지는 할머니 곁을 떠나지 않고 병실을 지키며 틈이 날 때마다 손을 꼭 잡고 "사랑한다"고 말했습니다. 말로만 하면 전달이 안 될까 봐 "사랑해"라고 말할 때마다 글자 수에 맞춰 엄지로 손바닥을 눌렀습니다.

수주가 지나도 할머니의 병세는 차도가 없었지만 할아버지는 포기하지 않았습니다.

하루는 여느 날처럼 사랑을 고백하며 할머니 손바닥을 눌렀는데 할머니 손이 움직이기 시작했습니다.

할아버지가 "사랑해"하며 손바닥을 누를 때마다 할머니 손가락도 할아버지의 손가락을 미세하게 눌렀습니다. 할아버지의 정성 때문인지 할머니는 몇 달 뒤 의식을 찾았고 함께 산책을 할 정도로 건강이 회복됐습니다.

어디서든 손을 놓지 않는 두 분은 시시때때로 서로의 손바닥을 꼭 누르며 사랑을 고백하고 있습니다.

주 하나님은 태초부터 지금까지 우릴 향한 사랑을 다양한 방법으로 전달하고 계십니다.

한시도 날 떠나지 않으시는 하나님의 사랑을 느끼며 다른 사람에게도 기쁜 소식을 알려주십시오. 아멘!!

💙 주님! 온 세상에 충만한 주 하나님의 사랑을 깨닫게 하소서.

🔲 변함없는 주님의 사랑을 찬양하며 살아갑시다.

천사가 되는 법

읽을 말씀 : 마태복음 7:7-14

● 마 7:12 그러므로 무엇이든지 남에게 대접을 받고자 하는 대로 너희도 남을 대접하라 이것이 율법이요 선지자니라

　　주유소에서 학비를 벌기 위해 일하던 안젤라라는 학생이 있었습니다.

　　어느 날 주유소에 한 남자가 왔는데 그 남자를 본 안젤라는 깜짝 놀라며 말을 했습니다.

　　"저, 혹시 길레스피 씨 아니신가요?"

　　"네, 맞습니다. 어떻게 저를 아시죠?"

　　안젤라는 중학교 때부터 병원에서 중환자들을 돌보는 봉사활동을 했습니다. 그런데 중환자실에서 의식도 없이 하루의 대부분을 보내던 남자가 있었는데 그 사람이 바로 길레스피였습니다. 비록 의식은 없었지만 안젤라는 길레스피 씨에게 책을 읽어주고, 좋은 격려의 말을 해주며 2년이나 보살폈습니다.

　　그러나 길레스피 씨가 다시 깨어날 것이라고는 예상을 못 했습니다. 안젤라의 말을 들은 길레스피 씨는 눈물을 흘리며 말했습니다.

　　"의식이 없었지만 당신이 해줬던 이야기는 모두 기억이 납니다. 사실 나는 깨어난 뒤 그 이야기와 손길들이 천사의 것이라고 생각했어요. 당신 때문에 내가 깨어날 수 있었습니다."

　　우리가 최선을 다해 선을 행할 때 주님은 몇 배나 되는 큰 복과 행복으로 우리에게 돌려주십니다.

　　누군가에게 천사가 될 수도 있는 기회를 놓치지 말고 손에 있는 힘을 다해 선을 행하십시오. 아멘!!

💗 주님! 작은 선행과 사랑도 주님을 위해 사용하게 하소서.

🎴 일상 속의 작은 선행들을 생활화합시다.

시련의 목적

읽을 말씀 : 히브리서 12:1-13

● 히 12:11 무릇 징계가 당시에는 즐거워 보이지 않고 슬퍼 보이나 후에 그로 말미암아 연단 받은 자들은 의와 평강의 열매를 맺느니라

세계적인 발레리나 바스토스는 불의의 교통사고로 발목을 절단하고 말았습니다.

발레리나에게는 어쩌면 죽음만큼 커다란 부상을 당한 바스토스는 매일 눈물로 보냈습니다.

'난 더 이상 발레를 할 수 없어. 내 인생은 이제 끝이야.'

부정적인 생각에서 벗어나지 못하는 바스토스에게 하루는 어머니가 정성껏 포장한 상자에서 의족을 꺼내며 말했습니다.

"넌 아직 젊고 훌륭한 발레리나란다. 안타깝게 발목 하나를 잃었지만 네가 의족을 달고 발레를 다시 할 수 있다면 사람들은 너의 춤을 통해 더 큰 용기를 얻을 거야."

어머니의 격려는 바스토스 마음에 한 줄기 빛처럼 느껴졌습니다.

의족을 달고 부단히 노력한 바스토스는 '기적의 발레리나'라고 불리며 링컨 센터에서 공연을 할 정도로 다시 기량을 회복해 많은 사람들에게 용기와 힘이 되는 모습을 보여줬습니다.

세상의 시련을 주님이 주신 용기로 극복할 때 사람들은 나의 모습을 통해 더 큰 희망과 격려를 얻습니다.

피하고 싶은 시련조차도 주님의 뜻이 담겨 있음을 잊지 마십시오. 아멘!!

♡ 주님! 허락하신 모든 일에 감사로 예배하게 하소서.
🖼 감당할 시험만 주시는 주님을 끝까지 신뢰합시다.

같지만 다른 것

읽을 말씀 : 마태복음 16:21-28

● 마 16:25 누구든지 제 목숨을 구원하고자 하면 잃을 것이요 누구든지 나를 위하여 제 목숨을 잃으면 찾으리라

고기는 일반적으로 지방 함량이 높을수록 등급이 높아집니다. 소고기 등심 기준으로 1등급과 3등급의 지방 함량은 무려 4배나 차이 납니다. 지방이 고소한 맛과 부드러운 식감을 주기 때문입니다. 생선 역시 마찬가지입니다. 참치도 운동량이 거의 없는 뱃살과 배꼽 부위가 가격도 비싸고 맛도 좋습니다.

그런데 기름치라는 생선은 이 법칙에서 예외입니다.

기름치는 90% 이상이 지방일 정도로 기름기가 많은 생선입니다.

구이나 회로 내놓으면 참치나 메로의 고급 부위와 차이를 느끼지 못할 정도로 맛이 좋습니다. 문제는 먹고 난 후인데 기름치의 지방에는 왁스 성분이 있어서 사람이 소화를 시킬 수 없습니다.

맛이 좋다고 일부러 기름치를 찾는 사람들도 있지만 잘못하면 심각한 탈수증세와 식중독을 일으킬 수 있기 때문에 우리나라뿐 아니라 대부분의 생선을 먹는 일본에서조차 식용 및 수입 금지 처분을 내렸습니다.

아무리 많은 돈을 벌고 큰 성공을 하더라도 주님과의 관계가 멀어지고 구제와 봉사로 이어지지 않는다면, 결국 썩어 사라질 헛된 인생일 뿐입니다.

주님이 주시는 참된 큰 복을 구별하고 간구하십시오. 아멘!!

♡ 주님! 정욕에 눈이 멀어 중요한 믿음을 잃지 않게 하소서.
🎴 주님이 주신 믿음을 세상의 무엇보다 확실하게 지킵시다.

5월 23일

시작의 중요성

읽을 말씀 : 시편 119:147-155

● 시 119:148 주의 말씀을 조용히 읊조리려
고 내가 새벽녘에 눈을 떴나이다

사람들이 가장 많이 찾는 인터넷 검색 사이트 1위는 '구글'입니다.

그러면 2위는 어디일까요?

바로 윈도우를 만든 마이크로소프트의 '빙(Bing)'입니다.

1위인 구글은 모르는 사람이 없지만 2위인 '빙'은 들어본 사람이 거의 없을 것입니다. 방문 횟수에 비해서 이용률은 아주 낮기 때문입니다.

다만 윈도우에 들어있는 익스플로어를 키면 기본적으로 방문하는 곳이 '빙'이기 때문에 방문횟수가 높습니다.

학자들의 연구에 따르면 사람들은 대부분 주어진 환경을 바꾸지 않고 순응하려는 습성이 있다고 합니다. 인터넷이 켜지면 나오는 사이트를 그냥 사용하고 검색해서 상위에 나오는 물건을 대부분 구매합니다.

원하는 것을 선택하지 않고 보이는 대로 선택하는 이런 습관 때문에 구글은 아이폰의 시작 페이지에 자신들의 검색화면을 기본으로 띄우는 조건을 위해 무려 3조 원을 지불했습니다.

생각하는 대로 살지 않으면 사는 대로 생각하게 됩니다.

나의 하루는 무엇을 위해 시작하며 하루의 마지막은 무엇을 생각하며 마무리합니까?

하루의 시작과 끝을 말씀과 기도로 주님께 방향을 맞추십시오. 아멘!!

💚 주님! 인생의 방향이 주님에게로부터 벗어나지 않게 하소서.

🖼 하루의 시작과 끝을 말씀과 기도, 경건 생활로 채웁시다.

신앙을 공유하라

읽을 말씀 : 빌레몬서 1:1-7

● 몬 1:6 이로써 네 믿음의 교제가 우리 가운 데 있는 선을 알게 하고 그리스도께 이르도 록 역사하느니라

영국에서 매년 열리는 기독교 축제 '스프링 하비스트'에서 기독교 변증가 저스틴 브라이어가 말한 '무신론자들과 신앙을 공유하는 4가지 방법'입니다.

1. 온유하게 존중하라.
   말하는 내용보다 중요한 것은 방식입니다. 논쟁보다는 기도가, 비난보다는 경청이 때로는 더 나은 방법입니다. 예수님이 세상에서 보여주셨던 '은혜와 사랑'을 결코 놓지 마십시오.

2. 삶의 소망이 있음을 보여줘라.
   물질주의가 만연한 세상에서 정말 필요한 것은 소망입니다. 주님이 인간을 창조하시면서 부여하신 가치가 물질적인 것이 아님을 보여줍시다.

3. 무신론을 믿는 이유를 물어보라.
   무신론에 대한 상대방의 생각을 경청하는 것만으로도 그 사람에 대해 많은 것을 알 수 있습니다. 상대방에 대해 잘 알수록 복음을 통해 전해줄 수 있는 내용들이 보일 것입니다.

4. 논쟁의 초점을 논리가 아닌 하나님께 맞춰라.
   전도는 논리나 토론의 승리를 통해 할 수 없습니다. 주님의 은혜를 경험하는 것이 모든 노력의 완성임을 잊지 마십시오.

그리스도인의 진정한 목표는 믿지 않는 사람을 전도하는 것입니다. 사랑과 배려, 온유와 겸손으로 믿지 않는 사람들을 찾아가십시오. 아멘!!

💚 주님! 한 사람이라도 더 주님을 만나게 하는 일에 저를 사용하소서.
🎴 믿지 않는 사람들을 만날 때 위의 내용을 참고하며 대화합시다.

말씀대로 행하라

읽을 말씀 : 에스겔 18:1-9

● 겔 18:9 내 율례를 따르며 내 규례를 지켜 진실하게 행할진대 그는 의인이니 반드시 살리라 주 여호와의 말씀이니라

진시황이 중국을 통일하고 나라를 안정시키기 위해 신분을 따지지 않고 능력만 있다면 인재를 등용하고자 했습니다.

하지만 이미 수천 년간 신분 사회를 살아온 백성들은 아무리 공고를 해도 '정말로 그렇게 되겠어?'라고 생각해 지원하지 않았습니다.

'이래서는 안되겠다'고 생각한 진시황은 전국 전역의 공터에 긴 장대를 세워놓고 다음과 같이 적었습니다.

'이 장대를 쓰러뜨리는 사람에게는 황금을 주겠다.'

장대만 옮기면 황금을 주겠다는데 아무도 며칠간 장대를 옮기지 않았습니다. 하나같이 '이런 시시한 일에 진짜 황금을 주겠냐?'고 생각했기 때문입니다.

그러다 호기심에 한 사람이 밑져야 본전이라는 생각으로 장대를 옮겼는데 조정에서 정말로 많은 황금을 하사했습니다.

장대를 옮기면 정말로 황금을 준다는 소문이 전국에 퍼진 후에는 '능력만 있으면 등용하겠다'는 진시황을 의심하는 사람은 아무도 없었습니다.

주 하나님의 말씀은 정말로 모든 것을 이룰 능력이 있습니다.

그 말씀을 진실하게 믿는다면 삶에서 말씀을 실천하는 일을 주저하지 마십시오. 아멘!!

♡ 주님! 주님을 경험하는 삶으로 믿음을 공고히 하게 하소서.

🙏 말씀에 대한 의심 없는 믿음으로 필요한 것을 주님께 구합시다.

땅을 보는 사람들

읽을 말씀 : 데살로니가후서 2:13-17

● 살후 2:14 이를 위하여 우리의 복음으로 너
희를 부르사 우리 주 예수 그리스도의 영광
을 얻게 하려 하심이니라

　　미국 아칸소주에서 농장을 운영하는 존 허들스톤은 돼지우리
를 청소하다가 반짝이는 작은 돌을 발견했습니다.
　　'돼지우리에 왜 이렇게 반짝이는 돌이 있지? 혹시 보석 아
닐까?'
　　존은 뉴욕에 있는 전문가에게 돌을 보내 감정을 받았는데 돼
지우리에서 발견된 돌은 놀랍게도 3캐럿짜리 다이아몬드였습니
다.
　　다이아몬드를 땅에서 주울 수 있다는 소문은 순식간에 미국
전역에 퍼졌고 너무나 많은 사람들이 존의 농장을 찾았습니다.
　　사람들의 인파를 감당할 수 없었던 존은 투자자에게 농장을
넘겼지만 결국 넘치는 인파를 감당하지 못해 정부에서 땅을 구
입해 국립공원으로 만들었습니다.
　　지금은 입장료만 내면 누구나 공원에서 다이아몬드를 찾을 수
있습니다. 100년이 넘는 기간 동안 큰돈이 될만한 다이아몬드
를 찾은 사람은 10명도 안 되지만 지금도 혹시 모를 다이아몬드
를 찾기 위해 수많은 사람들이 공원의 땅을 보며 시간을 허비하
고 있습니다.
　　땅의 것을 바라며 살기에는 삶은 유한합니다.
　　나를 위한 땅의 삶을 살아가지 말고 주님을 위한 천국을 이루
는 삶을 살아가십시오. 아멘!!

🤍 주님! 아름다운 그리스도의 향기를 풍기는 삶으로 인도하소서.
🎴 땅에서 살아갈지라도 하나님의 자녀라는 본분을 잊지 맙시다.

5월 27일

나는 어떤 성도인가

읽을 말씀 : 요한1서 5:1-12

● 요1 5:10 하나님의 아들을 믿는 자는 자기 안에 증거가 있고 하나님을 믿지 아니하는 자는 하나님을 거짓말하는 자로 만드나니 이는 하나님께서 그 아들에 대하여 증언하신 증거를 믿지 아니하였음이라

예수님을 믿고 따르는 성도라고 해서 다 좋은 사람만 있는 것은 아닙니다. 때로는 오히려 믿는 사람들로 인해 더 큰 시험에 빠지기도 합니다.

미국 사우스이스턴신학대학교의 척 로레스 대학원장이 지은 '그리스도인 중에 나쁜 성도들이 있는 8가지 이유'입니다.

1. 그리스도인도 결국은 사람이기 때문이다.
2. 교회는 나오지만 예수님은 믿지 않을 수 있기 때문이다.
3. 제자로서 충분한 훈련이 되지 않았기 때문이다.
4. 삶의 무게로 괴로워하는 중일 수 있기 때문이다.
5. 성숙함에 맞지 않는 높은 자리에 있을 수도 있기 때문이다.
6. 같은 죄를 반복해서 짓고 있기 때문이다.
7. 내면에 항상 화를 품고 있기 때문이다.
8. 교회에서 방치되어 있기 때문이다.

그리스도인이고 "주님을 믿는다"고 고백하더라도 연약한 사람이기에 나도, 함께하는 동역자들도 언제나 넘어질 수 있습니다.

지치고 힘들어하는 사람들을 서로 일으켜 격려하는 사랑의 공동체로 주님께서 섬기게 허락하신 우리 교회를 세우십시오. 아멘!!

🤍 주님! 약함을 인정하고 회개나 자백을 부끄러워하지 않게 하소서.
 부족함을 인정하고 더 나은 그리스도인이 되기 위해 노력합시다.

사진의 미소

5월 28일

읽을 말씀 : 느헤미야 8:1-12

● 느 8:10 … 이 날은 우리 주의 성일이니 근심하지 말라 여호와로 인하여 기뻐하는 것이 너희의 힘이니라 하고

　미국의 사회학자 다커 캘트너는 캘리포니아에 있는 밀스대학의 졸업생들의 사진을 분석했습니다.

　다커는 졸업사진에서 표정이 밝은 쪽과 어두운 쪽을 그룹으로 나눠 설문조사를 진행한 뒤에 27세, 43세, 52세가 될 때마다 정기적으로 삶을 조사했습니다.

　그 결과 사진에서 미소가 밝을수록 다음과 같은 특징이 있었습니다.

　- 성취도가 높고 집중력이 좋음

　- 결혼생활이 행복함

　- 정신적, 육체적 문제가 적음

　- 삶의 만족도가 높고, 부정적인 감정 지수가 낮음

　100%라고는 할 수 없지만 논문으로 발표될 정도로 미소와 행복한 삶은 분명 연관 관계가 있었습니다.

　교회에 나가는 나의 얼굴, 예배를 드리는 나의 표정, 말씀대로 선행을 실천하는 나의 마음은 어떻습니까?

　주님이 주시는 진정한 행복을 미소로 드러내십시오. 아멘!!

♡ 주님! 진심에서 우러나오는 예배와 봉사를 하게 하소서.

🎠 내가 지을 수 있는 가장 환한 미소로 예배하고 봉사합시다.

5월 29일

새장은 채워진다

읽을 말씀 : 시편 81:8-16

● 시 81:10 나는 너를 애굽 땅에서 인도하여
낸 여호와 네 하나님이니 네 입을 크게 열라
내가 채우리라 하였으나

세계적인 배터리 회사인 델코의 회장이자 발명가 찰스 캐터링
이 친구에게 이런 제안을 했습니다.

"자네가 애완용 새를 키우게 된다는데 10만 원을 걸겠네."

친구는 무언가를 기르는 것도, 새도 좋아하지 않지만 흔쾌
히 내기를 받아들였습니다.

며칠 뒤 찰스가 보낸 아름다운 새장이 친구의 집에 도착했습니
다.

친구는 새장을 거실 한쪽에 치워뒀는데 그날부터 집에 오는
사람마다 이런 질문을 했습니다.

"저런, 키우던 새가 죽었나요?"

집에 오는 손님마다 같은 질문을 하자 결국 친구는 작은 새를
사서 애완용으로 키우기 시작했고 찰스에게 10만 원을 보냈습니
다.

몇 번이고 같은 내기를 이긴 찰스는 "마음속에 새장이 있다면
그 안은 어떻게든 채워진다"고 말했습니다.

주님은 내 안에 있는 믿음의 크기만큼 응답하십니다.

주님이 주시는 큰 복을 누릴 수 있는 커다란 믿음의 새장을
마음속에 그리십시오. 아멘!!

🖤 주님! 한 치의 의심도 없이 주님의 능력을 믿고 구하게 하소서.
🖼 주님을 위해 구하는 것은 무엇이든 주실 줄로 믿읍시다.

지각의 자세

5월 30일

읽을 말씀 : 마태복음 22:34-40

● 마 22:37 예수께서 이르시되 네 마음을 다 하고 목숨을 다하고 뜻을 다하여 주 너의 하 나님을 사랑하라 하셨으니

메이저리그 보스턴 레드삭스의 칼 에버렛은 늦잠을 자느라 원정을 떠나는 구단 버스를 놓친 적이 있습니다.

실력 때문에 10대 때부터 항상 에이스 대접을 받았던 칼은 자기가 오기 전에는 버스가 떠나지 않을 줄 알고 관계자에게 연락도 하지 않았습니다. 하지만 버스는 5분도 기다리지 않고 원정을 떠났고 칼은 시범경기를 3경기나 놓쳤습니다.

보스턴은 계약을 어기고 팀의 기강을 해이하게 만들었다는 이유로 칼에게 1억 원의 벌금을 부과했습니다.

미국의 한 컨설팅 회사의 조사에 따르면 CEO들은 평균적으로 10번의 회의 중 8번을 10분 정도 지각한다고 합니다.

그런데 기업의 가장 높은 사람이 지각을 하면 아래 사람들에게는 지각을 해도 괜찮다는 표현으로 전달됩니다.

아울러 명령 전달도 늦어지기 때문에 전반적으로 생산성 하락이라는 눈덩이 효과가 생긴다고 합니다. 연구결과에 따르면 10분의 지각으로 미국의 모든 회사들이 보는 손해를 계산하면 900억 달러, 우리 돈으로는 100조가 넘는다고 합니다.

정말 소중하고 중요한 자리에는 절대로 지각하지 않게 됩니다.

주 하나님의 은혜를 경험하고, 아름다운 교제를 나누는 소중한 예배시간에 절대로 늦지 마십시오. 아멘!!

🤍 주님! 삶의 작은 자세부터 주님을 경외함이 나타나게 하소서.
🗺 예배와 교회의 모임은 항상 미리 도착합시다.

오직 성령의 충만함을

읽을 말씀 : 로마서 14:13-23

● 롬 14:17 하나님의 나라는 먹는 것과 마시는 것이 아니요 오직 성령 안에서 의와 평강과 희락이라

휴가 중에 스위스에서 우연히 만난 유명 목회자와 유명 신학자가 있었습니다.

대화 중에 목회자가 이런 질문을 던졌습니다.

"신학에서 가장 강조해야 하는 것이 무엇이라고 생각하십니까?"

신학자는 조금의 망설임도 없이 곧바로 대답했습니다.

"성령님입니다."

신학자의 대답을 들은 목회자는 활짝 웃으며 동의했습니다.

위 이야기에 나온 신학자는 20세기 신학계를 이끈 거장 칼 바르트고, 목회자는 20세기의 가장 영향력 있는 부흥사인 빌리 그레함 목사님이었습니다.

말씀을 공부하고 진리를 발견하는 신학자에게도, 발견된 진리를 세상 사람들에게 전하고 제자로 길러내는 목회자에게도 가장 중요한 것은 성령님이었습니다.

예수님을 믿고 따랐지만 성령을 받고 비로소 제자의 삶을 살아간 12제자들처럼 믿음을 바탕으로 더욱 성령의 충만함을 주님께 기도로 구하십시오. 아멘!!

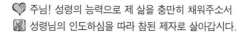

💙 주님! 성령의 능력으로 제 삶을 충만히 채워주소서

🙏 성령님의 인도하심을 따라 참된 제자로 살아갑시다.

6

"너희 성도들아 여호와를 경외하라
그를 경외하는 자에게는 부족함이 없도다"
- 시편 34:9 -

방송선교의 길로 이끄심

6월 1일

읽을 말씀 : 출애굽기 15:11-18

● 출 15:13 주께서 그 구속하신 백성을 은혜로 인도하시되 주의 힘으로 그들을 주의 성결한 처소에 들어가게 하시나이다

『1970년 5월, 조찬기도회에서 밥 존스 대학교 동기인 데이비드 윌킨슨을 만났다. 당시 FEBC(현 극동방송) 일본지사장이었던 그는 오키나와 송신소를 제주도로 옮기는 일을 부탁했다. 순간 방송국 사람이 "남자를 여자로 바꿀 수는 있어도 방송국 설립허가는 받을 수 없다"고 한 말이 생각났다.

하지만 오랜 친구의 부탁이고 중국 선교를 위한 일이기에 나는 최선을 다해 돕기로 했고, 많은 분들이 물심양면으로 도와주었다. 북제주군 애월읍의 예정부지를 43명의 소유자들로부터 매입하여 1971년 2월 드디어 모든 부지를 방송사 명의로 등기 이전을 했다. 그러던 그해 8월 어느 날 아침, 윌킨슨 씨가 과로로 숨졌다. 그의 죽음은 선교방송국 설립이라는 엄청난 과제를 남겨 주었는데, 윌킨슨의 부탁을 받고 첫날 새벽에 드렸던 "주님 어찌합니까?"라는 기도를 다시 했다. 그 응답은 "땅끝까지 복음을 전파하라"였다. 주님의 부르심은 명확했다. 그것은 방송 선교의 소명이었다.

불가능처럼 여겨졌던 방송국허가가 1973년 6월 30일 드디어 아세아방송(현 제주 극동방송)으로 개국했다.』- 김장환 목사 3E 인생에서 발췌

하나님이 주신 확고한 사명이 있는 사람은 결코 포기하지 않습니다. 나에게 주신 하나님의 사명이 무엇인지 찾고 절대로 놓치지 마십시오. 아멘!!

♡ 주님! 주님의 사명을 어떠한 순간에도 포기하지 않게 하소서.
▨ 주님의 능력을 힘입어 사명을 위해 살아갑시다.

실천의 힘

6월 2일

읽을 말씀 : 마태복음 4:18-25

● 마 4:20 그들이 곧 그물을 버려 두고 예수를 따르니라

　　한 남자가 휴가로 푸에르토리코를 방문하려고 중남미의 한 공항에서 대기하고 있었습니다. 그런데 무슨 일이 생겼는지 타기로 했던 비행기가 취소됐습니다.

　　연착이나 대체 편에 대한 안내도 없어서 남자를 비롯한 같은 비행기를 타기로 했던 모든 승객은 큰 혼란에 빠졌습니다. 아무리 항의를 해도 비행사에서 해결해 줄 기미가 보이지 않자 남자는 이런 생각을 했습니다.

　　'내가 비행기를 빌려볼까?'

　　항공사의 책임자를 만나 "여객기를 300만 원에 빌려 주겠다"는 확답을 받은 남자는 혼란 속에 빠진 승객들 앞에서 다음과 같은 내용이 적힌 화이트보드를 들고 섰습니다.

　　'푸에르토리코행 비행기, 1인당 39달러 / 버진 항공'

　　순간 만든 버진 항공이라는 이름이었지만, 표는 순식간에 매진됐고 공짜로 휴가비용까지 벌 수 있었습니다. 항공사 운영이 생각보다 별 게 아니었다는 사실을 깨달은 남자는 일반적인 항공 서비스에 불만을 품었던 차에 아예 '버진 애틀랜틱'이란 항공사를 창업했습니다. 이야기의 주인공은 지금은 억만장자가 된 리처드 브랜슨 입니다.

　　실패를 두려워하지 않는 실천은 때때로 상상도 하지 못한 결과를 만들어냅니다. 가장 좋은 것을 주시고 예비하시는 주 하나님을 믿으며 일단 실천하십시오. 아멘!!

　💛 주님! 악한 일에는 게으르고 선한 일에는 부지런하게 하소서.
　🎦 생각만 하고 망설이기보다는 일단 실행합시다.

성경을 읽으십시오

읽을 말씀 : 시편 1:1-6

● 시 1:2 오직 여호와의 율법을 즐거워하여
그의 율법을 주야로 묵상하는도다

성경은 두 말할 것도 없이 진리의 말씀입니다. 그런데 이 성경을 그리스도인들은 얼마나 알고, 또 믿고 있을까요?

라이프웨이연구소에서 최근에 미국의 크리스천들을 대상으로 성경에 대한 조사를 했습니다. 주목할만한 결과는 다음과 같습니다.

- 응답자들의 36%는 성경이 유일한 진리라고 대답했습니다.
- 응답자들의 52%는 성경이 도덕적으로 좋은 내용이라고 대답했습니다.
- 90%의 크리스천들이 평균 3권의 성경을 가지고 있었습니다.
- 성경을 1번 이상 통독한 사람은 20%였습니다.
- 43%는 성경을 전혀 읽지 않고 있었습니다.
- 자신이 보편적인 크리스천이라고 밝힌 사람 중 성경을 매일 읽는 사람은 49%였습니다.
- 성경을 읽지 않는 이유는 더 재밌는 게 있거나(27%), 삶이 바빠서(27%)가 가장 많았습니다.

예수님을 믿으면서 성경을 믿지 않을 수는 없습니다. 주 하나님을 믿지 않고, 하나님의 말씀인 성경을 믿지 않고, 하나님이 보내주신 예수님을 믿지 않고는 결코 크리스천이 될 수 없습니다. 진리인 하나님의 말씀을 통해 분명한 믿음을 가지십시오. 아멘!!

🤍 주님! 하나님의 말씀이 읽어지고 깨달아지는 은혜를 베푸소서.
🎴 아무리 바빠도 정기적으로 성경을 읽읍시다.

환영해야 할 이유

읽을 말씀 : 누가복음 15:1-10

● 눅 15:10 내가 너희에게 이르노니 이와 같이 죄인 한 사람이 회개하면 하나님의 사자들 앞에 기쁨이 되느니라

한 유능한 청년이 좋은 조건으로 회사에 입사했습니다.

그런데 입사를 하자마자 더 많은 돈을 주겠다며 다른 회사에서 스카우트 제의가 들어왔습니다. 어렵게 들어온 회사였지만 돈을 더 준다는 말에 청년은 입사한 지 한 달도 되지 않아 사직서를 냈습니다.

그러나 청년을 스카우트한 회사에서는 이리저리 따져만 보다가 입사를 시켜주지 않았습니다. 염치가 없었지만 전에 다니던 회사만한 곳이 없다는 걸 깨달은 청년은 사직서를 냈던 회사에 다시 찾아와 제발 써달라고 사정했고, 사장님은 별말 없이 청년을 다시 받아줬습니다. 청년이 나간 뒤 비서가 의아한 표정으로 물었습니다.

"저희 회사를 우습게 보고 예의 없이 행동한 저 청년을 왜 다시 받아주신 겁니까?"

"그야 안 받으면 우리가 손해지. 저 청년은 며칠 사이 세상 물정을 알았고, 자기 자신의 위치를 깨달았네. 짧은 시간에 이렇게 성장한 사람을 놓칠 수야 없지."

전도를 하고 양육을 하다 보면 아무리 사랑과 관심을 쏟아부어도 떠나는 많은 사람들을 보게 됩니다.

몇 번이고 반복되는 양육과 전도에 지칠 수도 있지만 그 과정을 통해 주님을 알아가며 결국엔 온전한 믿음으로 서게 될 줄을 믿으십시오. 아멘!!

🤍 주님! 오직 사랑, 오직 인내의 정신을 지키게 하소서.

🗿 교회를 다시 찾는 장기결석자들을 진심으로 환영합시다.

만나서 교제하라

읽을 말씀 : 사도행전 2:43-47

● 행 2:46 날마다 마음을 같이하여 성전에 모이기를 힘쓰고 집에서 떡을 떼며 기쁨과 순전한 마음으로 음식을 먹고

최근 영국과 미국에서는 회사에서 메신저와 이메일 사용을 금지하는 곳이 늘고 있습니다.

회사마다 조금씩 사정이 다르지만 대부분 다음의 규칙을 따릅니다.

- 스마트폰은 집에 두고 오거나 회사에서 사용하지 말 것
- 사내 메신저나 메일은 절대 금지 할 것
- 의견교환이 필요할 때는 반드시 만나서 할 것
- 업무상 메일을 읽어야 하더라도 답장은 보내지 말 것
- 퇴근 후에도 업무 관련 연락을 주고받지 말 것

이런 명령이 내려오자 처음에는 회사원들이 업무 효율성이 떨어진다며 완강히 거부했습니다.

그러나 시행된 지 1년도 되지 않아 생산성은 급격히 늘고 스트레스 지수는 절반으로 떨어졌습니다.

메일과 메시지를 확인하며 괜히 인터넷을 검색하는 불필요한 일에서 벗어나 진짜 일을 할 수 있게 됐기 때문입니다.

전화와 메시지로 24시간 연락을 할 수 있는 시대이지만 그래도 직접 만나서 나누는 교제는 반드시 필요합니다.

잦은 만남과 교제로 주님 안에서 건강한 관계를 형성해나가십시오. 아멘!!

♡ 주님! 수고를 아끼지 않는 교제를 나누게 하소서.

▨ 만날 상황이 된다면 만나서 교제하는 습관을 들입시다.

하나님께 바친 삶

읽을 말씀 : 로마서 6:5-14

● 롬 6:13 또한 너희 지체를 불의의 병기로 죄에게 드리지 말고 오직 너희 자신을 죽은 자 가운데서 다시 산 자 같이 하나님께 드리며 너희 지체를 의의 병기로 하나님께 드리라

일제 강점기 시절 나라를 잃은 설움에 자신의 모든 것을 조국에 바치기로 결심한 소녀가 있었습니다. 머리카락을 잘라 판돈을 임시정부에 보낼 정도로 나라를 아꼈던 소녀는 독립운동으로 옥살이를 하면서도 뜻을 굽히지 않았습니다.

1926년도 중국 원난에 있는 육군항공학교를 졸업해 한국 최초의 여성 비행사가 된 소녀는 뛰어난 실력으로 일본 전투기들을 무찔러 중국 정부로부터 무공훈장까지 받았습니다.

마침내 바라던 조국의 광복이 찾아온 뒤에는 국방위원으로 활동하며 명예를 누릴 기회들이 많았으나 전 재산을 장학 사업에 기부하고 낡은 집에서 조용히 살다가 세상을 떠났습니다.

한국 최초의 여성 비행사이자 독립운동가였던 권기옥 여사는 자신의 인생은 "조국을 위한 삶이었다"며 이런 고백을 했습니다.

"열아홉 살에 만세운동을 통해 내 목숨은 이미 나라에 바쳤습니다. 나라를 위해 죽는 것을 당연히 여기고 살다가 광복을 맞이했으니 그 이후의 삶은 덤으로 사는 것이나 마찬가지입니다."

더 큰 가치에 인생을 바친 사람은 개인의 욕심을 물리치고 큰 뜻을 이룰 수 있습니다.

주님을 위해 살기로 결심한 그리스도인에 합당한 모습으로 인생을 살아가고 있는지 돌아보십시오. 아멘!!

♡ 주님! 내가 아닌 주 하나님을 위한 삶을 살아가게 하소서.
🏵 내 삶의 결정권을 주님께 드리고 오로지 순종하며 삽시다.

돈은 전부가 아니다

읽을 말씀 : 시편 62:1-12

● 시 62:10 포악을 의지하지 말며 탈취한 것
으로 허망하여지지 말며 재물이 늘어도 거
기에 마음을 두지 말지어다

최근 갤럽에서 한국 사람들을 대상으로 '돈으로 행복을 살 수
있습니까?'라는 주제로 조사를 했습니다.

무려 90%의 사람들이 돈으로 행복을 살 수 있다고 대답했고
이 수치는 함께 조사한 10개국 중 압도적인 1위였습니다. 그런
데 스탠퍼드 대학의 비즈니스 스쿨의 연구에 따르면 사람들이
바라는 진정한 보상은 금전적 보상이 아니라고 합니다.

이 연구를 이끈 제프리 페퍼 교수는 사람들이 돈에 대해 잘못
알고 있는 많은 신화가 있지만 그 중 가장 위험한 것은 "돈을 위
해 일을 한다"라고 주장했습니다.

스탠퍼드에서는 1940년부터 지금까지 연구해 온 결과 단 한
번도 '인정'과 '즐거움'보다 '돈'이 더 중요하게 여겨진 적이 없다고
합니다.

이런 결과를 뒷받침하듯 시대를 풍미한 초우량기업들은 대부
분 '많은 돈'을 직원들에게 주는 회사보다는 '즐겁고 훌륭한 일'을
할 수 있는 기회를 주는 회사들이었습니다.

많은 사람들이 세상에서 돈이 가장 중요하다고 생각합니다.
그러나 경제를 연구하는 사람들조차 돈이 인생의 목적이나 즐거
움이 될 수 없음을 알고 있습니다.

돈이라는 헛된 신화에 빠지지 말고 주 하나님이 맡겨주신 사
명을 세상에서 찾으십시오. 아멘!!

💚 주님! 성공과 돈보다 더 중요한 가치가 있음을 깨닫게 하소서.
🈯 필요 이상의 돈을 사랑한다든지 돈에 집착하지 맙시다.

관심은 경청에서

읽을 말씀 : 골로새서 3:9-17

● 골 3:13 누가 누구에게 불만이 있거든 서로
용납하여 피차 용서하되 주께서 너희를 용서
하신 것 같이 너희도 그리하고

'들어주는 클럽'이라는 서비스가 있습니다.

이름은 클럽이지만 전화로 제공되는 서비스로 불만, 욕설, 자
랑, 속마음 등 어떤 이야기든 맞장구를 쳐주며 들어주는 것이
'들어주는 클럽'이 제공하는 서비스입니다. 전화 서비스임에도
10분에 만원으로 요금은 결코 싼 편이 아닙니다.

그런데도 1년에 평균 3만 명이 1회에 1시간 정도 이용을 하
고 있다고 합니다. 이는 평범한 이야기를 들어줄 사람도 없을 정
도로 고독한 사회가 되고 있다는 뜻일지도 모릅니다.

전문 상담가 앨런 피즈 박사는 상담 전 항상 내담자에게 이런
질문을 합니다.

"내가 남성들처럼 해결책을 제시해주길 바랍니까? 아니면 여
성들처럼 묵묵히 들어주길 원합니까?"

박사는 상대방이 원하는 타입에 맞춰서 상담을 진행하는데 대
부분 자기 이야기를 묵묵히 들어달라고 부탁한다고 합니다.

좋은 말보다 가치 있는 것은 좋은 귀입니다. 예수님은 세상에
서 가장 약하고 낮은 자리에 있는 사람들의 이야기도 경청해주
셨습니다.

자기의 모든 것을 알고 이해하시는 예수님께 사람들이 마음을
열고 복음을 받아들였던 것처럼 진실된 사랑의 마음을 가지고
사람들의 어려움에 귀를 기울이십시오. 아멘!!

♡ 주님! 화려한 말보다 진솔한 들음으로 위로하게 하소서.
🏯 상대방의 이야기를 진심으로 들어주려는 마음을 가집시다.

6월 9일

나팔수의 죄

읽을 말씀 : 이사야 52:7-12

● 사 52:7 … 복된 좋은 소식을 가져오며 구원을 공포하며 시온을 향하여 이르기를 네하나님이 통치하신다 하는 자의 산을 넘는 발이 어찌 그리 아름다운가

항상 군대의 선봉에서 나팔을 부는 나팔수가 있었습니다.

전쟁에 패해서 포로로 붙잡힌 나팔수는 적군에게 목숨을 애원했습니다.

"제발 저를 죽이지 말아주십시오. 저는 아무런 잘못이 없습니다. 제가 누구를 죽인 적이 있습니까? 무기라고 할만한 것은 이나팔뿐입니다. 여러분이 저를 죽인다면 죄 없는 불쌍한 사람을 죽이는 실수를 하는 겁니다."

그러나 적군은 단호히 대답했습니다.

"그렇기 때문에 너는 더욱더 죽어야 한다. 너는 싸울 생각이 없다면서 다른 사람들이 싸우게 나팔로 부추기지 않았느냐?"

17세기에 프랑스 시인 라 퐁텐이 정리한 이솝 이야기 중 나오는 내용입니다. 자기는 깨끗한 척하면서 은연 중에 다른 사람을 몰아세우고 공격하는 것은 더욱 나쁜 죄입니다. 나팔수와 같이 다툼과 험담을 부추기고 전달하는 죄를 짓고 있지는 않습니까?

하나님의 말씀을 따르고자 살아가는 참된 제자라면 세상의 악순환을 끊는 사람이 되어야 합니다. 사람에게 상처를 주는 비난과 험담도 마찬가지입니다.

퍼져가는 다른 사람의 약점과 비난을 내 선에서 멈추게 만드는 그리스도인이 되십시오. 아멘!!

🖤 주님! 말씀에 비추어 옳은 일을 선택하게 하소서.

🖼 잘못된 일을 보고도 모른 체하는 무책임한 방관자가 되지 맙시다.

다른 시대, 같은 진리

읽을 말씀 : 사도행전 4:1-12

● 행 4:12 다른 이로써는 구원을 받을 수 없나
니 천하 사람 중에 구원을 받을 만한 다른 이
름을 우리에게 주신 일이 없음이라 하였더라

19세기 후반에 미국의 포목점에서 일하는 울워스라는 종업원
이 있었습니다. 평소에는 장사가 잘되지 않다가도 '재고정리용
세일'을 하는 날은 사람들이 줄을 서는 모습을 보고 울워스는 생
각했습니다.

'평소에도 가격을 할인해서 팔면 장사가 더 잘되지 않을까?
물건을 파는 건 누구나 할 수 있는 일인데 주부들을 고용하면 인
건비를 낮출 수 있지 않을까?'

이 생각은 세계최초의 할인점 울워스(Wool Worth)를 만들었
습니다.

그리고 울워스가 시작된 지 150년이 지나 일본에서도 누군가
비슷한 생각을 했습니다. 시마무라는 가격을 낮추기 위해서 직
원들을 주부로 고용하고, 소품목을 대량 생산하며 원가를 낮췄
습니다.

재고는 큰 폭으로 할인해 정리했습니다. 울워스와 똑같은 방
법으로 시마무라는 급성장을 했고 최근 업계 1위인 유니클로를
제쳤습니다.

시대는 달라도 통용되는 진리는 분명히 있습니다.

150년 전의 판매방식이 지금 시대에도 통용되듯이 성경에 나
오는 분명한 부흥의 원리를 적용하십시오. 아멘!!

💙 주님! 세상 끝 날까지 변함없는 복음의 진리를 따르게 하소서.
🧎 사도행전을 묵상하며 초대교회와 같은 뜨거운 부흥을 갈망합시다.

거짓된 세상

읽을 말씀 : 야고보서 4:11-17

● 약 4:16 이제도 너희가 허탄한 자랑을 하니 그러한 자랑은 다 악한 것이라

　　네팔 전역을 폐허로 만들었던 큰 지진이 발생한 당시, 인터넷에는 서로 안고 있는 어린 남매의 사진이 '참혹한 현장을 알려주는 모습'이라며 떠돌았습니다.

　　사진 자체는 네팔의 모금을 돕기 위한 좋은 의도로 올린 것일지 모르겠지만 밝혀진 사실에 따르면 이 남매는 베트남의 한 마을에서 촬영됐으며 촬영된 날짜도 지진이 일어나기 몇 년 전이었습니다.

　　난민 문제가 한창 이슈일 때 '압두 디우프'란 흑인 소년이 처참한 난민의 여정을 소개하는 SNS 계정을 만들었습니다. 압두는 영상에 등장하지 않았지만 스페인 여기저기를 떠돌아다니는 듯한 영상은 난민 문제를 우호적인 방향으로 이끌었습니다.

　　그러나 나중에 밝혀진 바에 따르면 이 계정은 스페인 북부에서 열리는 축제를 홍보하기 위해 만든 계정이었으며 계정을 만든 사람도 압두 디우프란 흑인이 아니라 평범한 스페인 사람이었습니다.

　　인터넷에는 많은 정보가 흘러넘치지만 모든 것이 진실은 아닙니다. 많은 사람이 공유하고, 당연히 알려진 사실들조차 때로는 거짓인 경우가 많습니다.

　　정처 없이 떠도는 좋지 않은 뉴스들에 신경을 쏟지 말고 변함없는 진리인 하나님의 말씀만 의지하십시오. 아멘!!

💚 주님! 세상을 향한 귀를 덮고 주님을 향해서만 활짝 열게 하소서.

🖼 인터넷에 떠도는 정보들을 분별없이 무조건 신뢰하지 맙시다.

질문으로 해결하라

읽을 말씀 : 시편 38:15-22

● 시 38:15 여호와여 내가 주를 바랐사오니
내 주 하나님이 내게 응답하시리이다

    회사 경영에 큰 어려움을 겪는 경영자가 있었습니다.
    회사가 더 어려워지기 전에 문제를 해결하고 싶었던 경영자는
큰돈을 들여 컨설팅을 진행했는데 컨설팅 회사는 비슷한 어려움
을 겪었다 극복한 다른 회사의 경영자를 소개시켜줬습니다.
    큰돈을 낸 해결책치고는 성의가 없다고 여긴 경영자가 이의를
제기하자 컨설팅 회사의 담당자는 이런 말을 했습니다.
    "비슷한 일을 당하고 극복한 사람의 조언보다 더 확실한 해결
책은 없습니다."
    세계 최고의 컨설팅 회사인 맥킨지가 문제 해결의 첫 번째로
꼽는 방법이 바로 비슷한 문제를 해결한 기업의 방법을 찾는 것
입니다.
    월마트, 듀폰 같은 미국의 대기업들도 매일 같이 생기는 문제
들을 해결하기 위해 참고하는 것은 이미 그 문제를 해결한 내부
의 사례입니다. 모든 문제에 맞는 답을 찾아내는 것보다는 이미
있는 답을 적용하는 것이 훨씬 효율적이기 때문입니다.
    신앙생활에 많은 의문이 생길 때에도 우리는 먼저 주 하나님
에게 기도로, 그 다음 믿음의 선배들에게 물어야 합니다.
    하나님은 이미 확실한 모든 해답과 증거를 성경을 통해, 우리
삶을 통해 주셨습니다.
    그 하나님께 믿음으로 두려움 없이 질문하십시오. 아멘!!

💚 주님! 온 세상에 가득한 주님의 사랑의 증거를 보는 눈이 있게 하소서.
🙇 신앙생활에 대한 질문을 적극적으로 묻고 또 받아줍시다.

6월 13일

1%의 중요성

읽을 말씀 : 누가복음 17:1-10

●눅 17:6 … 너희에게 겨자씨 한 알만한 믿음이 있었더라면 이 뽕나무더러 뿌리가 뽑혀 바다에 심기어라 하였을 것이요 그것이 너희에게 순종하였으리라

　미국 프로농구인 NBA에서 올해의 감독상을 가장 많이 받은 명장 팻 라일리는 선수들에게 늘 '1%의 향상'을 요구했습니다.
　농구의 5가지 요소에서 12명의 선수가 1%씩만 기량을 올리면 팀 전체는 60%의 향상이 있기 때문입니다.
　10%의 실력 향상에는 부담을 느끼는 선수도 있었지만 1%에는 어떤 선수도 부담을 느끼지 않았습니다.
　팻 라일리에 따르면 대부분의 선수들은 5% 이상의 발전을 이뤘다고 합니다.
　아마존 열대우림의 50%는 1%의 종이 차지하고 있다고 합니다.
　1%의 종은 다른 나무들보다 조금 더 햇볕을 받기에 유리한 위치에 있었는데 이 효과가 누적이 되며 아마존의 대부분을 차지하게 된 것입니다. 이 사실에 착안해 연구를 진행한 과학자 제임스 클리어는 사회에서도 1%의 차이를 유지하는 사람은 2배 이상의 보상을 받게 된다는 '1퍼센트의 법칙'을 발견했습니다.
　천리 길도 한 걸음부터 시작입니다.
　더 나은 신앙, 더 나은 실력을 위해 오늘 할 수 있는 아주 작은 일이라도 시작하는 것이 중요합니다.
　1%의 차이를 만들 수 있는 작은 일부터 주저하지 말고 시작하십시오. 아멘!!

💚 주님! 겨자씨 같은 작은 믿음이지만 풍성한 열매를 맺게 하소서.
🏁 아주 작은 일이라도 어제와는 다른 하루를 살아갑시다.

생명수이신 예수님

읽을 말씀 : 요한계시록 21:1-8

● 계 21:6 또 내게 말씀하시되 이루었도다 나는 알파와 오메가요 처음과 마지막이라 내가 생명수 샘물을 목마른 자에게 값없이 주리

일본의 동일본여객철도에서 고속철도가 지나갈 터널을 뚫기 위해 공사를 하던 중이었습니다.

터널 중간을 뚫는 중 갑자기 지하수가 터져나왔는데 양이 너무 많아 도저히 해결할 수가 없었습니다.

과학자들이 다양한 수단을 강구했지만 터져 나오는 물을 막을 방법이 없어 결국은 파이프로 연결해 계속해서 빼내기로 했습니다. 회사로서는 너무나 큰 손실이었습니다. 그런데 터널 공사를 담당하던 한 엔지니어가 상사를 찾아와 말했습니다.

"여기서 나오는 물 드셔보셨습니까? 이렇게 맛있는 물은 처음입니다. 이건 반드시 팔아야 합니다."

상사가 마셔보니 정말 맛이 달랐습니다. 그 위의 임원들도 물맛을 보고는 인정하지 않을 수가 없었습니다. 이렇게 맛있는 물을 놓칠 수 없다는 생각에 철도회사였음에도 자회사를 세워 '오시미즈 워터'를 출시했고 지금은 1년에 900억 원의 매출을 올리는 효자상품이 됐습니다.

공사를 방해하던 물이 회사의 자랑이 된 것처럼 마르지 않는 생명수이신 예수님을 만날 때 우리의 인생도 달라집니다. 예수님이 아니고서는 메마른 우리의 삶을 결코 회생시킬 수 없습니다.

생명이자 진리이신 예수님을 만나고 붙드십시오. 아멘!!

♡ 주님! 삶이 힘들 때마다 해답을 주시는 주님을 찬양하게 하소서.
🔥 모든 문제의 해답이 예수님께 있음을 기억합시다.

진리를 위해서라면

읽을 말씀 : 사도행전 20:17-24

● 행 20:24 내가 달려갈 길과 주 예수께 받은 사명 곧 하나님의 은혜의 복음을 증언하는 일을 마치려 함에는 나의 생명조차 조금도 귀한 것으로 여기지 아니하노라

수도사였던 크렌모는 타락한 구교에 회의를 느끼고 영국에서 종교개혁을 일으켰습니다.

새롭게 통치자가 된 영국의 메리 여왕은 자신이 믿는 구교를 지원하기 위해 기독교를 믿는 사람들을 박해했습니다.

영국에서 종교개혁을 적극 이끌던 크렌모는 바로 붙잡혀 사형을 선고받고 옥에 갇혔습니다.

평소 크렌모를 아꼈던 고관이 한밤중에 찾아와 서류 하나를 내밀었습니다. 그 서류에는 "나는 기독교를 버리고 다시 구교로 돌아가겠다"라고 적혀 있었습니다. 싸인만 하면 목숨을 살려주겠다고 했지만 크렌모는 거절했고, 고관은 크렌모의 사인을 위조해 재판부에 제출했습니다.

고관의 부탁을 받은 재판관은 서류를 인용해 크렌모를 풀어주려 했지만 크렌모는 서류에 싸인한 것은 자신이 아니며 신앙을 포기하기보다는 사형을 당하겠다고 시종일관 주장했고, 결국 신앙을 지키며 사형을 당했습니다.

나를 위해 목숨을 버리신 예수님의 사랑을 깨달은 사람은 목숨을 걸고 신앙을 지킵니다.

수많은 피와 희생으로 전해진 예수님의 뜨거운 사랑을 기억하며 진리를 위해선 어떤 희생도 아까워하지 마십시오. 아멘!!

💛 주님! 제가 믿는 복음의 가치가 얼마나 귀한 것인지 알게 하소서.
🖼 진리를 위한 희생과 열심을 결코 멈추지 맙시다.

변화의 단초

6월 16일

읽을 말씀 : 에베소서 5:1-14

● 엡 5:2 그리스도께서 너희를 사랑하신 것 같이 너희도 사랑 가운데서 행하라 그는 우리를 위하여 자신을 버리사 향기로운 제물과 희생제물로 하나님께 드리셨느니라

한 사업가에게 심각한 알코올 의존증으로 고생하는 아들이 있었습니다.

갖은 수단과 방법으로도 아들의 병을 고칠 수 없었던 부모는 목사님이었던 삼촌에게 아들을 맡겼습니다. 삼촌은 아버지가 번 재산을 탕진하며 몸과 마음이 점점 병들어가던 조카를 단 한 마디도 책망하지 않았습니다. 만날 때마다 따뜻한 위로와 눈빛을 전해주고, 말없이 안아주며 조카를 위해 기도했습니다.

처음에는 가문의 재산을 탐내는 삼촌의 계략이라고 생각했지만 시간이 흐르면서 그 모든 행동이 참된 사랑이라는 것을 아들도 깨달았습니다. 그리고 다음 날 아들은 온 가족을 불러모아 그 앞에서 술병을 들고 이렇게 말했습니다.

"다시는 술병의 마개를 따지 않겠습니다. 지금부터 나는 술을 끊겠습니다."

코카콜라를 만든 아서 캔들러의 아들인 캔들러 주니어의 이야기입니다. 캔들러 주니어는 그날부로 술을 끊고 새사람이 됐고, 그날에 선언했던 술병은 가보로 지금까지 전해지고 있다고 합니다. 진정한 변화는 외면이 아닌 내면의 변화이며 그 동력은 변함없는 사랑입니다.

죄인인 나를 찾아와 용서하고 사랑하신 주님의 사랑을 생각하며 다른 사람을 정죄하기보다는 더 사랑하고, 더 배려하십시오. 아멘!!

💚 주님! 메마른 마음에 오직 사랑을 더하여 주소서.
🧎 실수가 많은 사람에게 더 많은 사랑을 표현합시다.

시선을 바꿔보라

읽을 말씀 : 느헤미야 9:1-10

● 느 9:6 오직 주는 여호와시라 하늘과 하늘들의 하늘과 일월 성신과 땅과 땅 위의 만물과 바다와 그 가운데 모든 것을 지으시고 다 보존하시오니 모든 천군이 주께 경배하나이다

한 과학자가 리더스 다이제스트에 쓴 '하나님을 믿는 이유'라는 칼럼에 다음과 같은 내용이 나옵니다.

"확고한 수학적 법칙으로 모든 세상은 이루어져 있다. 작은 원자와 분자 구조도 명확한 정수비로 이루어져 있고, 지구의 공전과 자전, 행성 간의 거리도 마치 자로 잰 것처럼 정확하게 이루어져 있다. 이 모든 것들이 단 1도만 달라져도 생명은 존재할 수 없다. 정교한 건축가가 계획한 것처럼 세상이 이루어져 있다는 것은 창조주의 존재를 명확히 설명한다."

그런데 진화론을 주장하는 과학자들은 같은 이유로 자신들이 하나님을 믿지 않는다고 합니다.

만약에 결코 이루어질 수 없는 비율로 원자와 분자가 구성되고, 행성이 더 기울어지고 거리도 엉망일 때 생명이 존재한다면 창조주가 존재하겠지만 그렇지 않기 때문에 존재하지 않는다는 것입니다.

같은 현상을 보고도 주 하나님을 보는 사람과 보지 못하는 사람이 있습니다. 마음속에 의심이 가득한 사람들은 수많은 이적과 선지자, 심지어 직접 오신 예수 그리스도를 보고도 믿지 못했습니다.

모든 의심을 버리고 세상에 가득한 하나님의 사랑을 오감으로 느끼십시오. 아멘!!

🖤 주님! 매순간마다, 모든 일에 주님을 체험하며 살게 하소서.
🎴 주님을 만나기를 소망하는 믿음의 마음으로 삽시다.

정말로 믿습니까

**6월 18일**

읽을 말씀 : 로마서 14:13-23

● **롬 14:23** 의심하고 먹는 자는 정죄되었나니 이는 믿음을 따라 하지 아니하였기 때문이라 믿음을 따라 하지 아니하는 것은 다 죄니라

하나님의 말씀대로 사는 사람은 말씀을 믿는 사람입니다.

하지만 활동하지 않는다면 입술의 고백과는 상관없이 말씀을 진심으로 믿고 있는 것이 아닙니다.

유명한 작가이자 만화가이기도 한 존 맥키버 목사님이 말한 '그리스도인이 믿지 않는 10가지 말씀'입니다.

01. 목회자는 하나님이 세워주셨다.

02. 하나님은 나의 필요를 아시고 응답하신다.

03. 하나님 앞에 모든 것을 설명해야 할 심판의 때가 온다.

04. 받는 것보다 주는 것이 축복이다.

05. 하나님의 백성은 위정자들에게 순종해야 한다.

06. 목회자들은 성도들에게 주님을 가르쳐야 한다.

07. 큰 자가 되고자 하는 사람은 먼저 섬겨라.

08. 오른뺨을 맞으면 왼뺨도 대라.

09. 하나님의 백성들은 세상의 법정에 서는 일에 신중해야 한다.

10. 예배는 사람이 아닌 하나님에 대한 것이다.

나는 하나님의 모든 말씀을 정말로 믿고 실천하고자 하는 성도입니까? 아니면 뷔페처럼 내 입맛에 맞는 말씀만 골라 믿는 성도입니까?

확고한 진리인 하나님의 말씀을 분명하게 믿고 실천하고자 노력하십시오. 아멘!!

💚 주님! 어렵고 힘들어도 말씀을 따라 살아가게 하소서.

🏵 하나님의 말씀에 오로지 순종하고자 하는 자세를 가집시다.

| 6월 19일 | **성경대로 산 남자** |

읽을 말씀 : 디모데전서 4:6-16

● 딤전 4:6 네가 이것으로 형제를 깨우치면 그리스도 예수의 좋은 일꾼이 되어 믿음의 말씀과 네가 따르는 좋은 교훈으로 양육을 받으리라

미국의 제이콥스라는 남자는 기독교인도 아니면서 "성경대로 살면 어떤 삶을 살게 될까?"라는 궁금증이 있었습니다.

제이콥스는 결국 호기심을 이기지 못해 딱 1년 동안 성경대로 살아보기로 결정했습니다.

그는 꼼꼼히 성경을 읽으며 전문가의 자문을 구해 지켜야 할 700가지 수칙을 꼽았습니다.

자는 것, 먹는 것, 입는 것 등 모두 성경에 나오는 조언을 따랐고 신앙이 없었음에도 하루에 세 번씩 기도했습니다.

그렇게 1년을 산 뒤에 그의 삶은 어떻게 변했을까요?

세 가지로 요약하면 다음과 같습니다.

1. 성인 수준이 되지는 못했지만 분명히 더 나은 사람이 됐다.
2. 대상이 없는 기도를 통해서도 더 많은 감사를 하게 됐다.
3. 거룩함이 무엇인지 깨달았고 알 수 없는 경외감을 느꼈다.

믿음이 없는 사람도 성경 말씀을 따라 살 때 분명한 삶의 변화를 느낍니다. 그러나 성경적 생활은 주 하나님을 향한 믿음이 반드시 필요합니다.

하나님을 향한 분명한 믿음을 갖고 말씀을 삶으로 지켜 행하십시오. 아멘!!

💚 주님! 삶으로 말씀을 지켜나가는 경건한 사람이 되게 하소서.

🖼 성경 말씀을 지켜 행함으로 더 나은 믿음으로 자라갑시다.

분을 다스리라

읽을 말씀 : 에베소서 4:25-32

● 엡 4:26 분을 내어도 죄를 짓지 말며 해가 지도록 분을 품지 말고

세상에 화를 내지 않는 사람은 없습니다.

그렇기에 분을 참는 것보다 다스리는 것이 더 중요합니다.

프랑스의 유명한 정신과 전문의 프랑수아 를로르와 크리스토프 앙드레가 오랜 연구를 통해 발표한 '분노를 다스리는 8가지 기술'입니다.

1. 짜증을 일으키는 작은 요인부터 제거하라.
2. 너무 많은 일들을 중요하게 여기지 말고 우선순위를 정하라.
3. 상대방이 고의로 실수했다고 생각하지 말아라.
4. 최소 하루가 지난 뒤 문제에 대응하라.
5. 잘못을 저지른 사람에게 변명할 시간을 충분히 허락하라.
6. 잘못을 한 사람의 입장에서 생각하며 여유를 가져라.
7. 자리를 피하는 한이 있더라도 언어 및 신체의 폭력을 피하라.
8. 한 번 정리된 일은 절대로 다시 꺼내지 말아라.

성경은 그날의 분을 다음 날까지 품지 말라고 말씀하고 있습니다.

원활한 관계를 위해, 주님의 영광을 위해, 그리고 나의 평안을 위해 지혜롭게 분노를 다스리십시오. 아멘!!

🖤 주님! 잘못된 분노로 많은 것을 놓치지 않게 하소서.
🖼 8가지 수칙을 통해 분노를 지혜롭게 다스립시다.

한 번의 소중함

읽을 말씀 : 로마서 12:1-13

● 롬 12:1 … 너희 몸을 하나님이 기뻐하시는 거룩한 산 제물로 드리라 이는 너희가 드릴 영적 예배니라

뉴욕 양키즈의 윌리 핍은 주전 1루수였습니다.

붙박이 주전으로 두각을 나타내던 윌리가 하루는 코치를 찾아가 말했습니다.

"어디가 아픈 건 아닌데 컨디션이 좋지 않아요. 오늘 하루 경기를 쉬고 싶어요."

주전의 심기를 거스르고 싶지 않았던 코치는 윌리에게 하루 휴가를 줬습니다. 그리고 후보 중 가장 성실한 태도를 보였던 루 게릭을 선발로 올렸습니다. 루는 첫 선발 출장에서 인상적인 활약을 펼쳤고 단 한 경기로 양키즈의 1루수 선발을 꿰찼습니다.

학생 시절부터 늘 후보였지만 단 한 번도 훈련을 거르지 않고 경기에 집중했던 루 게릭은 한 경기의 소중함을 누구보다 절실히 알고 있었습니다. 단 한 경기로 기회를 잡은 루는 2,130경기를 연속 출장하며 메이저리그 명예의 전당에 헌액됐으며 '윌리 핍'은 주전 선수가 꾀를 부려 하루 경기를 빠지는 상황을 나타내는 대명사가 됐습니다.

작은 것에 충성하는 일은 하루, 한 번, 한 영혼을 소중히 여기는 일입니다. 주님이 기뻐하시는 삶을 살아갈 때 내 안에 기쁨이 충만하며 세상에 주 하나님의 나라가 이루어질 것입니다.

주님이 맡겨주신 하루를 알차게 보내며, 한 번의 예배를 온 마음을 다해 드리십시오. 아멘!!

♡ 주님! 맡겨주신 작은 것에 최선을 다해 충성하게 하소서.
▨ 단 한 번의 예배도 그 무엇보다도 소중히 여깁시다.

쓸모없는 일은 없다

읽을 말씀 : 전도서 3:1-11

● 전 3:11 하나님이 모든 것을 지으시되 때를 따라 아름답게 하셨고 또 사람들에게는 영원을 사모하는 마음을 주셨느니라 그러나 하나님이 하시는 일의 시종을 사람으로 측량할 수 없게 하셨도다

만화를 통해 작품을 만들겠다는 열망을 가진 청년이 있었습니다. 그러나 현실은 만만치 않았고 모든 출판사에서 작품을 거절당했습니다. 당장 생계를 위해 무엇이든 해야 했던 청년은 지역 신문사 만평에 실릴 글을 적는 일과 초보자들의 그림을 평가해 주는 일을 시작했습니다.

원대한 꿈에 비해 하는 일이 너무 초라했던 청년의 마음은 탐탁지 않았지만 몇 달이 지나자 새로운 시각이 트였습니다. 만평에 적을 글을 연습하다 보니 만화의 대사에 재치와 재미가 더해졌습니다.

또 일반인들의 그림을 보다 보니 어떻게 해야 단순하면서도 명확히 사물을 표현할 수 있는지 알게 됐습니다.

오히려 하기 싫은 일을 통해 기량을 성장시켰던 청년은 훗날 찰리 브라운과 스누피라는 세계적인 캐릭터를 탄생시켰을 뿐 아니라 3억 명의 독자를 가진 '피넛츠'라는 작품을 탄생시켰습니다.

주 하나님은 우리 인생의 분명한 계획을 가지고 계십니다. 지금 내 인생의 그 어떤 것도 결코 우연히 일어난 것이 아닙니다.

믿음을 가지고 한 걸음 한 걸음 순종하다 보면 내 인생에 그려진 하나님의 큰 그림이 보일 날이 찾아올 것입니다.

지금 하는 일이 계획과는 다르거나 하찮게 느껴질지라도 기도하는 마음을 가지고 최선을 다하십시오. 아멘!!

🤍 주님! 작은 일에도 감사하는 마음으로 성실하게 하소서.
🖼 오늘 하루 내가 맡은 일을 최선을 다해 섬깁시다.

실수를 통해 배워라

읽을 말씀 : 시편 42:1-11

● 시 42:11 내 영혼아 네가 어찌하여 낙심하며 어찌하여 내 속에서 불안해 하는가 너는 하나님께 소망을 두라 나는 그가 나타나 도우심으로 말미암아 내 하나님을 여전히 찬송하리로다

풍자로 유명한 영국의 소설가 사무엘 버틀러는 발명품에 대해 이런 글을 남겼습니다.

"세계가 자랑하는 모든 발명품들은 아무것도 아닙니다. 발명품은 뛰어난 지성이나 통찰에서 생긴 것이 아니라 대부분 운 좋은 사람들의 실수 덕분이기 때문입니다."

단순하게 생각하면 그 말이 맞을지도 모릅니다.

플레밍은 배양균을 실수로 방치해 생긴 곰팡이에서 페니실린을 발견했고, 윌리엄은 콜타르의 화합물을 합성하다 실수로 생긴 자줏빛 물질을 가지고 실험을 해 최초의 자줏빛 염료를 개발했습니다. 감자튀김을 얇게 썰어달라는 손님의 요청에 화가 난 조지라는 요리사가 아예 채를 썰어 튀겨서 탄생한 것이 감자칩입니다.

이처럼 위대한 발명들은 대부분 실수를 통해 일어나는 것처럼 보입니다. 그러나 한 가지 차이가 있습니다. 실수로부터 배우지 못하는 사람은 결코 성과를 낼 수 없기 때문입니다.

같은 일들을 똑같이 경험한 수많은 사람들이 있었지만 빛나는 성과를 이룬 사람은 단 한 명입니다. 실수를 결과가 아닌 과정으로 생각할 때 남들보다 한 단계 더 성장할 수 있습니다.

신앙도 마찬가지입니다. 더 나아지려는 노력을 하지 않으면 실수도 없습니다. 작은 실수들을 통해 신앙을 성장시키며 주님께 더욱 깊이 나아가십시오. 아멘!!

♡ 주님! 실패에도, 실수에도 좌절하지 않고 나아가게 하소서.

🎯 실패는 다시 시작하라는 주님의 뜻으로 알고 다시 일어섭시다.

여인들의 기도

읽을 말씀 : 빌립보서 4:1-9

● 빌 4:6 아무 것도 염려하지 말고 다만 모든 일에 기도와 간구로, 너희 구할 것을 감사함으로 하나님께 아뢰라

　　예수님의 복음은 세상 모든 사람들에게 반드시 필요한 영생의 비결입니다. 그런데 이 복음을 남자들보다 여자들이 더 중요하게 여긴다는 연구 자료가 있습니다.

　　미국의 여론조사기관인 퓨리서치센터에서 성별에 따른 종교성 비교를 연구한 적이 있습니다.

　　그중 가장 핵심적인 질문 세 가지의 응답률은 다음과 같았습니다.

　1. 종교는 삶에서 매우 중요하다. - 남성 62%, 여성 72%
　2. 성경이 하나님의 말씀이라고 믿는다. - 남성 72%, 여성 78%
　3. 하루에 한 번 이상 기도한다. - 남성 60%, 여성 72%

　　전반적인 수치가 여성들이 훨씬 높았지만 그 중에서도 기도에 관해서는 큰 차이가 났습니다. 그래서인지 '어머니의 기도'는 유명 인사들의 수상 소감 중에 자주 등장하지만 '아버지의 기도'는 그리스도인들이 듣기에도 살짝 어색하게 느껴집니다.

　　기도는 믿는 모든 성도들의 특권이자 의무입니다.

　　남자와 여자를 떠나, 나이의 많고 적음을 떠나서 아무리 바쁘고 분주해도 기도의 시간을 소홀히 여겨서는 안 됩니다.

　　다니엘과 같은 기도를 향한 열망으로 기도하는 그리스도인의 모습을 세상에 보여주십시오. 아멘!!

🖤 주님! 기도로 주님과 교제하는 즐거움을 느끼게 하소서.

🎴 기도에 관해서는 어떤 핑계도 대지 맙시다.

쥐와 독수리

읽을 말씀 : 시편 71:15-24

● 시 71:15 내가 측량할 수 없는 주의 공의와 구원을 내 입으로 종일 전하리이다

은행원인 해럴드는 안정된 직장을 가졌지만 자신의 꿈인 심리치료사가 꼭 되고 싶었습니다. 하지만 꿈을 위해 당장 생계를 포기할 수는 없었기에 먼저 몇 년간 돈을 저축하며 퇴직을 한 뒤에 심리치료사가 되기 위해 밟아야 할 교육과정과 해야 할 일들을 철저히 숙고했습니다.

아울러 회사 일을 할 때와 출퇴근 시간을 통해 사람들의 모습을 심리학적으로 분석하며 최신 논문과 서적을 탐독했습니다.

전문 컨설턴트들은 해럴드와 같이 미래를 준비하는 사람들을 '독수리와 쥐의 시야를 가진 사람들'이라고 말합니다. 2km 밖에 있는 물체도 볼 수 있는 독수리처럼 먼 미래의 꿈을 위해 계획을 세우는 것도 중요하지만 바로 눈앞 밖에 못 보는 쥐처럼 눈앞의 일들을 위한 계획도 중요하기 때문입니다.

내 인생을 독수리의 시야로 바라보십시오.

또 주의 시야로도 보십시오.

하나님이 주신 사명을 따라 세운 분명한 목표가 보입니까?

원대한 꿈을 이루기 위해선 독수리의 시야와 쥐의 시야를 같은 방향으로 맞춰야 합니다. 내 인생의 비전과 살아가는 하루하루가 주님의 뜻을 향해 있습니까?

먼 미래뿐 아니라 주어진 오늘 하루도 주님을 위해 살아가십시오. 아멘!!

♡ 주님! 삶의 목적이 오로지 주님이 되게 하소서.
▨ 하루의 목표와 인생의 목표를 일치시키며 살아갑시다.

죽음 앞에 섰을 때

6월 26일

읽을 말씀 : 요한계시록 20:7-15

● 계 20:13 바다가 그 가운데에서 죽은 자들을 내주고 또 사망과 음부도 그 가운데에서 죽은 자들을 내주매 각 사람이 자기의 행위대로 심판을 받고

　저명한 학자인 도널드 하우스 박사가 평소 친하게 지냈던 사업가의 장례식장을 찾았습니다. 박사는 장례식장에서 사업가가 박사에게 전달을 부탁한 편지를 받았습니다. 그 편지에는 이렇게 쓰여 있었습니다.

　"1년 전에 내가 적은 글입니다. '무덤가의 증언'이라는 제목으로 장례식장에 모인 사람들에게 읽어주십시오."

　박사는 장례식 가운데 양해를 구하고 고인의 바람대로 글을 읽어나갔습니다.

　"지금 진행되고 있는 나의 장례식 가운데 나는 다시 한 번 복음을 증거하기 원합니다. 내 좋은 친구 맥, 자네는 지금 나의 관을 보고 있겠지. 내가 그동안 전하던 복음을 자네는 한사코 거부했네. 정말로 죽음의 두려움을 이길 자신이 있는가? 사랑하는 조지여, 아직도 예수 그리스도를 거부하겠는가? 사망의 죄에서 나를 구원하신 그분을 왜 믿지 않는가?"

　편지에는 그간 친하게 지냈던 지인들을 향한 절절한 전도의 메시지가 담겨 있었습니다.

　죽음 앞에 섰을 때 사람은 복음을 생각하지 않을 수 없습니다.

　죄의 문제로 우리는 죽음을 피할 수 없기에 반드시 구원의 주님을 믿어야 하며 또 전해야 합니다. 주님이 허락하신 새로운 삶을 복음을 전하는 일에 사용하십시오. 아멘!!

♡ 주님! 삶의 마지막까지 주님을 위해 살다 천국가게 하소서.

🏃 가까운 지인들에게 복음을 전하는 일을 소홀히 하지 맙시다.

기도로 뭉쳐라

읽을 말씀 : 야고보서 5:12-20

● 약 5:16 그러므로 너희 죄를 서로 고백하며 병이 낫기를 위하여 서로 기도하라 의인의 간구는 역사하는 힘이 큼이니라

미국 프로농구팀인 골든 스테이트 워리어와 새크라멘토 킹스가 경기 중이었습니다. 치열한 접전 끝에 맞은 3쿼터 종반, 골든 스테이트의 맥카우 선수가 공을 잡으려고 점프하다가 상대 선수와 부딪혀 큰 부상을 당했습니다.

일어서지도 못할 정도의 큰 부상을 당한 맥카우가 들것에 실려 나가자 갑자기 양팀 선수들이 코트에 모여 서로 어깨를 감싸 안고 고개를 숙였습니다.

시간이 지나 경기가 재개됐는데 나중에 알고 보니 부상을 당한 맥카우를 위해 양 팀 선수들이 기도를 드린 것이었습니다. 비록 라이벌로 만났지만 데뷔한 지 얼마 되지 않은 유망한 선수가 다치지 않기를 바라는 마음에서 치열한 경기 중에 함께 기도를 드린 것입니다.

큰 부상으로 병원에 입원한 맥카우는 선수들이 자신을 위해 경기 중 기도를 드렸다는 소식을 듣고는 개인 SNS에 주님께 감사를 드리며 "나를 위해 기도드리는 동료들이 있기에 나는 누구보다 큰 축복을 받은 행복한 사람"이라고 고백했습니다.

주님을 향한 같은 신앙으로 뭉친 참된 성도라면 어려움과 고난 속에서는 기도로 하나 되어 뭉쳐야 합니다.

예수님이 보여주신 섬김의 자세로 서로를 인정하며 한 뜻으로 기도하십시오. 아멘!!

♥ 주님! 모든 악한 마음들을 기도와 말씀으로 내려놓게 하소서.
🖼 교제하며 함께 기도하는 아름다운 모임을 만듭시다.

1m의 법칙

6월 28일

읽을 말씀 : 에베소서 3:1-13

● 엡 3:13 그러므로 너희에게 구하노니 너희
를 위한 나의 여러 환난에 대하여 낙심하지
말라 이는 너희의 영광이니라

　미국 서부시대에 우연히 집 근처에서 금맥을 발견한 더비라는
남자가 있었습니다. 더비는 광부인 숙부의 힘을 빌려 열심히 금
맥을 따라 착암기로 채굴을 했습니다.
　금맥의 상태가 좋았기에 주저 없이 대출을 받아 필요한 비용
을 충당했습니다. 그러나 몇 달의 노력 끝에도 금광은 발견되지
않았고 금맥조차 사라졌습니다. 이미 큰 빚을 지고 있던 더비와
숙부는 채굴을 그만두고 일자리를 구하러 도시로 떠났습니다.
　그런데 몇 달 뒤 더비가 채굴하던 광산에서 금광이 발견됐다
는 소문이 들렸습니다. '혹시?'하는 마음에서 광산을 저렴하게
구입한 고물상이 1m를 더 파자 엄청난 금광이 발견됐던 것입니
다.
　이 소식을 들은 더비는 크게 후회했지만 멈춰 서지 않았습니
다. 보험회사에서 일하던 더비는 1m만 더 파면 금광이 있다는
생각으로 어떤 고객을 만나도 포기하지 않았고 1년에 백만 달러
를 버는 보험업계의 전설이 됐습니다.
　이 교훈은 '1m의 철학'으로 지금도 경영학계에서 쓰이고 있습
니다.
　포기하지 않는 한 번의 기도를 통해, 한 번의 전도를 통해, 한
영혼이 구원받는 역사가 일어날 수 있습니다.
　구원에 관한 일을 절대로 포기하지 않고 한 번 더 시도하는
충성된 그리스도인이 되십시오. 아멘!!

💗 주님! 영혼에 관한 일들의 중요성을 깨달아 알게 하소서.
🏮 안 된다 싶을 때도 한 번 더 시도하고 한 번 더 기도합시다.

사랑이 만든 빨대

읽을 말씀 : 고린도전서 13:1-7

● 고전 13:7 모든 것을 참으며 모든 것을 믿으며 모든 것을 바라며 모든 것을 견디느니라

일본 요코하마의 한 병원에서 아들을 간병하는 주부가 있었습니다.

병상에 누워있다가 우유를 마시기 위해 힘들게 몸을 일으키는 아들을 보며 주부는 이런 생각을 했습니다.

'빨대가 꼽혀 있어도 몸을 일으켜야 하다니 너무 불편해. 누워서도 먹을 수 있는 빨대를 만들 수는 없을까?'

주부는 이 생각에서 멈추지 않고 아들이 퇴원한 후에도 직접 여러 가지 시도를 했습니다. 그리고 발명한 것이 지금 우리가 주로 사용하는 '주름이 있어 접히는 빨대'입니다.

빨대는 5,000여 년 전 이집트에서 개발되어 지푸라기에서 플라스틱으로 재질만 변했을 뿐 기능과 구조는 그대로였습니다.

5,000여 년을 이어져 내려오던 빨대를 새롭게 바꾼 것은 아들의 불편함을 그냥 볼 수 없었던 어머니의 사랑이었습니다.

간절한 사랑에는 지난 5,000년 간 누구도 하지 못한 일을 이루어내는 놀라운 힘이 있습니다.

아들의 작은 불편함도 그냥 볼 수 없었던 어머니의 사랑처럼 죄로 죽어가는 우리들을 위해 하나님은 독생자를 보내주셨습니다.

죄를 해결하고 영생을 얻을 수 있는 유일한 방법인 예수 그리스도를 결코 떠나지 마십시오. 아멘!!

♥ 주님! 슬플 때도 기쁠 때도 주님 안에 거하게 하소서.
🖼 사랑의 마음으로 세상을 바라보며 아이디어를 떠올립시다.

위대함을 만드는 반복

읽을 말씀 : 잠언 28:18-28

● 잠 28:18 성실하게 행하는 자는 구원을 받을 것이나 굽은 길로 행하는 자는 곧 넘어지리라

한 음악가의 하루 일과표입니다.
- 오전 06:00 – 직접 준비한 커피를 마심
- 오전 06:30 – 오후 02:30: 작곡
- 오후 02:30 – 오후 03:30: 점심 식사
- 오후 03:30 – 오후 05:30: 악보와 연필을 챙겨서 산책
- 오후 05:30 – 오후 10:00: 간단한 식사와 독서, 휴식
- 오후 10:00 – 수면

무언가 특이한 점을 발견하셨습니까?

규칙적인 생활의 이 음악가는 위대한 작품을 완성했을까요?

위 일과는 모든 역사상 가장 위대한 음악가 중 한 명인 악성 베토벤의 일과입니다.

베토벤은 별다른 일이 없으면 언제나 위의 일과에 따라 하루를 살았습니다. 베토벤을 위대한 음악가로 만들고 장애도 극복하게 만든 것은 하루 8시간의 꾸준한 작곡과 충분한 휴식이었습니다.

좋은 습관은 위대한 성과를 이룹니다.

나의 삶에서 가장 중요한 것은 무엇이며 그 일을 위해 어떤 노력을 쌓고 있습니까?

매일 반복해야 할 좋은 믿음의 습관을 만드십시오. 아멘!!

♡ 주님! 가장 귀한 시간도 주님을 위해 드리게 하소서.

🈴 경건을 위한 시간과 재충전을 위한 시간을 반드시 지킵시다.

7

"내가 그들에게 복을 내리고
내 산 사방에 복을 내리며
때를 따라 소낙비를 내리되
복된 소낙비를 내리리라"
- 에스겔 34:26 -

모든 가족의 복음화

읽을 말씀 : 사도행전 16:27-32

● 행 16:31 가로되 주 예수를 믿으라 그리하면 너와 네 집이 구원을 얻으리라 하고

『귀국 후 한국선교의 첫걸음은 가정복음화였다. 나는 어머니와 모든 가족의 구원을 위해 기도했다. 오래지 않아 기회가 왔다. 큰형이 아버지 산소에 가자고 했다. 음식과 술이 차려졌다. 절을 해야 하는 순서에 "저는 절을 할 수 없습니다"라고 하자 당황한 형이 그 이유를 물었고 나는 "예수님을 믿기 때문입니다"라고 답했다.

나는 아버지 산소 앞에서 가족들에게 복음을 전했다. 분위기는 다소 서먹해졌지만 처음 듣는 복음에 호기심을 갖는 가족도 있었다. 그 밤에 셋째 형이 나를 찾아왔다. 직장을 잃고 방황하던 형의 상처를 주님께서 부드럽게 어루만지셨다.

한국선교의 첫 열매가 맺혔다. 얼마 후 아버지 제삿날에 내가 큰형에게 "이번 제사는 기독교식으로 한번 인도해 보겠습니다. 예전 방식과 비교해 좋은 편을 택하십시오"라고 부탁했다.

형은 내 제안을 받아들였고 제사 대신 추도예배가 드려졌다. '서로 사랑하라'는 말씀, 가족을 위한 기도, 아버지를 추억하고 기념하는 추모사가 이어졌다. 그날 이후, 큰 형은 집안의 길흉화복을 관장한다고 믿어온 상징물인 터줏자리 3개를 모두 불살랐다. 그리고 온 가족이 예수님을 영접했다.』- 김장환 목사 3E인생에서 발췌

사람의 마음까지도 주관하시는 분이 하나님이십니다. 내가 소중히 여기는 가족들의 복음화를 위해 먼저 간절히 기도하며 담대히 복음을 전합시다. 아멘!!

💚 주님! 사랑하는 형제와 가족들을 주님의 품으로 인도하여 주소서.
▨ 어떤 상황에서도 가족들의 전도를 결코 포기하지 맙시다.

다시 초심으로

읽을 말씀 : 다니엘 6:21-28

● 단 6:26 … 그는 살아 계시는 하나님이요 영원히 변하지 않으실 이시며 그의 나라는 멸망하지 아니할 것이요 그의 권세는 무궁할 것이며

세계적인 테니스 선수인 마르티나 나브라틸로바는 38세에 은퇴를 했습니다. 실력 못지않게 인기도 뛰어난 스타였지만 전성기에 비해 기량이 많이 떨어졌기에 어쩔 수 없는 선택을 한 것입니다. 그런데 마르티나는 6년 뒤에 돌연 다시 코트로 돌아오겠다고 선언했습니다. 살벌한 프로의 세계에서 6년의 공백을 깨고, 그것도 40대 중반의 나이에 왜 돌아왔는지 사람들은 이해하지 못했습니다.

별 볼 일 없는 성적이나 거두다 곧 코트를 떠날 것이라는 게 많은 사람들의 예상이었지만 그녀는 이런 예상을 비웃듯이 3년 뒤인 47세에 다시 한 번 우승컵을 들어 올렸습니다.

선수 생활의 마무리를 우승으로 끝내고 싶어서 다시 돌아왔다는 그녀에게 많은 사람들이 다시 우승할 수 있었던 비결을 묻자 그녀는 이렇게 대답했습니다.

"초심의 자세만 잃지 않는다면 인생의 어느 때든 반드시 기회는 옵니다."

많은 나이도, 떨어진 기량도, 막을 수 없었던 부활의 비결은 바로 '초심'이었습니다. 하나님을 향한 믿음이 흔들릴 때, 신앙의 열정이 예전 같지 않다고 느낄 때마다 우리는 초심으로 돌아가야 합니다.

신앙생활에 위기가 찾아올 때마다 신앙의 기본으로 돌아가십시오. 아멘!!

♡ 주님! 주님을 처음 만났을 때의 뜨거운 열정을 다시 품게 하소서.
▩ 가장 뜨거웠던 때의 신앙생활을 떠올리며 열정을 회복합시다.

3가지 'H'를 움직여라

읽을 말씀 : 시편 51:10-19

● 시 51:12 주의 구원의 즐거움을 내게 회복
시켜 주시고 자원하는 심령을 주사 나를 붙
드소서

아시아에서 가장 일하기 좋은 기업으로 선정된 국내 한 기업
의 근무 환경입니다.

 - 4일 근무하면 4일 휴무
 - 전 직원 평생 고용 보장
 - 육아 휴직률 90%
 - 일하면서 대학생과 비슷한 수준의 교육시간 보장
 - 은퇴 이후를 책임질 교육 기회 제공
 - 사원뿐 아니라 가족들도 받을 수 있는 전문가 상담 프로그램
일반적인 회사보다 훨씬 여유로운 모습이지만 그럼에도 더 높
은 성과를 내고 있습니다. 그 이유를 '직원들의 3H'를 움직여주
기 때문이라고 합니다.

직원들의 손(Hands)을 움직이게 했을 때는 능력의 20%가 발
휘되지만 머리(Head)를 움직이게 하면 50%의 능력이 발휘되
고 마음(Heart)을 움직이게 하면 100%에 가까운 능력이 발휘됩
니다.

직원들에게 제공하는 좋은 환경과 복지가 손해가 아닌 몇 배
의 이득으로 돌아오는 것입니다.

주님을 위한 나의 헌신은 손과 발과 마음이 모두 드려지고 있
습니까?

억지로 의무감으로 행하는 헌신이 아니라 진심으로 최선을 다
해 섬기는 제자가 되십시오. 아멘!!

♡ 주님! 내 안에 있는 모든 것으로 주님을 섬기게 하소서.
🙇 손과 생각과 마음을 다해 주님을 찬양합시다.

사랑을 깨달을 때

읽을 말씀 : 이사야 55:1-13

● 사 55:7 악인은 그의 길을, 불의한 자는 그
의 생각을 버리고 여호와께로 돌아오라 그리
하면 그가 긍휼히 여기시리라 우리 하나님께
로 돌아오라 그가 너그럽게 용서하시리라

　　호주 정부에서 연구의 일환으로 '무료로 재정관리를 받을 지원자'를 모집했습니다. 지원자들의 소득수준을 판단해 목표 저축액을 설정한 뒤 전문가들은 소비패턴을 파악해 적절한 조언을 해줬고 불필요한 지출을 줄이기 위해 가계부를 적으며 아낀 돈으로는 효과적인 금융상품에 가입했습니다.

　　4개월이 지나자 짧은 기간임에도 지원자들의 재정 상태는 이전보다 훨씬 나아졌습니다. 그런데 재정 상태뿐 아니라 건강상태도 눈에 띌 정도로 나아지는 현상이 발생했습니다.

　　재정 관리를 받은 사람들은 술과 담배를 더 적게 소비했는데 흡연자의 경우 흡연량이 50%나 줄었습니다. 커피와 패스트푸드 소비량도 적극 줄어 건강지표들이 좋아졌는데 그 결과는 회사와 학교에서의 생산성 증가로까지 이어졌습니다.

　　전문가들은 참가자들이 돈을 어디에 사용하는지를 파악하면서 자연스레 몸에 나쁜 일들을 하지 않게 됐기 때문이라고 분석했습니다.

　　가진 돈을 어디에 사용하는지 깨달았을 때 나의 인생이 눈에 보이는 것처럼 주님의 사랑을 깨달았을 때 우리가 가진 것을 어떻게 사용해야 하는지 알게 됩니다.

　　주님이 주신 모든 것을 주님이 주신 사명을 이루는데 사용하십시오. 아멘!!

🤍 주님! 주님의 놀라운 사랑으로 변화되게 하소서.
🙇 받은 은혜를 나의 정욕과 바람을 위해서 사용하지 맙시다.

성경이 가진 힘

읽을 말씀 : 디모데후서 3:10-17

●딤후 3:16 모든 성경은 하나님의 감동으로 된 것으로 교훈과 책망과 바르게 함과 의로 교육하기에 유익하니

영국의 한 신문사에서 국회의원, 사업가, 작가, 교수 등의 지식인 등을 대상으로 설문 조사를 한 적이 있습니다.

'3년간 무인도에서 살게 된다면 가져갈 3가지 책이 무엇인지?'라는 질문에 98%의 사람들이 첫 번째로 성경을 뽑았습니다.

결과보다 더 놀라운 것은 응답자의 대부분이 교회를 다니지 않는 무신론자였다는 사실입니다.

최근 한국에서도 '드라마바이블'을 제작한 재단에서 성인 기독교인 700명을 대상으로 성경에 대해 질문했습니다.

그 결과 성경을 하나님의 말씀으로 믿는다는 70%의 사람들은 정기적으로 성경을 읽고 신앙의 성장을 위해 노력하는 것으로 나타났습니다.

교회를 다니지 않고 하나님을 믿지 않는 사람들도 성경이 위대한 책이며, 능력이 있다는 것을 의심하지 않습니다. 그러나 하나님을 믿는 사람들도 성경이 유일한 진리라고 생각하지 않을 때 신앙생활을 하면서도 성경을 묵상하지 않습니다.

성경이 만들어진 과정과 지금까지 전해져 온 역사가 성경이 하나님의 말씀이라는 모든 것을 증거 합니다.

모든 의심을 내려놓고 하나님이 주신 말씀을 묵상함으로 참된 진리를 발견하십시오. 아멘!!

💜 주님! 성경을 통해 모든 의심도 해결하게 하소서.
🖼 정기적으로 성경을 읽는 시간을 반드시 만듭시다.

가장 훌륭한 마케팅

읽을 말씀 : 베드로전서 2:1-10

● 벧전 2:5 너희도 산 돌 같이 신령한 집으로 세워지고 예수 그리스도로 말미암아 하나님이 기쁘게 받으실 신령한 제사를 드릴 거룩한 제사장이 될지니라

오로지 튼튼한 운전용 헬멧을 만들려고 노력한 사람이 있었습니다.

품질은 어떤 회사도 따라오지 못할 만큼 튼튼했지만 디자인이 촌스럽다는 이유로 사람들은 외면했습니다.

'매출을 올리기 위해 어떡해야 하나?' 고민하고 있을 때 회사로 편지 한 통이 날아왔습니다.

"저는 남아프리카에 사는 그래함이라고 합니다. 최근에 오토바이를 타다가 실수로 도로에 넘어졌는데 제 머리 위로 바퀴가 16개나 달린 대형 트럭이 지나갔습니다. 더욱 놀라운 사실은 귀사의 헬멧이 트럭으로부터 나를 지켜줬다는 사실입니다. 귀사의 헬멧이 아니었다면 저는 지금 살아있을 수 없었을 것입니다. 튼튼한 헬멧을 만들어줘서 정말 감사합니다."

회사에서 이 편지를 언론에 공개하자 그동안 무명브랜드에 가까웠던 회사의 헬멧은 '기적의 헬멧'으로 불리며 엄청난 성장을 시작했고 20년 뒤 미국을 비롯한 세계점유율 1위의 독보적인 브랜드가 됐습니다.

생명을 구하기 위해 착용하는 헬멧의 본질이 한 청년을 통해 세상에 알려졌듯이 죄에서 해방되기 위해 복음을 믿어야 한다는 것을 우리가 알려야 합니다.

죽음에서 나를 살리신 하나님의 놀라운 은혜를 온 힘을 다해 전하십시오. 아멘!!

💙 주님! 생명을 살리신 귀한 은혜를 전하게 하소서.

🎴 놀라운 은혜를 주변 사람들에게 풍성히 전합시다.

7월 7일

불평이 만든 바지

읽을 말씀 : 시편 119:49-57

● 시 119:50 이 말씀은 나의 고난 중의 위로라 주의 말씀이 나를 살리셨기 때문이니이다

미국에 한 솜씨 좋은 재단사가 있었습니다.

많은 사람들이 그에게 부탁해 바지를 만들었고 만족했으나 유독 불만이 많은 한 여인이 있었습니다. 남편이 험한 일을 해서 바지가 너무 빨리 헤진다는 것이 불평의 이유였습니다. 그러나 다른 손님들은 아무 문제가 없었기 때문에 재단사는 단지 여인의 남편이 너무 험하게 옷을 입는다고 생각했습니다.

그러던 어느 날 '험한 일을 하는 사람들도 만족시킬 수 있는 바지는 없을까?'라는 생각에 시내로 들어가 많은 사람들을 만났습니다. 그러자 여인의 남편뿐 아니라 노동자들이 작업용으로 입을 수 있는 바지가 없어 불편함을 겪고 있다는 사실을 알게 됐습니다.

재단사는 노동자들도 입을 수 있는 튼튼한 모직과 재단 방법을 연구했고 그 결과 데님을 구리리벳으로 고정시킨 최초의 리바이스 청바지가 탄생했습니다.

한 여인의 불평이 없었다면 청바지는 탄생하지 않았을 수 있습니다.

지금 성도들을 향한 세상의 쓴소리도 어쩌면 더 나은 믿음을 위해 필요한 양분이 될지도 모릅니다.

듣기 싫은 말일지라도 반면교사로 삼을 것은 없는지 겸손한 마음으로 귀담아들으십시오. 아멘!!

♡ 어려움을 통해 더욱 하나님을 향해 가게 하소서.
🔏 비난도 들을 말은 듣는 지혜와 명철을 가집시다.

방법을 알려라

읽을 말씀 : 마태복음 7:13-27

● 마 7:16 그들의 열매로 그들을 알지니 가시
나무에서 포도를, 또는 엉겅퀴에서 무화과를
따겠느냐

　　미국의 발명가 펄 웨잇은 우연히 젤라틴 가루를 개발했습니다. 가루를 사용해 푸딩이나 젤리를 쉽게 만들 수 있었으며 수천 가지 방식으로 응용해 요리를 만들 수 있었습니다.

　　펄은 이 제품이 크게 성공할 것이라 확신하며 2년간 방문판매를 했지만 사람들의 반응은 생각보다 신통치 않았습니다.

　　펄은 이웃 주민이었던 유능한 사업가인 프랭크에게 제품의 소유권을 팔았고 다만 아내가 지어준 이름인 '젤로(Jell-O)'만 유지해달라고 부탁했습니다.

　　프랭크는 사람들이 이 제품을 어떻게 사용해야 할지 모른다는 점이 문제라고 생각했습니다.

　　그래서 주부들이 많이 보는 잡지에 광고를 실으면서 다채로운 디저트와 요리를 만들 수 있는 책자를 무료로 배포했습니다.

　　무료 책자는 베스트셀러가 될 정도로 잘 보급됐고 더불어 젤로의 인기도 1년에 2억 5천만 상자가 팔릴 정도로 세계적인 인기를 끌었습니다.

　　예수님을 믿을 때 어떤 기쁨이 있는지, 말씀대로 살아갈 때 어떤 유익이 있는지 그리스도인은 세상에서 삶으로 보여야 합니다.

　　생명의 길을 따라 살아가는 가치 있는 삶이 무엇인지 세상에 보여주십시오. 아멘!!

💛 주님! 주님께 부끄럽지 않은 삶으로 자라나게 하소서.
🏮 부족하더라도 말씀대로 사는 삶을 포기하지 맙시다.

제자로 살아가라

읽을 말씀 : 마태복음 28:16-20

● 마 28:19 그러므로 너희는 가서 모든 민족을 제자로 삼아 아버지와 아들과 성령의 이름으로 세례를 베풀고

스페인의 알리칸테라는 도시에 20층 높이의 '인템포(InTempo)'라는 고급 아파트가 지어지고 있었습니다.

그런데 공사가 꽤 진척된 중에 2배가 넘는 47층 아파트로 설계가 변경됐습니다.

이미 지반공사를 끝낸 상황이라 안전문제가 우려됐지만 우여곡절 끝에 기준에 맞춰 건설할 수 있었는데 공사가 거의 끝날 무렵 큰 문제가 하나 발생했습니다.

건물은 20층에서 47층 설계로 바뀌었지만 가장 중요한 엘리베이터가 20층까지밖에 연결되지 않았습니다.

다른 문제를 신경 쓰느라 아무도 엘리베이터를 신경 쓰지 못한 것입니다. 결국 20층부터 47층까지는 건물 외관에 따로 엘리베이터를 만들었고 그 결과 건물의 외관이 흉측하게 변했습니다.

이 건물은 알리칸테 지역에서 가장 높고 고급스러운 아파트지만 동시에 가장 못생긴 건물의 대명사가 됐습니다.

그리스도의 제자라고 하면서 세상에서 살아갈 때 삶에 모순이 생깁니다. 주님을 믿기로 작정하는 순간 우리의 삶의 설계는 새롭게 변경됐습니다.

이전의 삶을 답습하지만 말고 끝까지 주님의 뜻을 따라 살아가고자 다짐하십시오. 아멘!!

♡ 주님! 내 삶을 지켜보시는 주님의 마음을 이해하게 하소서.
🎴 주님과 세상 사이에서 갈등하지 말고 뜻을 정합시다.

선택한 이유

읽을 말씀 : 고린도후서 13:5-13

● 고후 13:8 우리는 진리를 거슬러 아무 것도 할 수 없고 오직 진리를 위할 뿐이니

C콜라의 유리병은 세계에서 가장 아름다운 디자인 중 하나로 알려져 있습니다. 경쟁사와 차별화를 하려고 거액의 상금을 걸고 공모전을 통해 뽑힌 지금의 디자인은 눈을 감고 만져도, 또는 깨진 병 조각을 보고도 누구나 C콜라인 걸 알 수 있게 만들어졌습니다.

이런 유명세로 인물이 아닌 사물로는 최초로 타임지 표지를 장식하기도 했습니다.

당시 경쟁사인 P콜라는 C콜라에 디자인에 밀려서 경쟁에서 지고 있다고 생각했습니다. 그래서 C콜라 병 디자인을 따라잡기 위해 많은 연구를 하고 수차례 디자인을 변경했으나 판매율은 조금도 오르지 않았습니다.

P의 연구팀은 사람들이 C콜라를 고르는 이유가 무엇인지 더욱 면밀히 분석했는데 그 결과 C콜라가 P콜라보다 양이 더 많기 때문이라는 걸 알았습니다. P콜라는 C콜라보다 더 큰 용량의 제품을 출시했고 그 결과 마침내 라이벌이라고 부를 수 있을 정도로 판매율이 크게 올랐습니다.

교회가 할 수 있는 많은 좋은 일이 있고, 성도가 할 수 있는 많은 선행들이 있습니다. 그러나 무엇보다 중요한 것은 복음을 전하고, 생명을 구원하는 일이라는 사실을 잊지 마십시오. 아멘!!

♡ 주님! 보이는 것보다 더 중요한 것이 있음을 알게 하소서.

🎴 성도의, 교회의 본분을 잊지 말고 살아갑시다.

7월 11일

좋은 소식을 전하라

읽을 말씀 : 로마서 10:9-15

●롬 10:15 보내심을 받지 아니하였으면 어찌 전파하리요 기록된 바 아름답도다 좋은 소식을 전하는 자들의 발이여 함과 같으니라

영국의 유명한 시인 테니슨은 작품을 구상하기 위해 해안가에 있는 작은 도시에 머물고 있었습니다.

아침마다 작품구상을 위해 마을을 산책한 테니슨은 만나는 사람에게 "별일 없으시죠?"라고 인사를 건넸습니다.

인사를 받은 마을 사람들은 간단하게 대답을 하고 지나갔지만 여관 주인만은 항상 다음과 같이 대답했습니다.

"아주 좋은 소식이 있으니 들어보시죠? 예수 그리스도가 우리를 위해 죽으시고 부활하셨답니다. 제 인생에 이보다 기쁜 소식은 없습니다."

주인의 대답을 매일 듣던 테니슨은 여관 주인의 대답을 듣고 궁금해 성경을 읽다가 신앙생활을 하게 됐습니다.

믿기로 결심한 다음 날 테니슨은 여관 주인의 똑같은 대답에 이렇게 대답했습니다.

"맞습니다. 그 소식은 모두가 믿어야 할 기쁜 소식이 없죠."

예수님이 나를 위해 오셨다는 기쁜 소식은 날마다 새롭게 전해야 할 소식입니다. 그러나 이 당연한 의무를 소홀히 하고 있지 않습니까?

이 놀라운 기쁨을 혼자만 누리고 있지 않습니까? 생명의 복음을 먼저 만난 우리가 이 소식을 전하지 않으면 세상 사람들은 믿을 수 없습니다.

구원의 기쁜 소식을 날마다 전하십시오. 아멘!!

💙 주님! 구원의 소식을 들을 때마다 은혜가 넘치게 하소서.

🗾 나를 살리신 주님의 사랑을 당당히 세상에 전합시다.

하늘에서 온 편지

읽을 말씀 : 요한1서 4:7-12

● 요1 4:9 하나님의 사랑이 우리에게 이렇게
나타난 바 되었으니 하나님이 자기의 독생자
를 세상에 보내심은 그로 말미암아 우리를
살리려 하심이라

스코틀랜드에 사는 엘라 레논이라는 소녀에게 편지가 한 장
도착했습니다.
'사랑스러운 내 딸아, 보내준 편지는 잘 받았단다.
나에게 너는 세상의 무엇보다도 소중한 딸이란다.
무럭무럭 성장하는 딸의 모습을 보는 것이
얼마나 행복한 일인지 너는 모를 거야.
엄마는 비록 먼저 천국에 갔지만 항상 너와 함께 할 거야'
편지 봉투에는 "천국 문 1번 출입구에서 딸을 너무나 사랑하
는 엄마가" 보낸 것으로 적혀 있었습니다.
3살 때 어머니를 여읜 엘라는 어머니의 날을 맞아 보고 싶다
는 편지를 보냈는데 수취인이 없어 버리려던 우체국 직원이 우
연히 보고는 대신 마음을 담아 보내준 편지였습니다.
비록 다른 사람이 보낸 편지였지만 어린 엘라에게는 큰 사랑
의 위로가 됐습니다.
우리를 향한 하나님의 사랑과 구원의 방법을 보여주시기 위해
예수님이 세상에 오셨습니다.
무엇보다 큰 사랑의 표식인 예수님과 성경 말씀을 통해 내 삶
을 하나님의 사랑으로 가득 채우십시오. 아멘!!

♥ 그 무엇과도 비교할 수 없는 주님의 사랑으로 내 삶을 채우소서.
🈯 구원과 말씀 묵상으로 주님의 사랑을 알아갑시다.

7월 13일

유일한 해결책

읽을 말씀 : 사도행전 2:14-22

● 행 2:21 누구든지 주의 이름을 부르는 자는
구원을 받으리라 하였느니라

3살 때 어머니를 잃은 제멜바이스라는 소년이 있었습니다.
동생을 낳던 중 감염이 되어 산욕열로 세상을 떠난 어머니를
생각하며 제멜바이스는 비슷한 고통을 겪는 사람들을 구하기 위
해 의사가 됐습니다. 당시에는 산욕열로 죽는 사람이 30%가 될
정도로 높았습니다.

'병원에서 아이를 낳는데도 왜 집에서 아이를 낳는 것보다 더
산모들이 많이 죽을까?'

제멜바이스는 의사가 여러 환자를 진찰하기 때문에 병균이 옮
는다는 가설을 세웠고 진찰복을 깨끗이 세탁하고 의사와 간호사
들도 손을 씻게 했습니다. 단순히 옷을 빨고 손을 씻었을 뿐인데
30%에 가까웠던 산욕열 발생률이 2%로 감소됐습니다.

그러나 당시 의료계는 이런 사실들을 받아들이지 못했고 제
멜바이스를 사기꾼으로 치부하고 병원에서 쫓아냈습니다. 산모
들을 살릴 방법을 알았던 제멜바이스는 사람들에게 비난을 받고
일자리를 잃으면서도 끝까지 자신이 찾은 방법을 포기하지 않았
고 산욕열을 해결할 다른 방법을 못 찾은 의료계는 결국 제멜바
이스의 방법을 받아들였습니다. 고통 가운데 발견한 제멜바이스
의 방법은 당시 산모를 살릴 수 있는 유일한 방법이었습니다.

죄악이 가득한 세상에서 우리가 구원을 받는 방법도 오직 예
수님을 통한 구원뿐입니다. 유일한 구원의 해결자이신 예수 그
리스도를 전심으로 믿으십시오. 아멘!!

🤍 주님! 구원의 소중함을 세상이 깨닫게 하소서.

🖼 주님의 보혈로 전달받은 복음을 결코 포기하지 맙시다.

쳐내기로 결단하라

읽을 말씀 : 로마서 12:14-21

● 롬 12:21 악에게 지지 말고 선으로 악을 이기라

　　중국 전국 시대 때 진나라 무왕의 머리에 큰 종양이 생겼습니다. 무왕은 당대의 명의 편작을 불러 진찰을 받았는데 종양을 살펴본 편작이 말했습니다.

　　"종양이 더 커지기 전에 잘라내면 깨끗이 치료될 것입니다."

　　머리에 칼을 대야 한다는 말을 듣자 무왕은 목숨을 잃을까 두려워 대답을 망설였습니다. 순간 무왕의 마음을 읽은 신하가 진언을 올렸습니다.

　　"시국이 어지러운 이때 폐하의 건강이 걱정되옵니다. 종양이 더 커지지 않을 수도 있고 당장 아무 이상이 없으니 경과를 지켜보심이 어떤지요?"

　　편작은 이 말을 듣고 크게 화를 냈습니다.

　　"아무것도 모르는 신하의 말을 들으면 마음은 편하실지 모르지만 몸을 잃게 되실 것입니다. 당장 치료를 받지 않으면 훗날엔 저도 방도를 찾지 못할 수도 있습니다."

　　편작의 말을 듣고 크게 깨달은 무왕은 두려움을 이겨내고 수술을 받았고 종양은 말끔히 제거됐습니다.

　　작은 죄들로 인해 거리낌이 있을 때 바로 쳐내지 않으면 언젠가 더 큰 죄가 되어 돌아옵니다.

　　경건한 삶을 방해하는 작은 죄들을 조금도 용납하지 말고 주님께 자백하여 쳐내십시오. 아멘!!

💙 주님! 양심에 거리끼는 죄들에서 자유함을 얻게 하소서.

🀫 요한일서 1장 9절을 읽은 후 양심에 꺼리는 것을 해결합시다.

목숨을 걸고 지켰던 것

읽을 말씀 : 야고보서 1:12-18

●약 1:12 시험을 참는 자는 복이 있나니 이는 시련을 견디어 낸 자가 주께서 자기를 사랑하는 자들에게 약속하신 생명의 면류관을 얻을 것이기 때문이라

월리엄 틴데일 목사님은 종교개혁 당시 모든 사람이 성경을 읽을 수 있도록 목숨을 걸고 번역했습니다.

다음은 틴데일 목사님이 성경에 관해 생전에 했던 말씀들인데, 이 말들을 통해서 성경 번역에 목숨까지 걸었던 이유를 알 수 있습니다.

"모국어로 된 성경 없이는 제대로 된 성도를 세우는 것이 불가능하다."

"율법은 모든 사람들을 죄 아래 두게 해서 입을 막게 하는 자물쇠이고, 복음은 이 자물쇠를 열고 나오게 만드는 열쇠이다. 이것이 율법과 복음의 핵심이다."

"훗날 내가 하나님 앞에 서게 되면 내 양심을 거슬러 하나님의 말씀을 한 글자도 바꾼 적이 없고 의심한 적이 없다는 것만은 분명히 말할 수 있을 것이다."

감옥에 갇히면서도, 죽마고우에게 배신을 당하면서도, 틴데일 목사님은 번역을 포기하지 않았고 결국 화형을 당하면서까지 "영국 왕의 눈을 열어주소서!"라는 말을 남기고 소천 하셨습니다.

하나님의 말씀인 성경은 인류를 구원할 길을 보이는 유일한 안내서입니다.

그 말씀을 깨닫고 진리를 전하기 위해 희생한 선인들의 노고를 잊지 말고 목숨을 다해 말씀을 믿으십시오. 아멘!!

🤍 하나님의 말씀을 위한 믿음의 선배들의 희생을 기억하게 하소서.

🖼 말씀을 목숨처럼 소중히 여기며 귀하게 여깁시다.

세 손가락의 기적

읽을 말씀 : 빌립보서 4:10-20

● 빌 4:13 내게 능력 주시는 자 안에서 내가 모든 것을 할 수 있느니라

　　모데카이라는 소년은 아버지를 따라 농장 일을 돕다가 손가락을 잃는 큰 사고를 당했습니다.

　　야구선수가 꿈이었던 소년은 던지는데 가장 중요한 검지와 중지를 잃었습니다. 나머지 손가락도 후유증으로 제대로 움직이지 않았습니다. 모데카이의 집은 경제적으로 어려워 재활치료도 제대로 받지 못했고 학업을 대충 마친 뒤에는 탄광에서 일을 했습니다.

　　하지만 이런 상황에서도 자신은 야구선수가 될 수 있다고 모데카이는 굳게 믿었습니다. 다른 사람이 뭐라하든 묵묵히 자신에게 맞는 연습법을 찾아서 불철주야 노력했던 모데카이는 마침내 실력을 인정받아 메이저리그에서 뛰게 됐습니다.

　　세 손가락을 이용해 던지는 모데카이만의 변화구는 어떤 투수도 던질 수 없는 공이어서 타자들은 속수무책이었습니다.

　　6년 연속 20승을 올리며 '세 손가락의 기적'이라고 불린 모데카이는 수많은 우승과 기록을 남기며 '명예의 전당'에 올라 야구 역사에 전설이 됐습니다.

　　할 수 있다고 믿는 사람은 어떤 상황에서도 방법을 찾아내고 기적을 경험합니다.

　　할 수 있다고 말씀하신 주님의 약속을 믿고 주신 비전을 향해 담대히 도전하십시오. 아멘!!

💛 주님! 불평과 불만을 가질 시간에 땀을 흘리게 하소서.
🖼 눈앞의 장애물에도 불가능보다는 가능성을 떠올립시다.

성경을 믿지 않으면

읽을 말씀 : 히브리서 11:1-10

●히 11:6 믿음이 없이는 하나님을 기쁘시게 하지 못하나니 하나님께 나아가는 자는 반드시 그가 계신 것과 또한 그가 자기를 찾는 자들에게 상 주시는 이심을 믿어야 할지니라

외국에서 공부하다 자유주의 신학에 빠진 목사님이 계셨습니다. 그 목사님이 한국의 교회에 부임했는데 첫 주일 설교시간에 이런 설교를 했습니다.

"모세오경을 진짜로 믿으시는 분이 없으시길 바랍니다. 근동의 전설과 신화를 적어놓은 부분이니 그대로 믿어서는 안 됩니다."

교인들은 모세오경을 성경에서 잘라냈습니다. 목사님은 다음 주에 예언서를 비판했고 그다음 주에는 신약을 비판했습니다.

"신약의 서신들은 출처도 불분명하고 서로 다른 내용도 많습니다. 바울 서신 역시 바울이라는 개인적인 사람의 생각이 많이 들어있다는 사실을 기억해야 합니다."

성도들은 목사님이 이런 말을 할 때마다 성경의 불확실한 부분을 잘라냈는데 한 달이 지나자 성경에는 표지만 남았습니다.

성경을 하나님의 말씀으로 그대로 믿지 않을 때 예수님을 향한 믿음은 생길 수도 없고 신앙생활로 이어질 수가 없습니다.

성경은 과학적으로 증명해 알고 믿는 것이 아니라, 성경을 하나님의 말씀으로 믿으면 알게 됩니다.

주님을 믿기로 작정했다면 하나님의 말씀인 성경도 온전히 믿기로 작정하십시오. 아멘!!

♡ 주님! 성경이 하나님의 말씀으로 믿어지는 은혜를 허락하소서.
▩ 성경을 향한 나의 믿음이 절대적인지 점검해봅시다.

필요한 존재

읽을 말씀 : 신명기 11:10-21

● 신 11:14 여호와께서 너희의 땅에 이른 비,
늦은 비를 적당한 때에 내리시리니 너희가
곡식과 포도주와 기름을 얻을 것이요

유럽의 부자들이 동방으로 여행을 떠났습니다.

동방에 대해서 잘 알고 일도 잘하는 '레오'라는 하인을 데리고
떠난 여행에서 부자들은 서로 리더가 되려고 자존심 싸움을 벌
였습니다.

이런 싸움 중에서도 레오는 지혜롭게 대처하며 갈등을 해결했
고 묵묵히 자신의 임무를 다하며 궂은일을 처리해나갔습니다.

그러던 어느 날 갑자기 레오가 사라졌습니다.

리더를 자처하던 부자들은 레오가 사라지자 아무 일도 하지
못했고, 여행도 그만두고 레오를 찾기 시작했습니다.

결국 레오를 찾지 못하자 여행은 무산되고 부자들은 뿔뿔이
흩어졌습니다.

모두가 리더를 자처하던 모임에서 진정한 리더였던 것은 낮은
자리에서 섬기던 레오였던 것입니다.

헤르만 헤세의 '동방 순례'라는 소설에 나오는 내용입니다.

예수님도 큰 자가 되기 위해서는 작은 자가 되어야 하며, 먼
저 섬겨야 한다고 말씀하셨습니다.

낮은 곳에서 섬김으로 예수님께 큰 사람으로 인정받는 진정한
리더가 되십시오. 아멘!!

🤍 자리를 탐내지 않고 할 일을 하는 사람이 되게 하소서.
🎴 맡은 일을 충실히 하는 존경받는 리더가 됩시다.

반드시 찾아온다

읽을 말씀 : 누가복음 4:38-44

● 눅 4:43 예수께서 이르시되 내가 다른 동
네들에서도 하나님의 나라 복음을 전하여야
하리니 나는 이 일을 위해 보내심을 받았노
라 하시고

미국의 한 자동차 판매원은 자신의 고객에게 1년에 12번씩
안부 편지를 보냈습니다.

그가 여느 때와 같이 사무실에서 고객들에게 편지를 쓰는 모
습을 본 동료가 물었습니다.

"차를 한 번 산 사람은 최소 10년은 탈 텐데… 그렇게까지 신
경을 쓸 필요가 있을까? 나라면 그 시간에 새로운 고객을 찾
겠네."

편지를 쓰던 판매원은 이렇게 대답했습니다.

"놀이동산에서 재밌는 놀이기구는 다시 한 번 타듯이 나에게
차를 구입해 만족한 고객은 언제든 다시 나를 찾아준다네. 나를
한 번 찾은 고객이 다음번에도 반드시 나를 찾게 만드는 것이 나
의 영업비결이네."

조 지라드라는 이름의 이 판매원은 훗날 12년 연속 자동차
판매왕으로 기네스북에 올라 세일즈맨의 전설이 됐습니다.

한 번 찾아온 사람을 다시 찾아오게 만드는 것은 끝없는 배려
와 노력입니다.

오늘 전한 한 장의 주보, 한 구절의 말씀이 한 영혼을 죽음에
서 생명으로 건져낼지 아무도 모르는 일입니다.

나의 초청으로, 다른 교인의 초청으로 교회를 찾은 성도들이
주 하나님을 만나고 구원받을 수 있게 노력을 아끼워하지 마십
시오. 아멘!!

💟 주님! 한 영혼을 위한 절박함을 잊지 않게 하소서.
🖼 교회 생활에 적응 중인 사람들을 위해 잘 안내합시다.

판단의 두려움

읽을 말씀 : 시편 56:1-13

● 시 56:11 내가 하나님을 의지하였은즉 두려
  워하지 아니하리니 사람이 내게 어찌하리이
  까

장래가 촉망되는 화가가 유명한 평론가를 찾아가 그림을 평가
해 달라고 말했습니다.

"제 습작입니다. 미흡한 부분이 있다면 그림에 펜으로 표시를
해주십시오."

평론가는 그림에 가차 없이 체크 표시를 하며 왜 그림이 좋지
않은지를 설명했습니다.

체크 표시가 잔뜩 되어 있는 그림을 들고 집으로 온 화가는
내심 기분이 좋지 않았습니다.

'아무래도 단점을 고치는 것보다는 장점을 개발하는 게 낫
겠어.'

화가는 다음날 같은 그림을 그려 다른 평론가에게 이번엔 좋
은 점에 펜으로 표시를 해달라고 했습니다.

설명을 듣던 화가는 깜짝 놀랄 수밖에 없었는데 전날 평론가
가 단점으로 지적한 부분을 모두 장점으로 표시했기 때문입니
다. 집으로 돌아온 화가는 모두를 만족시킬 그림은 그릴 수 없다
는 사실을 깨닫고 자신이 그리고 싶은 본질에 집중하며 훗날 개
성있는 화풍으로 크게 인정받는 화가가 됐습니다.

사람의 생각과 판단을 두려워하는 사람은 아무것도 할 수 없
습니다.

사람이 아닌 주 하나님만 두려워하고 하나님만 기쁘시게 하는
일에 신경을 쓰십시오. 아멘!!

💙 주님! 다른 사람들의 평이나 험담에서 마음을 지켜주소서.

🖼 삶의 기준을 사람의 평가가 아닌 하나님의 말씀에 맞춥시다.

미래는 알 수 없다

읽을 말씀 : 잠언 27:1-10

● 잠 27:1 너는 내일 일을 자랑하지 말라 하루 동안에 무슨 일이 일어날는지 네가 알 수 없음이니라

샘 팰치라는 사람이 나이아가라 폭포에서 사람들을 모아놓고 외쳤습니다.

"제가 뛰어내리는 모습을 보고 싶은 분들은 돈을 내십시오."

몇몇 사람들이 돈을 내자 샘은 정말로 폭포로 뛰어내렸고 기적처럼 멀쩡히 돌아왔습니다. 폭포에서 뛰어내린 샘도 깜짝 놀랄 만큼 몸에는 아무런 부상이 없었습니다.

첫 번째 다이빙에서 짭짤하게 재미를 본 샘은 돈을 더 벌려고 며칠 뒤 한 번 더 나이아가라 폭포에서 뛰어내렸습니다.

샘은 나이아가라 폭포에서 뛰어내려 두 번이나 살아난 사람으로 명성을 얻었고 큰돈을 벌었습니다.

'폭포에서 떨어져도 죽지 않는다'는 확신이 생긴 샘은 몇 달 뒤 뉴욕의 '하이 폭포'에서도 뛰어내려 무사한 모습을 보여줬습니다. 그리고 2차 시도에서는 더 큰 명성과 돈을 얻기 위해 10미터짜리 스탠드를 추가해서 뛰어내렸지만 이 다이빙이 샘의 마지막 모습이었습니다.

무모한 용기로 큰돈을 벌던 샘의 도전은 30세 때 사고로 끝나고 말았습니다.

세상에 '절대'란 없습니다. 오늘 무사히 보낸 하루가 내일도 동일하게 나타나리란 보장은 없습니다.

불확실한 삶을 통해 유일하게 확신할 수 있는 그리스도의 구원만을 붙잡고 살아가십시오. 아멘!!

🖤 주님! 주님이 주시는 영원한 것을 바라보고 소망하게 하소서.
🖼 하늘나라를 향한 소망을 품고 오늘을 살아갑시다.

한 마디가 만든 변화

읽을 말씀 : 잠언 25:9-17

● 잠 25:11 경우에 합당한 말은 아로새긴 은 쟁반에 금 사과니라

세계적인 심리치료사이자 베스트셀러 작가인 레이먼드 코르시니의 사무실에 한 남자가 찾아왔습니다.

험한 인상에 덩치가 큰 남자는 레이먼드를 보자마자 환한 미소로 인사를 하며 말했습니다.

"선생님과의 만남이 제 삶을 바꿨습니다. 사회에 나오자마자 바로 인사를 드리고 싶었습니다."

하지만 레이먼드는 그 남자가 누구인지 기억이 나지 않았습니다. 양해를 구한 뒤 설명을 부탁하자 남자가 대답했습니다.

"선생님이 교도소에 오셨을 때 제 아이큐를 검사해주시고는 평균보다 아주 높다고 말씀하셨어요. 생각해보니 정말 그런 부분이 있었습니다.

그날 이후로 저는 공부를 시작했고 교회도 다시 나갔습니다.

이제 공부를 해서 대학을 가려고 준비 중입니다. 선생님이 제 인생을 바꿔주셨습니다."

레이먼드 검사 결과를 담담히 전달했을 뿐이지만 그 한 마디가 사람을 변화 시켰습니다. 편견에 사로잡히면 당연한 칭찬도 인색하게 됩니다.

하지만 사랑이 담긴 친절한 말 한마디가 사람의 인생을 바꿀 수도 있습니다.

인생을 바꿀 수 있는 말의 중요성을 기억하며 한 마디 한 마디에 사랑을 담아 칭찬으로 전하십시오. 아멘!!

♡ 주님! 영혼을 어루만지는 사랑의 언어를 사용하게 하소서.

▨ 다른 사람들에게는 진심 어린 칭찬만을 전합시다.

불완전한 이유

읽을 말씀 : 갈라디아서 4:8-20

● 갈 4:18 좋은 일에 대하여 열심으로 사모함을 받음은 내가 너희를 대하였을 때뿐 아니라 언제든지 좋으니라

영국의 한 유명한 상담사에게 학부모가 딸을 데리고 왔습니다. 학교 선생님의 'ADHD'가 의심된다는 말에 증상을 확인하고 치료를 받기 위해서였습니다. 상담사는 딸과 함께 오랜 대화를 나눈 뒤 부모님을 불렀습니다. 그리고 아름다운 음악을 틀은 뒤 딸의 모습을 보라고 권했습니다.

자리에 가만히 있질 못하고 안절부절하던 소녀는 음악이 나오자 눈을 감고 느끼기 시작했고, 잠시 뒤 멋지게 춤을 췄습니다. 춤을 배운 적도 없던 딸이 아름다운 춤을 추는 것을 보고 놀란 부모님에게 상담사가 말했습니다.

"따님은 주의력이 부족한 게 아니라 춤에 재능이 넘쳤던 것뿐입니다. 머릿속에서 들리는 음악들에 몸을 움직이고자 하는 본능이 커서 그러니 마음껏 춤을 출 수 있게 환경을 만들어주세요."

부모님의 적극적인 배려에 어려서부터 춤을 춘 '질리언 린'이라는 소녀는 재능을 멋지게 꽃피웠고, 훗날 세계적인 안무가가 되어 '캣츠'와 '오페라의 유령'과 같은 작품을 담당했습니다.

원하는 것이 충족되지 않을 때 삶이 불안해 보입니다. 우리 마음속의 빈자리가 주님으로 채워지지 않을 때 우리의 삶은 어떤 것으로도 충족되지 않습니다.

인생의 필수조건인 예수님의 사랑을 은혜로 채우십시오. 아멘!!

💙 주님! 주님의 사랑으로 제 삶을 완전히 채워주소서.
🎴 인생의 공허함을 주님의 사랑으로 채웁시다.

모래폭풍의 기적

7월 24일

읽을 말씀 : 마가복음 4:35-41

● 막 4:39 예수께서 깨어 바람을 꾸짖으시며 바다더러 이르시되 잠잠하라 고요하라 하시니 바람이 그치고 아주 잔잔하여지더라

중동의 한 지역에서 50명의 무슬림 그리스도인들이 비밀리에 세례(침례)식을 올리고 있었습니다.

버스를 타고 물가를 찾아 비밀리에 이루어진 의식이었는데 예식이 끝나자마자 어디선가 무장한 무슬림들이 나타났습니다.

놀란 그리스도인들은 서둘러 버스를 타고 달리자 무슬림들은 장갑차를 타고 쫓아오며 총을 쐈습니다.

목숨을 잃을지도 모르는 상황이었지만 버스 안의 그리스도인들은 그럼에도 구원받은 은혜에 감사하며 부둥켜안고 기도를 드리고 있었습니다.

장갑차가 점점 버스를 쫓아오는 순간 갑자기 버스 뒤쪽으로 거센 모래폭풍이 일었습니다.

버스 뒤쪽에만 기적같이 일어나던 모래폭풍 덕분인지 잠시 뒤 쫓아오던 장갑차는 보이지 않았고 차 안의 그리스도인들은 털끝 하나 다치지 않고 무사히 집으로 돌아갈 수 있었습니다.

죽음을 앞두고도 믿음을 잃지 않는 하나님의 자녀들은 하나님이 지키고 보호하십니다.

믿음을 가진 자녀들에게 오늘날에도 기적을 보이시는 주님을 알려 믿음을 더 굳건하게하고, 세계 각지에서 고통받는 성도들을 위해 기도하십시오. 아멘!!

♡ 주님! 주님을 믿고 따르는 자녀들을 지키고 보호하소서.
🎆 믿음을 이유로 고통받는 동역자들을 위해 기도합시다.

놓치지 말아야 할 것

읽을 말씀 : 히브리서 3:12-19

● 히 3:12 형제들아 너희는 삼가 혹 너희 중에 누가 믿지 아니하는 악한 마음을 품고 살아 계신 하나님에게서 떨어질까 조심할 것이요

프랑스의 대표적인 지성이었던 학자 디드로에게 하루는 친구가 보낸 선물이 도착했습니다.

디드로의 잠옷이 헤질 정도로 낡았다는 소리를 듣고 보내준 붉은색의 아주 고급스러운 가운이었습니다. 친구가 준 잠옷을 입고 만족스럽게 거울을 보던 디드로는 잠시 뒤 이런 생각을 했습니다.

'흠… 잠옷은 멋진데 책상이 너무 낡아서 어울리지 않는군.'

다음날 책상을 새로 바꾼 디드로의 눈에 이번엔 옷장이, 다음날에는 침대가, 다음날에는 식탁이 들어왔습니다. 결국 친구가 선물해준 잠옷 때문에 디드로 집 안에 있는 모든 가구가 바뀌었습니다.

이 일화는 훗날 '디드로 효과'라고 불릴 정도로 유명한 사회현상으로 알려졌습니다.

그러나 디드로는 훗날 오래된 가운을 버린 일을 엄청 후회한다고 회고했는데 가운에 맞춰 인테리어를 바꾸느라 정작 가장 중요한 본업을 놓치고 우울증까지 왔기 때문입니다.

예수님을 믿게 되면 삶의 모든 것이 변합니다. 또한 아름다운 찬양과 환한 인사, 큰 목소리의 기도와 교제, 모두 신앙생활에 필요한 일들입니다. 하지만 그 중심에 예수님이 없다면 울리지 않는 꽹과리와 같다는 사실을 기억하고 가장 중요한 분이 내 마음에 중심이 되게 하십시오. 아멘!!

♥ 주님! 삶의 중심이 주님에게서 벗어나지 않게 하소서.
📖 모든 예배와 교제, 비전의 중심에 예수님을 모십시다.

충성의 가치

읽을 말씀 : 누가복음 16:1-13

● 눅 16:10 지극히 작은 것에 충성된 자는 큰 것에도 충성되고 지극히 작은 것에 불의한 자는 큰 것에도 불의하니라

프랑스 대혁명 때의 일입니다.

성난 프랑스 국민들이 왕궁을 거의 다 장악했을 때 왕인 루이 16세는 호위병들에게 다음과 같은 명령을 내렸습니다.

"스위스에서 온 용병인 그대들이 프랑스인인 나 때문에 죽을 이유는 없다. 대세는 기울었으니 창을 놓고 고향으로 돌아가시게."

그러나 용병들은 목숨보다 계약이 더 중요하다며 786명 모두가 죽을 때까지 왕궁을 떠나지 않고 왕을 지켰습니다.

자국 군인들보다 큰 충성심으로 왕을 지켰던 스위스 용병들의 이야기는 온 유럽에 퍼졌고 훗날 프랑스는 스위스 용병을 기반으로 한 외인부대를 창설했습니다.

로마의 바티칸 교황청은 지금도 스위스 용병을 위병으로 고용하고 있습니다. 그리고 용병뿐 아니라 스위스에서 생산한 모든 제품은 세계에서 신뢰의 상징으로 통하고 있습니다.

충성은 세상에서 흔히 찾아볼 수 없기에 더욱 귀하게 빛나는 가치입니다. 하나님이 찾으시는 사람 역시 끝까지 충성하는 사람입니다.

능력이 없을지라도, 때때로 넘어질지라도 주님을 포기하지 말고 끝까지 충성함으로 쓰임 받으십시오. 아멘!!

♡ 주님! 나를 사랑하신 주님을 끝까지 따르게 하소서.

🙇 세상의 썩어질 가치들과 고귀한 믿음을 바꾸지 맙시다.

음식 사막 지도

읽을 말씀 : 이사야 43:14-21

● 사 43:19 보라 내가 새 일을 행하리니 이제 나타낼 것이라 너희가 그것을 알지 못하겠느냐 반드시 내가 광야에 길을 사막에 강을 내리니

미국에는 음식 사막 지도라는 것이 있습니다.

이것은 신선식품을 얼마나 가까운 곳에서 구할 수 있느냐를 측정하는 지도로서 반경 1km에서 신선식품을 구할 수 없는 곳은 완전 사막으로 표시하는데 미국의 주 중에서 심한 곳은 40% 정도가 음식 사막이라고 합니다.

샐러드 1인분이 햄버거의 2,3배 가격이 되다보니 저소득층은 신선식품을 아예 먹지 못하는 경우도 많습니다. 심한 지역은 케첩은 알아도 토마토는 모르며, 야채와 과일이 어떻게 생겼는지 아예 모르는 어린이들도 점점 늘고 있다고 합니다.

최근 미국에서는 이런 문제를 해결하기 위해 1시간이 걸려도 신선한 음식을 구하러 다니는 부모님들이 많이 늘고 있으며 무료급식처럼 신선한 식품을 아이들에게 배급하는 자선사업도 점점 생겨나고 있습니다.

선진국인 미국에서 이런 일이 일어나는 이유는 이익이 되지 않는다고 농가에서 채소를 키우지 않았기 때문입니다.

이와 마찬가지로 전하기 힘들다고 그리스도인인 우리가 복음을 전하지 않으면 한국의 복음화율도 점점 떨어지며 영적으로 연약한 나라가 될 것입니다.

주님의 은혜로 축복된 이 땅을 위해 기도하며 헌신하십시오. 아멘!!

♡ 주님! 귀한 복음이 한국을 통해 세계로 퍼져나가게 사용해주소서.
🖼 식어가는 부흥의 불길이 다시 일어나도록 기도하며 노력합시다.

말 못 할 사정

읽을 말씀 : 잠언 18:12-18

● 잠 18:14 사람의 심령은 그의 병을 능히 이기려니와 심령이 상하면 그것을 누가 일으키겠느냐

노벨문학상을 받은 인도의 시인 타고르는 집의 모든 일을 하인에게 맡기고 글과 관련한 작업에만 몰두했습니다.

하인이 하루라도 없으면 큰 불편함을 겪었기 때문에 타고르는 하인에게 매우 엄격하게 대했습니다. 그런데 하루는 출근 시간이 돼서도 하인이 집에 오질 않았습니다. 크게 화가 난 타고르는 반나절이 지나도 하인이 오지 않자 '해고시키겠다'고 마음을 먹었습니다.

점심때가 한참 지나서 출근한 하인은 굳은 표정으로 인사를 한 뒤 묵묵히 일하기 시작했습니다. 타고르는 그 모습을 보고 더 부아가 치밀어 당장 나가라고 소리를 질렀습니다. 하인은 다시 한 번 공손히 인사를 한 뒤 집안일을 했습니다. 결국 타고르는 분을 참지 못하고 하인의 뺨을 때리며 소리쳤습니다. 뺨을 맞은 하인은 눈물을 흘리며 말했습니다.

"죄송합니다. 실은 어제 저녁 제 딸이 갑자기 하늘나라로 떠났습니다. 급하게 장례를 치르고 오느라 늦었습니다. 좋지 않은 일이라 말씀드리고 싶지 않았습니다."

그동안 너무나 성실했던 하인에게 이유도 묻지 않고 화를 낸 것에 타고르는 크게 후회를 하며 다시는 같은 실수를 반복하지 않았습니다. 사람의 행동 뒤에는 말 못 할 아픔이나 본심이 있을 수도 있습니다. 감정을 앞세워 실수하기보다 한 번 더 생각하는 깊이 있는 배려의 모습을 보여주십시오. 아멘!!

💛 주님! 사소한 잘못을 따지기보다 사랑을 실천하며 살아가게 하소서.
🎌 실수나 잘못도 너그러이 이해하는 배려의 모습을 보입시다.

다시 태어남

읽을 말씀 : 베드로전서 1:3-12

● 벧전 1:3 … 그의 많으신 긍휼대로 예수 그리스도를 죽은 자 가운데서 부활하게 하심으로 말미암아 우리를 거듭나게 하사 산 소망이 있게 하시며

축구선수가 되기 위해 어려서부터 부단히 노력하던 스페인의 한 선수가 있었습니다.

유망주로 프로구단에 입단해 2부 리그에서 경험을 쌓으며 한창 주가를 올리던 중 꿈을 이루기 직전 큰 교통사고를 당해 다시는 축구를 할 수 없는 몸이 됐습니다.

극심한 우울증에 걸려 재활도 하지 않고 병실에만 머물고 있던 그에게 하루는 간호사가 찾아와 기타를 건네주며 위로했습니다.

한 번도 기타를 잡아 본 적도 없지만 기타를 보는 순간 마음에 큰 위로를 얻은 그는 자신의 슬픈 마음을 기타로 연주하며 노래하기 시작했습니다.

기타를 처음 배운 그의 노래와 연주에 병원에 있는 사람들은 위로와 감동을 받았고 그의 명성은 병원에서 스페인을 거쳐 전 세계로 퍼져나갔습니다.

축구선수의 꿈을 포기하고 기타를 잡았던 가수 훌리오 이글레시아스는 평생 3억 장의 앨범을 판매하며 세계에서 가장 많은 앨범을 판 가수 중 한 명이 됐습니다.

세상에서의 우리의 모습이 어떠하든 예수님을 믿는 순간 우리는 하나님의 자녀로 다시 태어나 살아가게 됩니다.

믿음으로 거듭난 새로운 삶을 하나님의 자녀라는 이름에 합당한 삶으로 가꿔나가십시오. 아멘!!

💚 주님! 생명의 길로 인도하신 주님의 보혈을 찬양하게 하소서.
🎴 매일 한 걸음씩 주님을 향해 더 나은 믿음을 키워갑시다.

가치관을 바꾼 회사

읽을 말씀 : 고린도전서 1:18-25

● 고전 1:21 하나님의 지혜에 있어서는 이 세상이 자기 지혜로 하나님을 알지 못하므로 하나님께서 전도의 미련한 것으로 믿는 자들을 구원하시기를 기뻐하셨도다

월가의 유명한 회사에 면접을 보러 온 대학생이 있었습니다.
면접이 끝나고 질의응답 시간이 되자 대학생이 조심스럽게 물었습니다.

"이 회사에서는 파타고니아 조끼를 입을 수 있나요?"

파타고니아는 플라스틱을 재활용해 옷을 만드는 환경 친화적인 가치를 최우선으로 생각하는 기업입니다. 좋은 취지에 옷의 품질도 좋기 때문에 월가의 쟁쟁한 회사들은 사원들에게 캐주얼 복장을 권장하며 파타고니아 조끼를 유니폼처럼 지급했습니다.

그런데 이 소문이 퍼지자 파타고니아에서 월가의 회사들에게 조끼를 팔지 않겠다고 선언했습니다.

돈을 벌기 위해서는 수단과 방법을 가리지 않는 회사에 우리의 제품을 팔수는 없다는 것이 이유였습니다. 다만 일정 수익을 환경을 위해 기부하는 회사에게는 제품을 팔았습니다. 그리고 실제로 이 사실이 알려진 뒤 많은 대학생들이 월가에 취업할 때 파타고니아 옷을 입을 수 있는지를 입사의 지표로 삼았다고 합니다.

크나큰 이익을 포기하더라도 지켜야 할 가치관이 있습니다.

말씀을 믿고, 예수님처럼 살기를 소망하는 그리스도인들도 세상 속에서 지켜야 할 가치가 있습니다.

예수님이 가르치신 계명들을 세상 가운데 지키며 살아가십시오. 아멘!!

🤍 주님! 절대적 진리를 타협하지 않게 하소서.

📖 세상과 말씀 사이에서 말씀을 택해 갈등하지 맙시다.

풀 수 없는 매듭

읽을 말씀 : 로마서 5:12-21

● 롬 5:12 그러므로 한 사람으로 말미암아 죄가 세상에 들어오고 죄로 말미암아 사망이 들어왔나니 이와 같이 모든 사람이 죄를 지었으므로 사망이 모든 사람에게 이르렀느니라

지금의 그리스 지역인 고르디온 지역에 '테르미소스의 우마차'라는 전차가 있었습니다.

신전의 기둥에 묶여있는 이 마차는 '고르디우스의 매듭'이라는 정교하고 복잡한 매듭으로 묶여 수백 년간 아무도 풀지를 못했습니다.

그래서 고르디온 지역에서는 "고르디우스 매듭을 푸는 사람이 아시아의 대왕이 된다"라는 전설이 있었습니다.

때마침 동방으로 원정을 떠나던 알렉산더 대왕이 고르디온 지역에서 이 전설을 듣고는 고르디우스 매듭을 풀러 갔습니다. 두텁고 정교한 매듭을 한참 보던 알렉산더는 차고 있던 칼을 꺼내 매듭을 한 번에 잘라버렸습니다. 이 매듭을 풀어서인지 알렉산더 대왕은 원정길에서도 불리한 전력에도 연전연승을 거두고 인도까지 거침없이 진격했고, 이후 '고르디우스의 매듭'은 '콜럼버스의 달걀'과 더불어 과감한 발상으로만 풀 수 있는 문제를 뜻하는 대명사가 됐습니다.

손으로 풀 수 없다면 칼을 써야 하고 달걀을 세울 수 없다면 깨야 하는 것처럼 인간의 힘으로 죄를 해결할 수 없다면 예수님의 십자가를 믿는 수밖에 없습니다.

해결할 수 없는 문제를 붙들고 삶을 낭비하지 말고 모든 것을 예비하신 예수님의 십자가를 붙드십시오. 아멘!!

♡ 죄에 빠져 죽어가는 영혼들에게 십자가가 전달되게 하소서.
🙏 죄의 문제를 해결하는 유일하신 예수님을 신뢰합시다.

8

"내가 여호와께 간구하매 내게 응답하시고
내 모든 두려움에서 나를 건지셨도다"
- 시편 34:4 -

한국말 하는 빌리 그래함

읽을 말씀 : 시편 30:1-12

● 시 30:12 이는 잠잠치 아니하고 내 영광으로 주를 찬송케 하심이니 여호와 나의 하나님이여 내가 주께 영영히 감사하리이다

『빌리 그래함의 전기를 쓴 존 폴락이 「여의도 광장의 복음 전도대회 100만 명」이라는 글에서 "김장환 목사는 실제로 빌리 그래함을 뛰어난 설교자로 인식시켰다. 제스처, 억양, 표현의 강약이 신비로울 만큼 똑같았다"고 했다. 한 미국인 선교사는 "김장환 목사의 목소리가 빌리 그래함처럼 들렸다"고 말했다. 어떤 시청자는 "무심코 TV를 켰는데, 김장환 목사가 설교자이고, 빌리 그래함 목사가 미국 통역자라고 생각했다"고 했다

내가 전도대회의 통역 부탁을 수락하자 할리 목사는 즉시 빌리 그래함 목사의 책과 설교문, 다른 대회 실황 비디오테이프 등을 보내왔다. 나는 한국말을 하는 빌리 그래함이 되어야 했다. 사람들은 그의 설교를 듣고 자신의 삶을 결단할 것이다.

교회 일과, 아세아방송 개국 등으로 정신이 없었지만, 틈틈이 시간을 내어 열심히 연습했다. 그리고 "한국말 하는 빌리 그래함이 되게 하옵소서"라고 기도했다.

사람들은 설교를 들으며 '두 영이 하나였다'라고 말했다.

설교가 끝날 무렵 수천, 수만. 수십만의 사람들이 자리에서 일어나 두 손을 높이 들고 주님께로 돌아왔다. 한국교회가 세계 선교를 향해 큰 걸음을 내딛는 역사적인 순간, 복음의 큰 성장이 일어나는 시간이었다.』- 김장환 목사 3E인생에서 발췌

하나님께 모든 삶을 드리면 높여주십니다. 나의 영광을 위해 살지 말고 하나님께 나의 모든 것을 바칩시다. 아멘!!

♡ 주님! 제 삶을 통해 하나님의 영광이 드러나게 하소서.

▨ 사람의 인정보다 하나님께 쓰임받는 삶을 위해 노력합시다.

지킬 것을 지키라

읽을 말씀 : 신명기 11:1-7

● 신 11:1 그런즉 네 하나님 여호와를 사랑하여 그가 주신 책무와 법도와 규례와 명령을 항상 지키라

중세 프랑스에는 파티가 있을 때마다 참석하는 사람들에게 '에티켓'이라고 불리는 작은 티켓을 나눠줬습니다.

티켓에는 참석한 인원수에 맞춰 숫자가 적혀 있었는데, 파티의 모든 순서는 그 번호를 중심으로 이루어졌습니다. 예를 들어 내빈을 소개할 때도 1번이 적힌 순서부터 시작됐고, 식사 때 앉는 자리와 음식이 나오는 순서, 퇴장 순서도 마찬가지로 이루어졌습니다.

이 순서에 따라 행사가 잘 치러졌을 때 사람들은 "에티켓을 지켰다"라고 말했고, 반대의 경우 "에티켓을 어겼다"라고 말했습니다. 한 마디로 지금의 에티켓은 당시 사람들에게 중요도에 따른 우선순위를 잘 지켰는지, 그렇지 못했는지가 척도였습니다.

식사 자리에서 연장자를 먼저 대접하는 것이 당연한 예의이듯이 우선순위는 중요한 문제입니다. 그런데 때로는 예배에서, 모임에서 에티켓을 어기고 있지는 않습니까?

하나님을 1순위에 놓지 못하고 손안에 스마트폰에 마음을 빼앗기고, 딴생각과 딴 짓을 하며 흘러가는 예배를 주 하나님은 결코 받으시지 않습니다.

예배의 에티켓을 지키며 온 마음과 온 생각을 다 바쳐 주님만을 높이십시오. 아멘!!

💗 주님! 전심전력으로 주님께만 집중하는 예배를 드리게 하소서.

🖼 예배의 분명한 우선순위를 세우고 반드시 지킵시다.

목적이 없다면

읽을 말씀 : 베드로전서 2:1-10

● 벧전 2:2 갓난 아기들 같이 순전하고 신령한 젖을 사모하라 이는 그로 말미암아 너희로 구원에 이르도록 자라게 하려 함이라

'고도를 기다리며'의 작가 사무엘 베케트는 어느 날 파리 시내를 거닐다 괴한에게 공격을 당했습니다. 칼에 찔렸지만 다행히 중상은 아니었고 며칠 뒤 범인이 잡혔습니다.

병원에서 치료를 받던 사무엘의 머릿속은 단 한 가지 질문으로 가득 차 있었습니다.

'도대체 나를 왜 찔렀을까?'

경찰은 "범인은 정신병자도 미치광이도 아닌 평범한 정상인"이라고 말했습니다.

퇴원한 사무엘이 범인을 찾아가 "도대체 나를 공격한 이유가 뭐냐?"고 묻자 그는 이렇게 대답했습니다.

"저도 잘 모르겠는데요."

훗날 사무엘은 이 일이 대해서 이렇게 회상했습니다.

"이유가 없다는 범인의 대답은 나를 정말로 미치게 만들었다. 아주 사소한 이유라도 있었다면 납득을 했을 텐데 사람을 죽일 뻔해 놓고 모르겠다니 어떻게 그럴 수가 있단 말인가?"

이해를 위해 동기와 이유가 필요하듯이 인생을 제대로 살아가기 위해서도 반드시 원인과 목적이 필요합니다.

나를 창조하신 주님과 그분이 주신 인생의 목적을 붙들고 살아가십시오. 아멘!!

🤍 주님! 인생이란 바다 가운데 삶의 목적을 놓치지 않게 인도하소서.
🧎 주님이 주신 바른 목적을 찾고, 그 목적을 따라 삽시다.

과감히 뛰어들라

읽을 말씀 : 사도행전 8:4-13

● 행 8:13 시몬도 믿고 세례를 받은 후에 전심
으로 빌립을 따라다니며 그 나타나는 표적과
큰 능력을 보고 놀라니라

　다이빙은 최고 10m 높이의 플랫폼에서 뛰어내리며 다양한
동작의 예술성으로 점수를 내는 종목입니다. 공교롭게도 인간이
가장 공포를 느끼는 높이도 10m이기 때문에 다이빙을 하고 싶
어 찾아온 사람 중에는 막상 한 번도 뛰어보지 못한 채 포기하는
경우가 많습니다. 그래서 대부분 다이빙 선수들은 다음과 같은
과정을 거칩니다.

1. 며칠 동안 다이빙대를 꾸준히 쳐다보기만 한다. 높은 곳에
   있는 다이빙대를 보고 올라갈 마음이 들었다면 다음 단계
   로 넘어간다.
2. 연습용인 1m 다이빙대에서 뛰어본다. 괜찮다면 다음 단
   계인 3m 다이빙대에서 연습한다. 스스로 뛰어내리기 위
   해 올라간 사람은 별 무리 없이 통과하는 단계다.
3. 10m 다이빙대에 올라서 본다. 이 단계에서는 성공과 실
   패 두 가지 단계밖에 없다. 중간은 없기 때문에 성공이든
   실패든 무조건 결단을 내려야한다.

　10m에서 뛰어내리는 일은 누구에게도 쉬운 일은 아니지만
일단 한 번만 뛰어내리면 그 후에는 백 번이고 천 번이고 뛰어내
릴 수 있다고 합니다. 믿음을 결단하는 일은 결코 쉽지 않지만
용기를 내는 사람만이 변화할 수 있습니다.

　깊고 안전한 주 하나님의 은혜의 강으로 내 삶을 던지십시오.
아멘!!

♡ 주님! 자주 주님을 체험해 두려움 없는 굳건한 믿음 갖게 하소서.

🏯 51%가 아닌 100%의 신앙생활을 추구합시다.

삶을 변화시킨 묵상

읽을 말씀 : 시편 19:7-14

● 시 19:14 나의 반석이시요 나의 구속자이
신 여호와여 내 입의 말과 마음의 묵상이 주
님 앞에 열납되기를 원하나이다

소설가 루 윌리스는 친한 친구인 잉거솔 대령과 기차를 타고
여행을 가고 있었습니다.

무신론자인 윌리스는 독실한 그리스도인인 잉거솔 대령에게
자신이 쓰고 있던 소설의 배경에 대해 질문했습니다.

"예수님이 탄생하던 시대에 있던 세 명의 왕들에 대한 이야기
를 쓰고 싶네. 자네의 조언을 들을 수 있을까?"

잉거솔 대령은 아는 것을 열심히 전했으나 그 짧은 시간에 장
대한 복음을 전할 순 없었습니다.

대령과의 대화를 통해 호기심이 생긴 윌리스는 소설을 쓰며
예수님에 대해 연구를 시작했습니다.

예수님의 삶을 공부하던 윌리스는 큰 감명을 받았고 소설의
내용을 전반적으로 수정했습니다.

윌리스는 예수님에 대한 두렵고 떨리는 마음으로 소설을 이어
나갔고, 그 결과 윌리스의 소설 '벤허'는 20세기 최고의 기독교
소설로 평가받으며 많은 사람들에게 큰 은혜를 전했습니다.

완전한 사랑을 보여주신 예수님의 희생과 은혜는 묵상하는 것
만으로 사람을 변화시킬 힘이 있습니다.

날 위해 모든 것을 희생하신 주님의 귀한 사랑을 늘 마음에
품고 살아가십시오. 아멘!!

💚 주님! 주님의 사랑을 놓치지 않고 날마다 변화하게 하소서.
🖼 가장 고귀한 사랑을 보여주신 주님을 평생 의지합시다.

양심의 가치

읽을 말씀 : 사도행전 24:10-23

● 행 24:16 이것으로 말미암아 나도 하나님과
사람에 대하여 항상 양심에 거리낌이 없기를
힘쓰나이다

식품점에서 일하는 한 소년이 집에 돌아와 아빠에게 이런 말
을 했습니다.

"오늘 사장님이 저에게 고급 커피 포장지에 싸구려 커피를 채
워 넣으라고 하지 뭐예요? 사람들은 아무것도 모르고 비싼 돈을
내고 싸구려 커피를 사갔어요."

소년은 재밌다는 듯이 말했지만 아버지는 단호하게 대답했습
니다.

"그런 사장님 밑에서는 아무것도 배울 것이 없다. 아무리 돈을
많이 줘도 그런 곳에서 일하지 말아라."

소년은 아버지의 말을 따라 다음날 가게를 그만뒀습니다.

그런데 아무리 많은 곳에서 일을 해도 정직하게 일하는 곳을
찾을 수가 없었습니다.

결국 보다 못한 소년은 청년이 돼서 직접 창업을 했습니다.

가게가 망하는 일이 있어도 손님을 속이지 않았고 창문에는
"먼저 그 나라와 의를 구하라"는 마태복음 6장 33절 말씀을 붙
여놨습니다. 청년의 정직은 결실을 맺어 미국 내에서 1,000개
가 넘는 대형 체인점으로 성장했고, 사람들은 청년을 '백화점 왕
J.C. 페니' 라고 불렀습니다.

양심을 속이면서까지 이뤄야 할 가치 있는 일은 없습니다.

주님이 주신 선한 마음을 지키며 모든 삶의 영역에서 말씀을
실천합시다. 아멘!!

♡ 주님! 눈앞의 유혹에 양심을 버리지 않게 하소서.
🏃 작은 죄라도 피하며 양심에 거리끼는 일을 조심합시다.

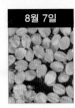

8월 7일

교회를 살리는 법

읽을 말씀 : 고린도전서 14:1-12

● 고전 14:12 그러므로 너희도 영적인 것을 사모하는 자인즉 교회의 덕을 세우기 위하여 그것이 풍성하기를 구하라

하나님의 말씀이란 반석 위에 세워지지 않은 신앙과 교회는 매우 위험합니다. 미국의 신앙잡지 크리스천 포스트에 실린 '죽어가는 교회의 4가지 특징'입니다.

1. 성경을 떠난 교회
   성경을 부인하며 공부하지 않고, 하나님의 말씀이 아닌 사람이 듣기 좋은 설교를 추구하는 교회입니다.

2. 특권의식이 있는 교회
   교인들이 유명한 골프장의 회원이 된 것처럼 생각하고 전도보다 다니는 사람들의 권익에 더 신경 쓰는 교회입니다.

3. 소문이 많은 교회
   험담과 모함이 끊이지 않는 교회에는 싸움도 끊이지 않습니다. 이런 교회는 다투고 시기하느라 에너지를 소비하기 때문에 좋은 소식(복음)을 나누고 전할 힘이 없습니다.

4. 개인주의적인 교회
   공동체로 뭉치지 못한다면 아무리 큰 기적과 회심도 개인적인 수준에 머무르고 맙니다.

하나님을 떠나서는 교회가 제대로 설 수 없고, 성경을 진리로 인정하지 않고서는 교회가 살 수 없습니다.

주 하나님을 예배하고 말씀대로 실천하는 교회들을 위해 기도하십시오. 아멘!!

💚 주님! 주 하나님을 예배하고 찬양하는 진정한 교회가 되게 하소서.
🎴 본질을 놓치지 않는 교회와 성도가 되게 해달라고 기도합시다.

게으름을 이기는 법

읽을 말씀 : 베드로후서 1:1-11

● 벧후 1:8 이런 것이 너희에게 있어 흡족한즉 너희로 우리 주 예수 그리스도를 알기에 게으르지 않고 열매 없는 자가 되지 않게 하려 하니와

게으르고 싶어서 게으른 사람은 아무도 없습니다.

그러나 이겨내는 사람도 드물만큼 게으름의 힘은 강력합니다. '시간의 힘'이라는 책에 나오는 게으름을 이겨내는 5가지 방법입니다.

1. 일을 이뤘을 때를 상상하라.
    달성했을 때 기쁨이 없는 일에는 동기가 생기지 않습니다.
2. 지금 해야 한다고 다짐하라.
    "왜 난 못할까?" 대신에 "지금 해야 하지 않을까?"라고 다짐하십시오.
3. 마감 시간을 설정하라.
    중요한 일일수록 마쳐야 할 시간을 정해야 합니다.
4. 절대로 변명하지 마라.
    도망갈 구멍을 미리 만들지 말고 끝까지 최선을 다하십시오.
5. 성공에 대한 보상을 만들라.
    목표를 이룰 때마다 주는 정당한 보상은 긍정적인 효과를 줍니다.

하나님이 주신 비전을 이루며 복음을 전하는 삶을 살기 위해선 시간을 지혜롭게 사용하며 최선을 다해야 합니다.

주님이 말씀하신 때가 언제 올지 모르기에 시간을 낭비해선 안 됩니다. 주님이 맡겨주신 일을 성실히 처리하는 충성된 종이 되십시오. 아멘!!

🖤 주님! 게으르지 않는 성실함과 지혜를 주소서.
🎴 5가지 법칙을 활용해 일들을 처리합시다.

명배우를 만든 것

읽을 말씀 : 에베소서 4:25-32

● 엡 4:29 무릇 더러운 말은 너희 입 밖에도 내지 말고 오직 덕을 세우는 데 소용되는 대로 선한 말을 하여 듣는 자들에게 은혜를 끼치게 하라

대학 졸업 후 만화가가 되려다 실패한 남자가 있었습니다.

당장 먹고살기 위해 영화세트장에서 배우들의 대사를 읽어주는 프롬프터 알바를 했는데 하도 실수를 해서 촬영장 분위기가 엉망이었습니다.

보다 못한 감독이 남자를 불러 크게 혼을 내며 당장 감봉을 하라고 지시했습니다.

하지만 남자는 적은 금액의 일당으로 받아 감봉할 수가 없었습니다. 순간 남자의 훤칠한 외모를 보고 감독이 말했습니다.

"그래? 그럼 엑스트라 배우로 출연을 시키고 월급을 주게나. 그럼 감봉을 시킬 수 있겠지."

감독의 배려로 엑스트라지만 배우로 데뷔한 남자는 더 나은 상황에 처하게 됐지만 5년이라는 긴 무명생활을 보냈습니다.

그러나 긴 무명생활 끝에 멋진 외모와 연기력을 인정받아 마침내 주연배우가 되어 아카데미상을 두 번이나 받은 명배우 개리 쿠퍼로 세상에 이름을 알렸습니다.

세기의 명배우를 만든 것은 화가 난 상태에서도 상대방의 장점을 볼 줄 알았던 감독의 안목이었습니다. 세상에 단점만 있는 사람은 없습니다.

주 하나님이 창조하신 소중한 동역자들의 장점을 바라보며 칭찬해주십시오. 아멘!!

💟 주님! 단점은 보다는 장점은 밝히는 시야를 주소서.
🖼 다른 사람의 장점을 찾아내 칭찬하는 연습을 합시다.

보이지 않아도

읽을 말씀 : 히브리서 11:1-10

● 히 11:1 믿음은 바라는 것들의 실상이요 보이지 않는 것들의 증거니

바람이 좋은 어느 날 들판에서 아이들이 연을 날리고 있었습니다.

한 중년 남자가 흐뭇하게 아이들을 바라보다가 그중 한 소녀가 시각장애인인 것을 알게 됐습니다. 너무나 즐겁게 연을 날리는 모습을 보고 신기했던 남자는 그만 실례되는 질문을 하고 말았습니다.

"아까부터 보고 있었는데 연을 너무나 잘 날리더구나. 그런데 연이 날아가는 모습이 보이지 않는데도 연날리기가 재밌니?"

다소 무례한 질문에도 소녀는 씩씩하게 대답했습니다.

"맞아요. 나는 하늘을 나는 연이 보이지 않아요. 하지만 지금은 바람을 따라 오른쪽으로 연이 날고 있죠? 저는 보이진 않지만 팽팽하게 당겨진 실을 통해서 연이 잘 날고 있는지 어느 쪽을 향하고 있는지 충분히 느낄 수 있어요."

남자는 눈으로만 연을 봤던 자신의 잘못을 사과하고 소녀가 날리는 연을 흐뭇하게 바라봤습니다.

하나님을 본 사람은 아무도 없지만 날 위해 세상에 오신 예수님을 통해, 지금도 역사하시는 성령님을 통해 성경이 진실임을 믿으며, 하나님을 느낄 수 있습니다.

거짓 없는 하나님의 말씀을 믿음으로 구원받고 하나님과 함께 하십시오. 아멘!!

💙 주님! 믿음의 연약함을 놓고 기도하오니 반석 위에 세우소서.

🙏 기도와 말씀을 통해 하나님을 체험하며 믿음을 지킵시다.

8월 11일

뜨지 못하는 이유

읽을 말씀 : 마가복음 8:27-38

● 막 8:35 누구든지 자기 목숨을 구원하고자 하면 잃을 것이요 누구든지 나와 복음을 위하여 자기 목숨을 잃으면 구원하리라

어떤 사람이 시골의 전원주택으로 이사 오면서 마당에 작은 정원을 만들었습니다. 정원에는 얕고 넓은 연못이 하나 있었는데 오리를 몇 마리 풀어놓으면 그림이 괜찮을 것 같았습니다.

그날 저녁 근처 농부에게 오리 두 마리를 사다가 연못에 풀어 놨는데 자고 일어나니 오리가 물에 빠져 죽어 있었습니다. 오리가 물에 빠져 죽었다는 게 이해가 되지 않자 혹시 병에 걸린 오리를 준 것이 아닌가 싶어 농부에게 가서 따지자 이런 대답이 돌아왔습니다.

"농장에서 자란 오리들은 물에 넣으면 안 되고 땅에서 키워야 합니다. 우리에서 태어나 물속에 들어가 본 적이 없는 오리들은 깃털에서 기름도 잘 안 나와 물에 잠시 떴다가 가라앉습니다."

나는 물에서 태어난 오리입니까, 농장에서 태어난 오리입니까? 예수님의 말씀을 따르면서 세상에서 살던 그대로의 모습을 유지할 수는 없습니다.

예수님을 믿으면서 말씀대로 살지 못하는 그리스도인들은 물에 가라앉는 오리와 같습니다.

두려움과 의심을 버리고 은혜의 강가로 나아 올 준비를 하십시오.

부족하거나 연약할지라도 세상에서 주님을 드러내는 일을 끝까지 포기하지 마십시오. 아멘!!

♥ 주님! 고난 가운데 임하시는 주님의 은혜를 체험하게 하소서.
▨ 어렵고 힘들어도 말씀을 붙들고 비전을 포기하지 맙시다.

가장 중요한 질문

읽을 말씀 : 요한복음 14:1-7

● 요 14:6 예수께서 가라사대 내가 곧 길이요
진리요 생명이니 나로 말미암지 않고는 아버
지께로 올 자가 없느니라

프랑스의 한 공원에 한 남자가 하루 종일 앉아 있었습니다.
아침부터 나와 있던 남자는 해가 질 때까지 자리에서 중얼거
리기만 했습니다. 이 모습을 지켜보던 관리인이 문제가 생길까
다가가 물었습니다.
"난 이 공원 관리인이요. 혹시 당신이 어디 사는 누구인지 물
어봐도 되겠소?"
"네, 그럼요. 그런데 제가 누구인지는 알지만 그게 제가 맞는
지는 잘 모르겠습니다."
남자의 이상한 대답에 화가 난 관리인은 도대체 여기서 아침
부터 뭘 하고 있냐고 물었고 남자는 하루 종일 3가지 질문을 생
각했다고 대답했습니다.
'나는 내가 맞는가?'
'나는 태어나기 전에 어디에 있었는가?'
'그렇다면 나는 죽어서 어디로 가는가?'
남자는 존재의 의문을 가지고 끝없이 고민하다 결국 '생각하
는 자신'만을 찾아낸 프랑스의 철학자 데카르트였습니다.
세상엔 과학의 수준을 넘어선 다른 차원의 문제가 분명히 존
재하며 그 문제의 해답은 오직 주님만이 주실 수 있습니다.
세상을 창조하시고 우리를 구원하신 예수님을 믿으로 인생
의 가장 중요한 문제를 해결하십시오. 아멘!!

🩶 주님! 진리를 깨달아 마음의 평강을 얻게 하소서.
🎴 인생의 가장 중요한 문제에 대한 해답을 찾았는지 자문해봅시다.

쓸데없는 걱정

읽을 말씀 : 전도서 5:1-9

● 전 5:3 걱정이 많으면 꿈이 생기고 말이 많으면 우매한 자의 소리가 나타나느니라

중국 기 나라에 걱정이 많은 한 남자가 있었습니다.

하루는 푸른 하늘을 지켜보다가 하늘이 무너질까 봐 걱정하고 있었습니다. 지혜로운 친구는 하늘이 공기가 쌓여서 떠 있는 것이며 아무리 숨을 쉬어도 없어지지 않기 때문에 걱정하지 않아도 된다고 말했습니다.

다음날 걱정이 많은 남자는 또 지혜로운 친구를 찾아가 말했습니다.

"하늘은 그렇다 치고 해와 달이 떨어지면 어떻게 하나?"

지혜로운 친구는 "해와 달이 작게 보이는 것은 저 멀리 있기 때문이며 수천 년간 떨어지지 않기 때문에 걱정하지 말라"고 말했습니다.

남자는 다음날 또 찾아와 이번엔 "땅이 꺼지면 어떻게 하나?"고 물었습니다.

친구가 아무리 설명을 해도 남자의 걱정은 끝이 없었습니다.

결국 남자는 한평생 일어나지도 않을 걱정을 하다가 생을 마감했습니다.

중국 고서 '열자'에 나오는 이 이야기가 '기 나라 사람의 쓸데없는 걱정'이라는 뜻으로 '기우'의 어원입니다.

주 하나님을 만난 사람에게는 세상의 불안과 걱정이 끼어들 틈이 없습니다. 모든 부족함과 걱정을 알고 살피시는 주님을 믿으며 기쁨과 감사함으로 삶을 채우십시오. 아멘!!

💚 주님! 걱정과 불안이 아닌 주님이 주시는 마음을 품게 하소서.

🎴 모든 걱정과 염려를 주님께 맡기며 사명을 향해 전진합시다.

새벽을 깨우라

읽을 말씀 : 시편 46:1-11

● 시 46:5 하나님이 그 성 중에 계시매 성이
흔들리지 아니할 것이라 새벽에 하나님이 도
우시리로다

생체주기를 연구하는 틸 뇌네베르크 교수에 따르면 아침형 인
간은 다음의 4가지 큰 유익이 있기 때문에 되도록 아침형 인간
으로 살아가는 것이 좋다고 합니다.

1. 하루가 길어진다.
   나이가 젊을수록 아침에 일찍 일어나는 일의 효과가 크다
   고 합니다. 연구결과 20대의 7시 기상은 50대의 4시 기
   상과 비슷할 정도의 효율을 보였습니다.

2. 집중력이 좋아진다.
   아침에 일찍 일어나면 하루의 주도권을 잡고 생활할 수 있
   습니다.

3. 미리 준비하는 습관이 생긴다.
   일을 하든 공부를 하든 하루의 계획을 세우고 준비할 충분
   한 시간은 오직 이른 아침에만 낼 수 있습니다. 그렇기 때
   문에 습관적으로 부지런한 삶을 살게 됩니다.

4. 나만의 생산적인 시간이 생긴다.
   게임을 하고 영화를 보려고 아침에 일어나는 사람은 거의
   없습니다. 이른 아침에는 대부분 생산적인 일에 시간을 투
   자하게 됩니다.

하루를 미리 준비하며 주님과 함께 시작하는 일만큼 중요한
일은 없습니다. 하나님의 음성을 듣고 말씀을 내 안에 채우는 일
로 하루를 시작하십시오. 아멘!!

♡ 주님! 하루의 시작을 주님께 맞추며 살아가게 하소서.
☒ 지금보다 조금만 더 일찍 일어나 경건의 시간을 가집시다.

성도의 본분

읽을 말씀 : 로마서 8:1-8

● 롬 8:2 이는 그리스도 예수 안에 있는 생명
의 성령의 법이 죄와 사망의 법에서 너를 해
방하였음이라

일제 치하 당시 경찰관을 사직하고 학생들과 만세운동에 참
여했던 정호석 열사는 체포된 후 일본 검사에게 이런 말을 했습
니다.

"눈감고 모른 척 살아가면 내 한 몸 건사하는 건 아무 일도 아
니었습니다. 그러나 고통받고 있는 2천만 동포를 구하기 위해서
한 일이니 결코 목숨이 아깝지 않습니다."

독립선언서를 몰래 사람들에게 배포하다 붙잡힌 김동혁 학생
의 나이는 18세였습니다. 김동혁 학생은 어린 나이였지만 재판
장에서 판사에게 이렇게 선언했습니다.

"조선 사람으로서 당연히 해야 할 일을 했습니다. 내가 한 일
은 좋은 일도, 나쁜 일도 아닌 그저 당연한 일입니다."

이밖에도 수많은 학생들, 열사들, 믿음의 선인들이 '대한독립
만세' 한 마디를 외치기 위해 목숨을 걸고 독립운동에 참여했습
니다.

다른 독립투사처럼 기억되지 못할지라도 나라의 광복을 위해
묵묵히 최선을 다한 사람들이 있었기에, 그리고 주님의 도우심
으로 해방이 올 수 있었습니다.

큰 믿음의 위인으로 기억되지는 못할지라도 주님이 맡겨주신
자리에서 묵묵히 믿음을 지키며 전해나가는 본분을 지키는 그리
스도인이 되십시오. 아멘!!

💙 주님! 목숨을 걸고 할 일을 했던 선조들의 자세를 배우게 하소서.
📖 희생하신 분들을 위해 기도하며 성도의 본분을 행합시다.

마음을 아는 이유

읽을 말씀 : 에베소서 2:11-22

● 엡 2:14 그는 우리의 화평이신지라 둘로 하나를 만드사 원수 된 것 곧 중간에 막힌 담을 자기 육체로 허시고

계모 밑에서 온갖 학대를 받으며 자라는 아이가 있었습니다. 먹을 것도 주지 않아 길가에 버려진 음식과 과일 껍질을 주워 먹으며 살다가 도저히 배고픔을 참지 못해 빵을 훔치다 소년원에 들어갔습니다. 성인이 돼서도 먹고 살기 위해 재차 범죄를 저지르며 전과 9범의 조직폭력배가 됐고, 급기야 세력 다툼 중에 사람을 죽여 무기징역을 선고받았습니다.

모든 것을 포기하고 교도소에서 살아가던 그였지만 하나님은 포기하지 않으셨습니다. 위문집회를 통해 말씀을 듣고 예수님을 믿게 된 그는 언젠가 목사님이 되어 비슷한 고통을 겪는 사람들을 위해 살아가겠다는 놀라운 꿈이 생겼습니다.

믿음이 생기고 교도소에서 공부하며 전도를 하던 그에게 모범수 석방이라는 놀라운 은혜가 찾아왔고 자신과 같이 경제적인 이유로 범죄의 길로 빠지는 사람들이 많다는 것을 알았기에 복음을 전하면서 전과자들이 일을 할 수 있는 일터와 쉼터를 위해 노력해 수십 개의 터를 닦았습니다.

비슷한 처지에 있던 목사님이 전하는 복음은 많은 제소자들의 마음에 전해졌고 지금은 국내를 넘어서 해외 교도소까지 찾아다니며 복음을 전하는 일을 감당하고 계십니다.

같은 고통을 겪어본 사람만이 가장 잘 이해할 수 있습니다. 나의 모든 고통과 슬픔까지도 주님을 위한 일에 쓰임 받기를 기도하십시오. 아멘!!

🤍 주님! 삶의 모든 일들이 주님의 섭리 안에 있음을 인정하게 하소서.
🏃 내가 겪은 아픔과 고난에 처한 사람들을 찾아가 위로합시다.

창조의 신비

읽을 말씀 : 시편 139:13-24

● 시 139:14 내가 주께 감사하옴은 나를 지으심이 심히 기묘하심이라 주께서 하시는 일이 기이함을 내 영혼이 잘 아나이다

미국의 국무장관이었던 윌리엄 제닝스 브라이언은 진화론을 반대하는 이유에 대해서 다음과 같은 말을 했습니다.

"어렸을 때 호기심이 많았던 저는 우연히 수박씨를 연구한 적이 있습니다. 그 작은 수박씨가 어떻게 그렇게 큰 수박이 되는지 너무 궁금했습니다. 책을 보고 선생님을 찾아가고 수많은 자료를 찾아본 결과 수박씨는 자기 질량의 20만 배나 무거운 벽을 뚫고 나온다는 사실을 알게 됐습니다.

어떻게 이런 일이 일어날 수 있을까요?

단지 수박씨 하나일 뿐인데, 그 수박씨가 넝쿨이 되고 넝쿨에서 다시 붉은 과육이 맺히면 생명이 담긴 씨앗이 생기고 하얀 껍질이 생기고 검은 줄무늬가 생기는지….

나는 관찰은 할 수 있지만 왜인지는 설명을 할 수 없었습니다. 작은 수박씨 하나조차도 설명할 수 없는 것이 인간이기 때문에 저는 진화론을 믿지 않습니다."

과학의 발전은 많은 것을 밝혀내고 많은 것을 이루어냈지만 근원 그 자체를 알아낼 수는 없습니다.

넓은 세상에 가득한 주 하나님의 창조의 신비를 느끼며 살아계신 주님을 믿으십시오. 아멘!!

♡ 주님! 인간의 부족함을 통해 주님의 위대하심을 깨닫게 하소서.
▩ 날 위해 모든 세상을 창조하신 주님께 감사와 찬양을 드립시다.

아버지의 손

읽을 말씀 : 고린도후서 1:12-24

● **고후 1:21** 우리를 너희와 함께 그리스도 안
에서 굳건하게 하시고 우리에게 기름을 부으
신 이는 하나님이시니

　사고로 눈가가 크게 찢어져 응급실을 찾은 소녀가 있었습
니다.

　상처 부위가 예민한 곳이라 마취를 할 수 없던 의사는 아버지
께 양해를 구했지만 소녀가 너무 어려서 걱정이었습니다.

　"잠시 뒤에 상처를 꿰맬 텐데 민감한 곳이라 아주 조심해야
해. 잠시만 고통을 참고 가만히 있을 수 있겠니?"

　"의사 선생님, 저는 바늘이 정말 무서워요. 하지만 치료를 받
는 동안 아빠가 옆에 있어 준다면 울지 않을 수 있어요."

　소녀의 말을 들은 의사는 치료하는 동안 아버지가 옆에서 손
을 잡아주도록 했습니다. 곁에 있는 아버지의 손을 잡은 소녀는
10바늘 가까이 꿰매는 동안 조금도 움직이지 않고 무사히 치료
를 마쳤습니다.

　아버지가 손을 잡아준다고 고통이 줄어들거나 치료가 금방 끝
나진 않습니다. 하지만 아버지를 사랑하는 소녀에겐 이 손이 세
상에서의 그 무엇보다도 용기와 힘이 됩니다.

　사랑하는 사람이 곁에 있다는 것이 때로는 무엇보다 큰 용기
가 되기 때문입니다.

　나를 누구보다 사랑하시고 함께 해주시는 주님의 손길과 함께
함으로 세상을 이길 용기를 얻으십시오. 아멘!!

🤍 주님! 나를 안위하는 주님의 손을 느끼며 살게 하소서.
🧎 지치고 힘들 때마다 용기를 주시는 주님을 바라봅시다.

왼손이 모르게

읽을 말씀 : 마태복음 6:1-8

● 마 6:3 너는 구제할 때에 오른손이 하는 것
을 왼손이 모르게 하여

전주 노송동의 주민센터에 한 통의 전화가 걸려왔습니다.

"마을 놀이터 뒤쪽에 있는 숲속 길 첫 번째 가로등에 박스가
있을 겁니다. 거기에 돈이 들어있으니 소년소녀가장들을 위해
사용해주세요."

자신이 누군지 밝히지도 않은 채 전화를 끊어 마치 장난 전화
같았습니다. 그래도 혹시 몰라 직원이 찾아간 장소에는 박스가
있었고 그 안에 무려 5천만 원이 들어있었습니다. 천 원짜리와
동전까지 있는 걸로 봐서는 힘들게 모은 돈이 분명했습니다.

전주시의 '얼굴 없는 천사'로 알려진 이분은 20년 가까이 매년
한 번씩 같은 장소에 돈을 놓는 방식으로 그간 5억 원에 가까운
돈을 기부했습니다.

매번 많은 동전까지 있는 것으로 봐서 어쩌면 수입의 대부분
을 기부하고 있을지도 모르지만 단 한 번도 이름이나 신상을 밝
히지 않아 얼굴 없는 천사에 대해서는 아무것도 알려진 바가 없
습니다.

사람이 아닌 주님을 위해 일할 때 오른손이 하는 일을 왼손이
모르게 할 수 있습니다.

남을 돕고자 하는 감동을 받았을 때 할 수 있는 최선을 다해
선행을 실천합시다. 아멘!!

♥ 주님! 남을 도울 수 있는 여유와 열정을 허락하소서.

🎨 지금 나의 상황에 맞는 기부와 선행방법을 알아보고 실행합시다.

싸우지 않고 이기는 법

읽을 말씀 : 디도서 3:1-11

● 딛 3:9 그러나 어리석은 변론과 족보 이야기와 분쟁과 율법에 대한 다툼은 피하라 이것은 무익한 것이요 헛된 것이니라

제자백가 중 묵가를 창시한 묵자는 '모든 사람을 차별하지 않고 사랑해야 진정한 이익이 된다'고 주장한 사람입니다.

그래서 묵자의 논쟁에서 이기는 법보다는 지혜롭게 갈등을 푸는 방법을 가르쳤고, 전쟁에서 이기는 병법보다는 지지 않는 방법을 가르쳤습니다. 다음은 묵자가 말한 싸우지 않고 승리하는 7가지 방법입니다.

1. 능력을 보여줄 때와 장소를 가려라.
2. 아첨하는 사람은 멀리하고, 책망하는 사람을 가까이 두라.
3. 겸손한 태도로 비판을 수용하라.
4. 이겨도 친구를 잃게 되는 의미 없는 논쟁을 피하라.
5. 새로운 것을 담기 위해 마음을 비워라.
6. 감당할 수 없는 사람은 피하라.
7. 타인의 단점을 지적하지 말고 스스로의 장점을 내세우지 마라.

나에게는 위의 7가지 방법 중 몇가지 모습이 있습니까?

믿지 않는 사람들에게 복음을 전하고 원수도 사랑하란 말씀을 지키기 위해서는 우선 적을 만들어선 안됩니다.

나를 싫어하는 사람과도 친구가 되며 사랑하는 것이 진정으로 승리하는 방법입니다.

원수도 사랑하고 위해서 기도하라는 주님의 말씀을 지키기 위해 노력하십시오. 아멘!!

♥ 주님! 자랑과 승리가 아닌 겸손과 섬김으로 다가가게 하소서.
▧ 항상 겸손한 자세로 다툼을 피하며 말씀대로 삽시다.

정상의 가치

읽을 말씀 : 고린도전서 15:1-11

● 고전 15:2 너희가 만일 내가 전한 그 말을 굳게 지키고 헛되이 믿지 아니하였으면 그로 말미암아 구원을 받으리라

　　최연소 메이저 대회 우승 기록을 가지고 있던 테니스계의 슈퍼스타 보리스 벡커는 자살 시도를 한 뒤 다음과 같은 말을 했습니다.

　　"어렸을 때부터 최고의 테니스 선수가 되기만을 꿈꿨습니다. 그리고 윔블던 우승을 2번이나 하며 그 꿈을 이뤘습니다.

　　가지고 싶은 건 뭐든지 가질 수 있는 부자가 됐고, 그토록 꿈에 그리던 소원들을 이뤘습니다.

　　하지만 내 마음엔 평화가 없었고 그저 꼭두각시처럼 살아왔다는 생각이 들었습니다."

　　국내의 한 유명한 철학자는 은퇴를 하며 다음과 같은 소회를 남겼습니다.

　　"인생의 답이 무엇인지를 찾기 위해 평생 헤맸지만 결국 답이 없다는 답만을 얻었습니다."

　　해외의 유명한 한 작가는 인터뷰에서 어렸을 때 알았다면 좋았을 사실 한 가지에 대해 이렇게 말했습니다.

　　"정상에 도달해봐야 아무것도 없다는 것"

　　인생의 중요한 가치는 복음의 유무에 있습니다.

　　날 위해 피 흘리신 예수님이 없이는 그 어떤 가치와 성취도 소용없다는 사실을 깨달으십시오. 아멘!!

💚 주님! 순간순간 주님이 흘리신 보혈의 능력을 깨닫게 하소서.

📖 혹시 요즘 주님의 영광보다는 나의 자랑을 위해 사는지 살펴봅시다.

희망이 존재하는 곳

읽을 말씀 : 베드로전서 1:13-25

● 벧전 1:21 너희는 그를 죽은 자 가운데서 살리시고 영광을 주신 하나님을 그리스도로 말미암아 믿는 자니 너희 믿음과 소망이 하나님께 있게 하셨느니라

영국의 유명한 화가 프레드릭 왈츠가 자신의 새로운 작품을 공개하는 날이었습니다. 어두운 지구 위에 비파를 가슴에 끌어안고 쓰러져 있는 여인의 모습은 금방이라도 숨을 거둘 것 같았습니다.

시력을 잃었는지 눈은 가려져 있었고 들고 있는 비파의 현은 한 줄을 남기고는 모두 끊어져 있었습니다.

몽환적이고 초현실적이었던 이 작품은 평론가들의 마음을 사로잡았습니다. 한참 동안 그림을 보던 평론가들은 그림의 제목이 '절망'일 것이라고 예상했습니다.

그림의 모든 표현이 절망적인 상황을 나타내고 있었기 때문이었습니다.

잠시 뒤 왈츠가 앞으로 나와 작품의 이름을 발표했습니다.

"지금 여러분이 보고 계시는 작품의 이름은 '희망'입니다."

평론가들이 이해할 수 없다는 반응을 보이자 왈츠가 그 이유를 설명했습니다.

"희망 뒤에는 희망이 있을 수 없습니다. 언제나 절망 뒤에만 희망이 존재하기 때문입니다."

죽을 수밖에 없는 우리였기에 주님이란 희망이 존재할 수 있었습니다.

나를 위해 세상에 오신 주님을 바라보며 영원한 희망을 품으십시오. 아멘!!

♡ 주님! 사망의 골짜기에서도 지켜주시는 주님을 믿게 하소서.
▦ 절망 속에서도 주님을 바라보며 희망을 품읍시다.

다섯 번의 죽음

읽을 말씀 : 전도서 3:16-22

● 전 3:17 내가 내 마음속으로 이르기를 의인과 악인을 하나님이 심판하시리니 이는 모든 소망하는 일과 모든 행사에 때가 있음이라 하였으며

광고회사에서 일하는 한사 버그웰은 업무차 히말라야를 방문한 적이 있었습니다. 한 번의 방문으로 히말라야의 문화에 푹 빠진 그는 지역 문화에 대해 공부하기 시작했는데 그러던 중 다음과 같은 부탄의 속담을 알게 됐습니다.

"하루에 다섯 번의 죽음을 떠올려야 진정으로 행복해질 수 있다."

이 속담을 잊을 수가 없었던 버그웰은 하루 5번의 시간을 정해 죽음에 대해서 생각하기 시작했습니다.

그런데 이상한 일이 일어났습니다.

죽음을 생각하는 것만으로도 삶이 풍요로워졌습니다. 언젠가 어떻게든 죽는다는 생각에 지금 시간을 더 소중히 여기며 살아가게 됐습니다.

버그웰은 이 경험을 바탕으로 불특정한 시간에 하루 5번 '죽음에 대한 명언'을 보내주는 앱을 개발했는데 유료임에도 수만 명의 사람들이 사용하고 있을 정도로 큰 인기를 끌고 있습니다.

오늘 내가 죽는다면, 혹은 조만간 죽을 예정이라면 하루를 어떻게 보내시겠습니까?

주님이 허락하신 소중한 시간을 낭비하지 않도록 영원한 것을 위해 삶을 투자하십시오. 아멘!!

♥ 주님! 죽음 뒤의 심판을 피할 수 없음을 기억하며 살아가게 하소서.
▨ 죽음을 앞두고 가장 먼저 할 일이 무엇인지 생각해봅시다.

두 가지 실천

8월 24일

읽을 말씀 : 야고보서 1:19-27

● 약 1:25 자유롭게 하는 온전한 율법을 들여 다보고 있는 자는 듣고 잊어버리는 자가 아 니요 실천하는 자니 이 사람은 그 행하는 일 에 복을 받으리라

펩소던트 컴퍼니의 찰스 럭맨 회장은 중년의 나이에 무일푼에 서 시작해 백만장자가 됐습니다.

찰스 회장은 사람들이 자수성가의 비결이 무엇인지 물을 때마 다 2가지 비결이 있다며 다음과 같이 대답했습니다.

첫째, 매일 새벽 5시에 일어나는 것.

둘째, 하루의 할 일을 적는 것.

찰스 회장은 정확히 이 일을 시작한 지 11년 만에 지금처럼 성공할 수 있었다고 말했습니다.

또한 그동안 가장 어려웠던 일에 대해서는 다음과 같이 말했 습니다.

"많은 어려운 순간들이 있었지만 가장 힘들었던 것은 아침에 적어 놓은 목록대로 하루를 살아가는 것이었습니다."

방법을 몰라 실패하는 사람은 거의 없습니다.

가르쳐 주신 말씀대로 실천할 때 인생도, 신앙도 성공할 수 있습니다.

사람들이 성공하지 못하는 이유는 아는 것이 문제가 아니라 실천하는 것이 문제입니다.

신앙도 마찬가지입니다.

주님이 가르쳐주신 말씀을 지금 아는 것만큼이라도 실천하십 시오. 아멘!!

♡ 주님! 가르쳐주신 말씀을 배우고 깨달아 실천하게 하소서.

🎴 위의 방법을 따라 일도 신앙도 하루를 정리하며 시작합시다.

먼저 베풀라

읽을 말씀 : 잠언 11:24-31

● 잠 11:25 구제를 좋아하는 자는 풍족하여 질 것이요 남을 윤택하게 하는 자는 자기도 윤택하여지리라

사업 실패로 큰 빚을 진 제임스 스미스는 궁여지책으로 제약 회사의 외판원이 됐습니다. 빚을 해결하기 위해 1년 치 연봉을 미리 받는 조건으로 입사했지만 2주일이 지나도록 약을 하나도 팔지 못했습니다. 아무리 생각해도 외판원이 적성이 아닌 것 같았지만 1년 치 연봉을 미리 받았기 때문에 어쩔 도리가 없었습니다. 울며 겨자 먹기로 일을 하던 제임스에게 관절염으로 고생하던 이웃의 한 주부가 집안일을 부탁했는데 마침 외판원 일을 하기 싫었던 제임스는 흔쾌히 수락했습니다. 여러 가지 집안일을 도와주며 대화를 나누던 중 주부는 제임스가 제약회사에서 일한다는 사실을 알게 됐습니다.

"그렇다면 관절염 약도 팔겠군요?"

주부는 그날부터 제임스를 통해 비싼 관절염약을 정기적으로 주문했습니다. '남에게 도움을 주면 물건은 알아서 팔린다'는 교훈을 얻은 제임스는 이후 최고의 실적을 올렸습니다.

25년 뒤 전설의 세일즈맨으로 불리게 된 제임스 스미스는 신입사원들에게 입버릇처럼 이런 말을 했습니다.

"성공하고 싶은가? 먼저 남을 위해 베풀라!"

예수님처럼 낮은 모습으로 세상을 섬길 때 진리의 복음도 수월히 전파됩니다.

복음을 전한다는 사명감을 가지고 먼저 섬기고, 먼저 베푸십시오. 아멘!!

🖤 주님! 사랑과 관심으로 복음을 전하는 제자가 되게 하소서.
▓ 전도대상자들에게 내가 할 수 있는 최선의 도움을 드립시다.

완벽한 본

읽을 말씀 : 고린도전서 11:1-7

●고전 11:1 내가 그리스도를 본받는 자가 된 것 같이 너희는 나를 본받는 자가 되라

　　부족간 전쟁을 치르는 인디언 마을의 주변에는 발자국이 하나밖에 없습니다. 사람이 몇 명인지, 행선지가 어디인지 알려주지 않기 위해서 추장이 먼저 걸어간 발자국을 따라 모든 부족원들이 따라 걷기 때문입니다. 마을을 떠나 다른 곳으로 이주할 때도 마찬가지입니다.

　　인디언의 이런 행동을 모르는 일반 부족들은 발자국 수가 적다고 섣불리 행동하다 생각 외의 많은 적에 당황해서 지는 경우가 아주 많고, 도망칠 때도 발자국이 하나뿐이기 때문에 다른 사람들의 수많은 발자국과 헷갈려 추적하기가 어렵습니다.

　　뛰어난 음악가이자 의사, 신학자였던 슈바이처 박사에게 많은 부모님들이 다재다능한 자녀로 키우기 위한 비결이 무엇인지를 물었습니다.

　　슈바이처 박사는 항상 이렇게 대답했습니다.

　　"첫째도 본, 둘째도 본, 셋째도 본입니다. 부모가 제대로 본을 보이면 자녀는 알아서 성장합니다."

　　제자란 스승에게 배운 것을 토대로 스승과 같은 삶을 살아가기를 소망하는 사람입니다. 우리가 정말로 그리스도의 제자라면 가장 완벽한 본을 보여주신 주님의 발자취를 따라가려고 노력하고 또 노력해야 합니다.

　　내 삶 가운데 먼저 가신 주님의 발자취만 남기십시오. 아멘!!

♡ 주님! 말씀과 삶을 나눠서 생각하지 않게 하소서.

🎌 하루에 한 절이라도 말씀을 삶으로 실천합시다.

끊임없이 초청하라

읽을 말씀 : 요한복음 4:28-39

● 요 4:29 내가 행한 모든 일을 내게 말한 사람을 와서 보라 이는 그리스도가 아니냐 하니

음료 무료 쿠폰을 준다는 소식을 듣고 한 회사원이 한 프랜차이즈 커피숍의 모바일 결제 앱을 깔았습니다. 5천 원 상당의 커피를 무료로 마신 회사원에게 다음과 같은 알림이 왔습니다.

"커피 맛있게 드셨나요? 다음 주문 땐 무료로 사이즈업이 가능합니다."

다음 날 회사원은 회사 근처의 저렴한 커피숍을 마다하고 프랜차이즈 커피숍에 들러 가장 비싼 음료를 시키고 사이즈업 서비스를 이용했습니다. 그러자 다시 알림이 왔습니다.

"두 번째 이용 축하드려요. 서비스로 30개의 스티커를 드립니다. 100개를 모으면 레벨이 오르면서 혜택이 쏟아집니다."

이용할 때마다 쏟아지는 혜택에 한 번, 두 번 이용하다 보니 어느새 커피숍의 VIP가 됐습니다. 커피전문점 S의 실제 모바일 결제 앱 운영방식입니다.

이런 시스템 덕분인지 최근 자료에 따르면 S 모바일 앱이 미국의 어떤 신용카드보다 더 많이 쓰이는 모바일 결제 시스템이라고 합니다.

교회에 다니지 않는 사람도 교회에 편하게 올 수 있게 하는 방법이 필요합니다.

교회가 운영하는 카페와 다양한 공연들, 그리고 근처에서의 교제로 전도대상자들을 교회와 친근하게 만드십시오. 아멘!!

💚 주님! 영혼 구원을 위해 포기하지 않고 다가가게 하소서.

🖼 전도대상자들을 최대한 자주 교회로 초청합시다.

지나간 기회

읽을 말씀 : 시편 119:32-37

● 시 119:37 내 눈을 돌이켜 허탄한 것을 보지 말게 하시고 주의 길에서 나를 살아나게 하소서

꿈 많은 청년 데이비드는 따분한 시골을 벗어나 직장을 구하러 도시로 떠나는 중이었습니다. 숲을 지나가다 타고 있던 마차가 고장이 나자 데이비는 하인이 수리하는 동안 그늘진 곳에서 기분 좋게 낮잠을 잤습니다. 잠시 뒤 수수한 차림의 노부부가 데이비드 앞에서 대화를 나눴습니다.

"그동안 모은 재산을 저 청년에게 물려주면 어떨까요?"

한참을 대화해도 데이비드가 일어나지 않자 노부부는 그냥 가던 길을 향했습니다. 잠시 뒤에는 어여쁜 아가씨가 데이비드를 보고 한눈에 반해 말을 걸려 했으나 여전히 자고 있어 망설이다 발걸음을 옮겼습니다.

곧이어 강도가 나타나 데이비드를 죽이려 칼을 꺼냈는데 어디선가 사냥개가 짖는 소리가 들려 겁을 먹고 도망쳤습니다.

잠깐 잠든 사이 데이비드는 백만장자가 될 수도 있었고, 결혼을 할 수도 있었고, 목숨을 잃을 수도 있었습니다. 그러나 아무것도 모른 채 잠에서 깬 데이비드는 수리한 마차를 타고 다시 갈 길을 떠났습니다.

나다니엘 호손의 '데이비드 스완'이라는 소설의 내용입니다.

사람의 마음속은 누구도 알 수 없기에 우리는 수시로 사랑을 담아 복음을 전해야 합니다.

오늘 찾아온 그 사람과의 만남이 복음을 전할 절호의 기회가 될 수도 있다는 사실을 기억하십시오. 아멘!!

♡ 주님! 복음을 전하는 것이 평범한 일상이 되게 하소서.

🎴 성령의 감동을 따라 과감한 전도를 위한 용기를 냅시다.

8월 29일

톨스토이의 교훈

읽을 말씀 : 야고보서 4:11-17

● 약 4:14 내일 일을 너희가 알지 못하는도다 너희 생명이 무엇이냐 너희는 잠깐 보이다 가 없어지는 안개니라

　세상의 향락을 쫓아 살다가 뒤늦게 회심한 톨스토이는 자신의 깨달음을 사람들에게 글로 알리고자 많은 노력을 했습니다.
　다음은 톨스토이가 말한 인생의 10가지 교훈입니다.
　01. 사람을 위해 시간을 낸다면 성공할 것입니다.
　02. 생각을 위해 시간을 낸다면 힘을 얻을 것입니다.
　03. 운동을 위해 시간을 낸다면 젊음을 얻을 것입니다.
　04. 독서를 위해 시간을 낸다면 지혜를 얻을 것입니다.
　05. 친절을 위해 시간을 낸다면 행복을 얻을 것입니다.
　06. 꿈을 위해 시간을 낸다면 인생을 얻을 것입니다.
　07. 사랑을 위해 시간을 낸다면 구원을 얻을 것입니다.
　08. 주변을 살피는데 시간을 낸다면 여유를 얻을 것입니다.
　09. 웃음을 위해 시간을 낸다면 영혼을 얻을 것입니다.
　10. 기도를 위해 시간을 낸다면 영원을 얻을 것입니다.
　가만히 있어도 흘러가는 시간을 어떻게 사용하는지가 인생에서 가장 중요한 일입니다.
　하나님을 만나고 난 뒤의 시간은 결코 이전과 같아선 안 됩니다.
　영원한 일을 위해, 주님이 맡겨주신 사명을 위해 시간을 투자하십시오. 아멘!!

♡ 주님! 모든 시간을 의미 있는 일에 사용하게 하소서.
▨ 영원한 것을 위해 더 많은 시간을 투자합시다.

세 가지 검증

읽을 말씀 : 빌립보서 1:3-11

● 빌 1:6 너희 안에서 착한 일을 시작하신 이가 그리스도 예수의 날까지 이루실 줄을 우리는 확신하노라

철학의 시작이라 불리는 소크라테스는 제자들에게 말을 하기 전에 다음의 3가지를 따져보라고 가르쳤습니다.

1. 진실인가?
   진실이라고 확신할 수 없는 내용이라면 다른 사람에게 전할 이유가 없기 때문입니다.

2. 선의인가?
   진실이 아니더라도 다른 사람을 위해 하는 말이라면 말할 가치가 있다고 소크라테스는 말했습니다.

3. 중요한가?
   옆 나라 군대가 쳐들어올지 모른다는 말은 진실도 아니고 선의도 아니지만 목숨을 지킬 수도 있는 중요한 내용입니다.

소크라테스는 이 3가지 사항에 하나라도 해당되지 않는다면 말을 해선 안 된다고 생각했습니다.

조금 더 생각하고, 조금 더 사랑을 담는다면 우리가 하는 말로 인해 세상은 더 행복해지고 풍성해질 것입니다.

한 번 더 다른 사람의 입장에서 생각하는 습관으로 입술을 지혜롭게 사용하십시오. 아멘!!

♡ 주님! 말에도 주님이 주신 사랑이 담기게 하소서.

▧ 다른 사랑을 향한 악담과 소문은 결코 입에 올리지 맙시다.

도미노 효과

읽을 말씀 : 에베소서 4:25-32

● 엡 4:27 마귀에게 틈을 주지 말라

저명한 과학자 화이트헤드 박사는 평소 취미로 즐기는 도미노에 대해 연구한 적이 있습니다.

박사의 연구결과 이론적으로 하나의 도미노는 쓰러지면서 1.5배 더 큰 도미노를 쓰러뜨릴 수 있었습니다. 그러나 심심풀이로 이론을 연구한 것이기 때문에 실험은 진행하지 않았습니다.

그로부터 20년 뒤 한 물리학자가 화이트헤드 박사의 이론이 정말인지 실험을 했습니다. 맨 처음 5cm의 도미노를 시작으로 7.5cm의 도미노, 11cm의 도미노가 차례차례 무너졌고 마지막 1m의 거대한 도미노까지 쓰러졌습니다.

이 실험으로 인해 '도미노 효과'라는 말이 유행하게 됐는데 작은 도미노가 점점 큰 도미노를 무너뜨릴 힘을 얻듯이 어떤 작은 일을 통해 더 좋은 일이나, 좋지 않은 일들이 점점 크게 일어나는 것이 바로 '도미노 효과'입니다.

큰 성공이나 실패는 예상치 못한 작은 일로부터 시작되는 경우가 많습니다.

오늘 한 구절의 묵상과 진심으로 드린 한 번의 기도가 나의 신앙과 인생을 바꿀 터닝 포인트가 될지도 모릅니다.

언제나 전심을 다해 주님을 찬양하며 예배하십시오. 아멘!!

♥ 주님! 더 나은 결과를 위한 작은 성공을 허락해주소서.

🎨 일도 신앙도 작은 일들을 놓치지 말고 최선을 다합시다.

9

"내가 평안히 눕고 자기도 하리니
나를 안전히 살게 하시는 이는
오직 여호와이시니이다"
- 시편 4:8 -

9월 1일

멈출 수 없는 사명

읽을 말씀 : 사도행전 20:17-24

● 행 20:24 나의 달려갈 길과 주 예수께 받은 사명 곧 하나님의 은혜의 복음 증거하는 일을 마치려 함에는 나의 생명을 조금도 귀한 것으로 여기지 아니하노라

『복음 전파의 사명에는 은퇴가 없다. 그 거룩한 직임에는 임기도 없다. 나는 요즘도 새벽 일찍 일어나 기도로 하루를 시작한다. 극동방송 전파선교사와 운영위원, 재단 이사와 임직원, 방송 청취자들을 위해서도 빠짐없이 기도한다. 지금 이 글을 읽고 있는 소중한 한 영혼을 위해서도 기도한다. 말씀을 전파해야 할 곳이라면 어디든지 달려간다. 전도를 위해 만나야 할 사람이 있다면 곧장 일어선다. 나의 도움을 필요로 하는 사람들을 만나기 위해 부지런하게 움직인다. 아직도 오라는 곳, 만나야 할 사람, 달려가야 할 곳, 해야 할 일이 많고 많다.

나의 일정은 대부분 복음 전파와 관련돼 있다. 설령 초기에는 복음과 관련돼 있지 않은 일이라도 나는 그 일을 복음 전파가 되는 일로 만들려 애쓴다. 전도는 내가 죽는 날까지 계속될 것이다. 호흡이 멈추는 그 시간까지 이어질 것이다.

'잠 한번 실컷 자봤으면 좋겠다'는 작은 바람이 있지만, 영원한 안식에 들어가는 그 날에나 이루어지지 않을까 싶다.

하지만 나는 하루하루가 기쁘다. 매일 매일 더욱 새로워지는 복음 전파의 싱싱한 사명으로 나의 심장이 펄떡이고 있기 때문이다.』 - 김장환 목사 3E인생에서 발췌

그리스도인의 사명은 세상에서의 삶이 끝나는 날까지 계속됩니다. 하나님의 사명을 위해 사셨던 예수님처럼 사명자로 삶의 마지막까지 살아가는 참된 제자가 됩시다. 아멘!!

🤍 주님! 주님이 맡겨주신 사명의 소중함을 깨닫게 하소서.
🧎 하루가 지날수록 주님이 주신 사명을 위해 정진하는 삶을 삽시다.

모두를 위한 복음

읽을 말씀 : 골로새서 1:9-23

● 골 1:23 … 이 복음은 천하 만민에게 전파된
　바요 나 바울은 이 복음의 일꾼이 되었노라

　　퇴계 이황이 집에서 제자들을 가르치고 있을 때였습니다.
　　문틈 사이로 마당에 낯선 그림자가 있는 것이 보여 문을 열
어보니 마을의 대장장이가 한쪽에 서서 강의를 엿듣고 있었습
니다.
　　"자네가 마당에 어인 일인가?"
　　"어르신의 가르침을 마당에서 주워듣고 있었습니다."
　　글도 모르는 일자무식 대장장이가 가르침을 듣고 있었다는 소
리에 몇몇 제자들은 웃음을 참지 못했습니다.
　　그러나 이황은 대장장이의 가르침에 대한 열망을 좋게 평가해
들은 내용이 이해가 되냐고 물었고 대장장이는 이렇게 대답했습
니다.
　　"가르쳐주신 내용을 정확히는 모르겠지만 마음이 즐거워집니
다. 진리란 머리로는 몰라도 가슴으로 느껴지는 것 같습니다."
　　대답을 들은 이황은 크게 기뻐하며 배순이라는 이름을 가진
대장장이를 제자로 받아들였습니다.
　　복음은 세상의 모든 사람을 위한 하나님의 선물입니다.
　　참된 진리는 머리로 아는 것보다 가슴으로 느끼는 것이 더 중
요합니다.
　　나를 구원하기 위한 주님의 뜨거운 사랑을 마음으로 느끼십시
오. 아멘!!

♡ 주님! 주님의 간절한 열망을 말씀을 통해 느끼게 하소서.
▨ 복음을 뜨거운 열정과 함께 세상에 전합시다.

성공을 만드는 습관

읽을 말씀 : 히브리서 10:19-25

● 히 10:25 모이기를 폐하는 어떤 사람들의 습관과 같이 하지 말고 오직 권하여 그 날이 가까움을 볼수록 더욱 그리하자

소위 백만장자라 불리는 성공한 사람들에겐 특별한 비결이 있었을까요?

백만장자들의 재무설계사였던 토마스 콜리는 자신이 만난 백만장자들에게는 공통된 습관이 있다는 것을 알게 됐습니다.

다음은 토마스가 조사한 백만장자 200여 명의 공통된 습관입니다.

01. 독서를 쉬지 않았다.
02. 체력을 위한 적당한 운동을 했다.
03. 일터에 가기 전 최소 3시간 전에 일어났다.
04. 자신만의 뚜렷한 목표가 있었다.
05. 하루 15분 이상 기도나 묵상 또는 명상을 했다.
06. 모든 사람에게 기본적인 예의를 지켰다.
07. 힘들 때 길잡이가 될 멘토가 있었다.
08. 집단에 끼기 위해 무리하지 않았다.
09. 다른 사람을 이유 없이 돕기도 했다.
10. 피드백에 긍정적인 반응을 보였다.

좋은 습관은 좋은 결과를 만듭니다.

지금 나의 삶과 신앙이 불만족스럽다면 성공을 위한 습관을 만들어야 합니다.

주님의 마음을 깨닫고 더 나은 믿음으로 성장시켜주는 좋은 습관을 기르십시오. 아멘!!

♡ 주님! 하나님의 일을 감당하기 위한 좋은 습관을 살피게 하소서.
▩ 성장을 위해 필요한 좋은 습관들을 추가합시다.

보다 귀한 헌신

읽을 말씀 : 고린도후서 9:9-15

● 고후 9:12 이 봉사의 직무가 성도들의 부족한 것을 보충할 뿐 아니라 사람들이 하나님께 드리는 많은 감사로 말미암아 넘쳤느니라

충북 영동 한 시골 마을의 목사님은 평일에도 쉬지 않고 불려다닙니다. 일흔이 넘은 분들이 대다수인 마을이라 모내기를 할 때는 일손이 부족하다고 목사님을 초청하고, 집안에 전등을 갈 때도 목사님을 부릅니다. 아이들이 학교가 끝나고 갈 곳이 없을 때는 목사님과 여름엔 축구를, 겨울엔 썰매를 탑니다.

"보일러가 고장 났는데 고치는 법을 모르겠다"며 새벽에도 목사님에게 전화를 걸며 때로는 꿀 따는 일까지 부탁을 합니다. 대부분 교회 성도도 아닌데 스스럼없이 목사님에게 도움을 요청할 수 있는 것은 목사님이 "이럴 때 불러주세요"라고 적힌 전단지를 만들어서 돌릴 정도로 마을 사람들에게 부담없이 다가가려고 했기 때문입니다.

교회에 나와도, 나오지 않아도 마을에서 필요한 일을 하면서 100마디 말보다 한 번의 도움을 주며 진정한 소통을 하고자 했던 것이 목사님의 목표였기 때문입니다. 그래서 이 마을에서는 교회에 다니지 않는 사람들도 가장 쉽게 부르고 속마음을 터놓을 수 있는 사람이 목사님입니다.

'목사사용설명서'의 저자인 물한계곡교회 김선주 목사님의 이야기입니다.

많은 말보다 확실한 한 번의 도움이 복음을 향한 마음을 열게 하고 교회로 발걸음을 인도하는 헌신이 될지 모릅니다.

도울 수 있을 때 망설임 없이 소매를 걷으십시오. 아멘!!

♡ 주님! 아는 것을 실천하며 행동하는 그리스도인이 되게 하소서.

▧ 어려움에 처한 이웃의 모습을 봤을 땐 솔선수범합시다.

9월 5일

포기하지 않으면

읽을 말씀 : 시편 138:1-8

● 시 138:3 내가 간구하는 날에 주께서 응답
하시고 내 영혼에 힘을 주어 나를 강하게 하
셨나이다

  미국 텍사스주의 한 마을에 엄청난 폭풍이 다가오고 있었습
니다.
  마을 전체가 물에 잠길 수도 있다는 경고에 지역 주민들은 황
급히 대피하고 있었는데 대피 중이던 차량 한 대가 빗길에 미끄
러져 도랑에 빠졌습니다. 이 차는 거꾸로 뒤집혀 도랑에 빠져 있
었고 몰아치는 비바람에 물줄기가 거세 구조가 쉽지 않은 상황
이었습니다.
  하지만 대피 중이던 마을 사람들은 도랑에 빠진 차를 보자마
자 차를 멈추고 구조를 위해 뛰어들었습니다. 물길을 몸으로 막
으며 겨우 차량의 문을 연 사람들은 4명의 가족을 구출했고, 부
모님과 큰딸은 무사했지만 갓난아기가 숨을 쉬지 않았습니다.
  폭풍은 다가오고 구조대원도 언제 올지 모르는 급박한 상황
가운데 톰이라는 남자는 아기에게 심폐소생술을 실시했습니다.
어떤 사람들은 구조대에 계속해서 전화를 걸었고, 또 어떤 사람
들은 하나님께 기도를 했습니다.
  사람들의 간절한 마음이 통했는지 아기는 곧 숨을 쉬었고 폭
풍 속에서도 한 가족을 구하기 위해 도랑에 뛰어든 사람들 덕분
에 한 가족은 무사히 생명을 건졌습니다.
  포기하지 않는 사람에게 기적은 일어납니다. 죄에 빠진 우리
들을 끝까지 포기하지 않으셨던 주님처럼 아직 믿지 않는 영혼
들을 위해 포기하지 말고 기도하며 복음을 전하십시오. 아멘!!

🩷 주님! 구원을 이루실 성령님을 믿으며 맡은 소임을 다하게 하소서.
🖼 전도대상자들을 향한 관심과 노력을 끝까지 포기하지 맙시다.

사랑에 집중하라

읽을 말씀 : 마가복음 12:35-44

● 막 12:31 둘째는 이것이니 네 이웃을 네 자
신과 같이 사랑하라 하신 것이라 이보다 더
큰 계명이 없느니라

영국 세인트 조지 대학의 제임스 어스킨 교수는 사람들을 세
그룹으로 나누어 실험을 했습니다.
1. 첫 번째 그룹
실험에 참여하기 전 초콜릿에 관한 이야기를 하며 초콜릿
을 떠올리게 만들었습니다.
2. 두 번째 그룹
초콜릿에 대해서 절대로 생각하지 말라고 주의를 줬습니
다.
3. 세 번째 그룹
아무런 지시를 하지 않았습니다.
몇 분이 지난 뒤 다른 실험에 대한 이야기를 하며 자연스럽게
먹을거리로 초콜릿이 주어졌는데 이때 초콜릿에 대한 대화를 나
눈 그룹과 아무 지시가 없던 그룹에 비해서 초콜릿을 생각하지
말라고 했던 그룹은 2배가 넘게 초콜릿을 먹었습니다.
'하지 말아야 한다는 생각'도 이미 그 일에 대한 집중이 되기
때문에 행동에 좋지 않은 영향을 미치게 됩니다.
죄와 욕심에서 벗어나려고 발버둥 치는 것보다 주님이 주시는
은혜와 사랑에 집중하십시오. 아멘!!

♡ 주님! 성령의 열매를 담는 깨끗한 그릇이 되게 하소서.
▨ 긍정적인 믿음의 생각만 하며 삽시다.

어떻게 쓸 것인가

읽을 말씀 : 창세기 49:22-33

● 창 49:22 요셉은 무성한 가지 곧 샘 곁의 무성한 가지라 그 가지가 담을 넘었도다

일제 치하에서 조국에 희망이 없다고 생각한 한 청년이 빈손으로 무작정 미국으로 건너갔습니다.

철도건설 노동자로 일을 하다가 미국의 비옥하고 광활한 토지를 본 청년은 이곳에서 농사를 지어야겠다는 생각을 했습니다. 밀과 옥수수, 감자를 주로 키우는 미국에서 청년은 당당히 쌀을 재배하기 시작했는데 때마침 쌀에 대한 수요가 늘어나면서 엄청난 성공을 거뒀습니다.

빈손으로 미국에 갔던 청년은 재미동포 최초의 백만장자 '김종림'으로 불렸습니다.

미국에서 큰 성공을 거두자 김종림 씨의 마음속에는 조국을 향한 그리움도 점점 커졌습니다. 철도노동자 시절부터 적은 일당을 떼어 독립을 위한 일에 기부하던 김종림 씨는 백만장자가 되고 나서는 혼자서 대한민국 공군을 세웠다고 할 정도로 독립운동을 위해 거액을 쾌척했습니다.

김종림 씨는 독립운동을 위해 가장 많은 돈을 기부한 사람이었지만 사람들에게는 업적을 거의 드러내지 않아 아들도 아버지의 업적에 대해서 거의 몰랐다고 합니다.

많은 것보다 중요한 것은 바르게 사용하는 것입니다.

주님이 주신 귀한 큰 복을 나만을 위해 사용하지 말고 나라를 위해, 교회를 위해, 주님을 위해 사용하십시오. 아멘!!

🖤 주님! 주신 것에 감사하며 나누는 축복을 알게 하소서.

🎴 복음을 위한 일에 작정 헌금을 시작합시다.

강아지와 사랑

읽을 말씀 : 갈라디아서 5:2-15

● 갈 5:13 형제들아 너희가 자유를 위하여 부르심을 입었으나 그러나 그 자유로 육체의 기회를 삼지 말고 오직 사랑으로 서로 종 노릇 하라

  사업 실패로 큰 빚을 지고 마약에 빠졌다가 노숙자가 된 존 돌렌은 길거리에서 구걸을 하며 하루하루 살고 있었습니다.

  하루는 자기 몸도 챙기기 어려운 존에게 노숙자 친구가 작고 귀여운 강아지 한 마리를 선물로 줬습니다. 처음엔 키울 환경이 되지 않아 그냥 모른 척하려 했으나 강아지는 존의 주위를 떠나지 않았습니다. 존은 강아지와 함께 생활하며 잊었던 행복을 다시 찾은 느낌이었습니다. 먹을 것도 나눠 줘야 했고, 귀찮아도 씻겨야 했지만 그래도 강아지가 있어 행복했습니다.

  그런데 강아지를 점점 사랑할수록 존의 심경에 변화가 생기기 시작했습니다. 자신이 빨리 죽거나 감옥에 간다면 강아지가 홀로 버려진다는 생각에 새로운 삶을 살아야겠다고 생각하게 된 것입니다. 존은 강아지로 인해 수년간 청산하지 못했던 마약을 끊었고 돈이 생기면 신선한 음식을 먹기 시작했습니다. 존은 사랑하는 강아지를 그림으로 그려 거리에서 판매했는데 사랑이 느껴지는 존의 강아지 그림은 큰 인기를 끌며 3년 만에 자립할 수 있는 원동력이 됐고 개인 전시회를 열 정도로 이름 있는 화가로 인정받게 됐습니다.

  사랑은 모든 것을 변화시킵니다. 죽어가는 우리를 그냥 볼 수 없었기에 주 하나님은 예수님을 통해 가장 진실한 사랑을 보여 주셨습니다.

  그 사랑을 통해 새로운 삶으로 변화되십시오. 아멘!!

♡ 주님! 날마다 새로운 삶으로 변화시켜 주소서.
▨ 불가능이 없는 주님의 사랑으로 새로운 삶을 살아갑시다.

9월 9일

편견의 진실

읽을 말씀 : 야고보서 3:13-18

● 약 3:17 오직 위로부터 난 지혜는 첫째 성결하고 다음에 화평하고 관용하고 양순하며 긍휼과 선한 열매가 가득하고 편견과 거짓이 없나니

세계적인 여론조사기관 '모리'의 바버 더피 연구소장은 일을 하다가 깜짝 놀랄만한 사실을 알게 됐습니다.

프랑스 사람들의 10%가 아직도 지구가 평평하다고 믿는다는 자료를 본 그는 도저히 믿을 수가 없었습니다.

'아직도 지구가 네모라고 믿는 사람들이 있다고?'

그러나 연구결과는 분명한 사실이었습니다.

이 사실에 충격을 받은 그는 자기가 믿고 있던 사실들이 얼마나 진실에 가까운지를 조사해봤습니다.

그 결과 자신뿐 아니라 사람들이 믿고 있는 지식 중에 진실에 가까운 것은 거의 존재하지 않았습니다.

예를 들어 한국 사람들은 사회구성원 중 노인 인구가 30%나 된다고 느끼지만 실제로는 절반인 15%였고, 1%의 사람이 99%의 부를 독점하고 있다는 말이 떠돌지만 50%도 되지 않았습니다.

내가 믿고 있는 많은 진실들도 어쩌면 나의 편견과 고집이 만들어낸 허상일지 모릅니다.

내가 생각하고 싶은 대로 생각하고 믿고 싶은 대로 믿는 것이 아니라 주님이 가르쳐 주신 대로 이웃을 용서하고 형제자매를 사랑하십시오. 아멘!!

♥ 주님! 사랑을 가로막는 장애물들을 눈 녹듯이 없애주소서.

📖 세상과 사회를 바라볼 때 최대한의 편견을 배제합시다.

선행과 행복

읽을 말씀 : 시편 37:1-9

● 시 37:3 여호와를 의뢰하고 선을 행하라 땅에 머무는 동안 그의 성실을 먹을 거리로 삼을지어다

하루에 한 가지씩 착한 일을 하기로 결심한 사람이 있었습니다.

하루는 수업에 빠진 친구에게 노트를 빌려줬고 다음 날은 헌혈을 했습니다. 그리고 일주일 동안 7개의 선행을 빠짐없이 실천했습니다.

그리고 일주일에 하루를 선행의 날로 정해서 실천하는 사람이 있었습니다. 마음먹은 요일이 되면 아침부터 저녁까지 최소 7개의 선행을 실천하며 하루를 보냈습니다. 어떤 방식으로 선행을 실천한 사람의 인생이 더 행복해졌을까요?

미국의 심리학자 소냐 류보머스키 박사에 따르면 선행은 다음의 방식을 따를 때 사람의 인생을 더 행복하게 만들었습니다.

1. 하루에 몰아서
2. 가까운 사람에게
3. 자발적인 의사로

같은 선행을 실천해도 가까운 사람에게, 자발적으로, 최대한 많이 실천하는 것이 삶의 행복도를 무려 2배나 차이나게 높여줬습니다.

주 하나님이 창조하신 원리를 따라 살아갈 때 삶이 행복해지고 풍요로워집니다.

가까운 이웃에게 자발적으로 선행을 실천하는 일부터 시작하십시오. 아멘!!

♡ 주님! 말씀을 따라 선행을 베풀며 행복한 삶을 가꿔나가게 하소서.

🎴 작정하고 선행을 베푸는 요일을 정하고 차차 늘려나갑시다.

회복의 주님

읽을 말씀 : 에스겔 37:1-10

● 겔 37:5 주 여호와께서 이 뼈들에게 이같이 말씀하시기를 내가 생기를 너희에게 들어가게 하리니 너희가 살아나리라

타고난 착한 심성으로 남에게 이용만 당하며 살다가 20대의 젊은 나이에 조울증에 걸린 사람이 있었습니다. 남에게 당하면서도 참기만 했던 분노가 마음에 병을 일으켰고 제어할 수 없는 상태가 되어 정신병원에 입원할 정도로 상태가 심각했습니다.

상태가 좋아지면 잠깐씩 퇴원을 했지만 얼마되지 못해 병은 다시 재발했고 마음의 위안을 찾으려 술에 손을 댔다가 알코올 중독까지 빠졌습니다.

그런데 어느 날 오랜만에 만난 친구가 힘든 상황을 알고 찾아와 복음을 전했습니다.

그저 옛날이야기인 줄 알았던 성경을 친구의 권유로 읽기 시작했는데 복음서가 믿어지는 기적이 일어났습니다.

날 위해 예수님이 모든 고난을 당하셨고 그로 인해 내가 구원을 받았다는 사실이 진정으로 믿어졌습니다.

그 믿음과 함께 신앙생활을 시작하자 치료율이 1% 정도 된다는 조울증이 완치되는 기적이 일어났고 10년째 재발없이 새로운 삶을 살아가고 있습니다.

예수님을 믿음으로 치유를 경험한 한 교회의 평범한 성도의 간증입니다. 하나님의 능력과 복음은 그 말씀을 진실로 믿는 모든 사람들에게 동일하게 일어납니다.

십자가의 고난과 고통으로 나를 치료하시고 구원하신 주님의 은혜를 믿으십시오. 아멘!!

♡ 주님! 아픈 나의 몸과 마음을 주님의 능력으로 회복시키소서.

🙇 치유의 하나님께 나의 연약한 몸과 마음을 의지합시다.

서로를 이해하는 법

9월 12일

읽을 말씀 : 히브리서 5:1-10

● 히 5:2 그가 무식하고 미혹된 자를 능히 용납할 수 있는 것은 자기도 연약에 휩싸여 있음이라

여성인권운동가인 캐시는 사회에서 여성이 불필요한 차별을 받고 있다고 주장했습니다. 그녀는 남성이 여성에 비해 우월한 사회적 지위를 누리고 있다는 것을 증명하기 위해 남성의 인권 신장을 주장하는 이기적인 사람들을 취재하기 시작했습니다.

그런데 조사를 하면 할수록 자신의 생각과는 다른 모습들을 알게 됐습니다.

같은 죄를 저질러도 남자는 여자보다 더 많은 기간 복역했습니다. 단지 남자라는 이유 때문에 말입니다.

무고죄의 사각지대에 있어 억울한 일을 당해도 배상을 받을 수 없었습니다. 산업현장 사망자의 93%도 남자였습니다. 목숨을 잃을 위험을 감내하는 대신 더 많은 돈을 받고 있던 것입니다.

캐시는 여성이 받는 차별도 물론 존재했지만 남성 역시 그에 못지않은 어려움과 싸우고 있다는 사실도 알게 됐습니다. 캐시는 그동안 취재한 내용을 남성의 인권을 위한 다큐멘터리로 편집해 만들었고 이후는 여성뿐 아니라 남성들의 인권을 위한 전방위적인 인권운동가로 활동하고 있습니다.

서로의 상황을 이해할 때 상대방을 더 배려하고 인정할 수 있게 됩니다.

내 주장만 옳다고 내세우기보다 상대방의 말과 행동에 먼저 귀를 기울이십시오. 아멘!!

🩵 주님! 서로를 인정하고 받아들이는 관용의 마음을 주소서.
🎴 상대방의 입장에서 먼저 생각하는 습관을 들입시다.

9월 13일

할 일을 하는 사람

읽을 말씀 : 고린도전서 9:13-25

● 고전 9:17 내가 내 자의로 이것을 행하면 상을 얻으려니와 내가 자의로 아니한다 할지라도 나는 사명을 받았노라

인도네시아의 한 마을에는 고무나무 벌목을 주력으로 살아가는 사람들이 있었습니다.

마을 사람들은 고무나무가 돈이 된다는 이유로 무분별하게 벌목했고 묘목을 심지도 않았습니다. 마을에서 가장 지혜로운 노인인 사디만은 나무를 자르기만 하면 가뭄을 대비할 수 없고 홍수도 심해진다며 경고했지만 아무도 듣지 않았습니다.

벌목한 곳을 그대로 두었다가는 지역 전체가 피폐해질 것을 우려한 사디만은 지하수를 저장하는 습성이 있는 반얀나무를 심기 시작했습니다.

혼자서 묵묵히 나무를 심는 사디만을 보고 마을 사람들은 돈도 안 되는 쓸데없는 나무를 심는다며 손가락질을 했고, 때때로 방해까지 했습니다.

그렇게 수년이 지난 후 인도네시아 전역을 휩쓴 최악의 가뭄이 덮쳤는데 유독 이 마을만은 물이 마르지 않았습니다. 사디만이 수년간 심은 수천 그루의 나무가 지하수를 저장해 가뭄에서 지켜줬기 때문입니다.

깨어있는 한 사람이 한 마을을 지키고 수천 명의 사람을 변화시켰습니다. 주님께서는 나를 통해 수많은 사람들에게 유익을 주기 원하십니다.

누가 뭐라든 주님이 맡겨주신 나의 사명을 묵묵히 다하십시오. 아멘!!

🖤 주님! 세상의 잡음에 휩쓸리지 않고 오직 주님께만 집중하게 하소서.
🧎 나에게 맡겨주신 주님의 사명을 단단히 붙잡읍시다.

한결같은 사랑

읽을 말씀 : 요한1서 4:7-15

● 요1 4:10 사랑은 여기 있으니 우리가 하나님을 사랑한 것이 아니요 하나님이 우리를 사랑하사 우리 죄를 속하기 위하여 화목제물로 그 아들을 보내셨음이라

아랍에미리트의 평범한 가정의 주부 무니라는 사랑하는 남편을 출근시킨 후 4살 된 아들을 유치원에 데려다주고 있었습니다.

그런데 유치원에 가고 있던 무니라의 차를 커다란 트럭이 덮치는 사고가 일어났습니다. 트럭이 덮치는 순간 무니라는 본능적으로 아들을 지키기 위해서 온몸으로 감싸 안았습니다.

무니라의 희생으로 아들은 가벼운 외상만 입었지만 트럭에 치인 충격으로 뇌에 손상을 입은 무니라는 식물인간이 됐습니다.

아들은 자기를 지키기 위해 식물인간이 된 엄마의 병상을 틈만 나면 찾았고 무니라의 가족은 실낱같은 희망만 생겨도 포기하지 않고 해외를 돌면서까지 치료할 방법을 수소문했습니다.

그렇게 27년의 세월이 흐른 어느 날 어머니 옆에서 간호를 하다 잠이 든 아들의 귓가에 그리운 목소리가 들렸습니다.

"오마르… 내 아들… 오마르야… 괜찮니?"

혼수상태였던 무니라가 깨어나는 기적이 일어난 것입니다.

아들을 지키기 위해 온몸을 던졌던 무니라의 입에서 27년 만에 흘러나온 첫 마디는 아들의 안부를 묻는 말이었습니다.

진정한 사랑은 변하지 않고, 때로는 목숨까지 내어줍니다.

나를 위해, 우리를 위해 독생자를 내어주신 주 하나님의 사랑을 기억하십시오. 아멘!!

💚 주님! 십자가의 구원이 얼마나 큰 사랑인지 알게 하소서.

🖼 주님의 그 무엇과도 비교 할 수 없는 사랑을 한시도 잊지 맙시다.

당당히 거절하라

읽을 말씀 : 욥기 11:10-20

● 욥 11:14 네 손에 죄악이 있거든 멀리 버리
라 불의가 네 장막에 있지 못하게 하라

경영학의 대가로 불리는 피터 드러커에게 하버드대학교의 경
영진이 찾아와 교수직을 제안했습니다. 그러나 피터 드러커는
그 제안을 단칼에 거절했습니다. 자신의 연구에 도움이 되지 않
는다는 것이 이유였습니다.

하버드대학교에서는 다음 해 더 좋은 조건으로 피터 드러커를
찾았지만 이번에도 거절당했습니다.

다음 해에도, 그다음 해에도 마찬가지였습니다. 피터 드러커
는 하버드대학교의 교수 제의를 4번이나 거절한 최초의 인물이
었습니다.

심리학의 거장 칙센트미가 창의성에 대한 연구를 하고 있다
며 간단한 인터뷰를 요청할 때도 피터 드러커는 거절했습니다.
그리고 거절에 대한 이유를 다음과 같이 말했습니다.

"언제든, 무엇이든 거절을 할 수 있는 사람만이 창의성을 나타
낼 생산적인 일을 할 수 있는 사람입니다."

인터넷의 발달로 정보화시대가 도래하면서 수많은 정보가 쏟
아지고, 어디서든 일을 할 수 있는 시대가 찾아왔습니다. 이런
시대의 흐름에 휩쓸리지 않고 믿음을 지키고, 꿈을 이루기 위해
선 불필요한 일들을 과감하게 쳐내야 합니다.

신앙과 비전에 방해되는 일들은 과감히 거절하십시오. 아멘!!

💙 주님! 인생의 우선순위를 바르게 세우고 지켜나가게 하소서.
📖 하지 않아도 될 일은 과감히 거절하고 생략합시다.

위로의 경청

읽을 말씀 : 고린도후서 13:1-13

● 고후 13:11 마지막으로 말하노니 형제들아 기뻐하라 온전하게 되며 위로를 받으며 마음을 같이하며 평안할지어다 또 사랑과 평강의 하나님이 너희와 함께 계시리라 거룩하게 입맞춤으로 서로 문안하라

마음이 힘들고 지칠 때 가까운 사람의 위로만큼 도움이 되는 건 없습니다. 그러나 잘못된 위로와 격려는 오히려 해가 되기도 하고 인생살이를 더 어렵게 만듭니다.

심리상담전문가인 브래드 햄브릭 목사님에 따르면 상담과 위로에서 가장 중요한 것은 제대로 듣는 법이라고 합니다.

다음은 브래드 목사님이 쓴 '전문 상담가처럼 경청하는 7가지 방법'입니다.

1. 상대방을 향한 관심을 계속 보인다.
2. 손짓, 눈빛, 앉은 자세와 같은 몸짓까지도 집중한다.
3. 상대방의 의중을 이해하기 위한 명확한 질문을 던진다.
4. 적절한 타이밍마다 대화의 요점을 정리한다.
5. 듣고 있는 내용에 적당한 대답이 무엇인지 고민한다.
6. 상대방의 대화를 기도요청이라고 생각한다.
7. 적당한 대답을 못 찾았을 때는 질문으로 받는다.

대화는 답을 주기 위한 것이 아니라 공감하기 위한 것입니다.

상대방을 위로하기 위한 마음으로 대화를 시작하고 상대방을 위해 기도하겠다는 마음으로 대화를 마치십시오.

주 하나님이 그 사람을 위로하고 도와주시길 기도하면서 대화하십시오. 아멘!!

♡ 주님! 경청을 통해 마음을 위로하고 복음을 전할 수 있게 하소서.
🎴 성도들과의 아름다운 교제를 통해 위로하고 소통합시다.

9월 17일

증오를 버린 이유

읽을 말씀 : 누가복음 6:27-38

● 눅 6:37 비판하지 말라 그리하면 너희가 비판을 받지 않을 것이요 정죄하지 말라 그리하면 너희가 정죄를 받지 않을 것이요 용서하라 그리하면 너희가 용서를 받을 것이요

조엘은 생후 20개월이 됐을 때 당한 교통사고로 전신에 3도 화상을 입었습니다. 사고를 일으킨 범인은 뺑소니를 쳐 아무런 보상도 받지 못했고 의사는 조엘의 부모님에게 생존 확률이 10%밖에 되지 않는다고 말했습니다.

조엘은 50번이나 수술을 받고 기적같이 목숨을 건졌지만 손과 발을 쓰지 못했고 피부는 불에 녹은 고무와 같이 흉한 모습이었습니다. 그래도 조엘은 주변의 놀림과 편견에 굴하지 않고 주님을 향한 믿음을 부여잡고 씩씩하게 살았습니다.

사고가 난 뒤 18년이 지나고 조엘에게 끔찍한 기억을 안겨준 뺑소니범이 잡혔습니다. 사고로 인한 마음고생이 너무 심했기에 조엘과 가족은 범인을 보자마자 부둥켜안고 눈물을 흘렸지만 조엘은 법정에서 범인에게 다음과 같이 말했습니다.

"당신으로 인해 우리 가족은 행복을 빼앗겼습니다. 그러나 우리 가족을 위한 수많은 기도는 빼앗기지 않았습니다. 원망과 절망은 또 다른 고통을 낳겠지요. 그래서 우리 가족은 증오심으로 인생을 허비하지 않고 주 하나님의 조건 없는 무한한 사랑만을 간구할 것입니다."

모든 것을 용서하시고 품어주시는 하나님의 사랑을 깨달을 때 증오의 굴레를 벗어나 참된 사랑을 느낄 수 있습니다.

죄가 아닌 구원에, 증오가 아닌 하나님의 무한한 사랑에 시선을 맞추십시오. 아멘!!

💙 주님! 주님의 사랑으로 삶을 변화시키고 충만하게 채우소서.

🔲 변함없는 하나님의 사랑을 느끼고 주변에 전합시다.

믿는 한 사람

읽을 말씀 : 사도행전 11:19-30

● 행 11:24 바나바는 착한 사람이요 성령과 믿음이 충만한 사람이라 이에 큰 무리가 주께 더하여지더라

　지난 50년간 사회학과 심리학의 주요 연구과제 중 하나는 "어떤 조직에서 변화를 일으키기 위해서는 몇 사람이 필요한가?"였습니다.

　연구 자체가 쉽지 않았기 때문에 수십 년간 막대한 예산이 투입됐지만 일반적인 답이 나타나지 않았는데 최근 '사이언스'에 실린 논문에 따르면 '구성원의 최소 25%'라는 합의된 결과가 도출됐다고 합니다.

　그런데 이 실험에는 한 가지 조건이 있습니다.

　바로 '막연히 변화를 바라는 사람들이 아니라 변화가 일어나야 된다고 분명하게 믿는 믿음이 있는 사람들이어야 한다'는 조건입니다.

　이 믿음이 강한 경우에는 25%보다 낮은 경우에도 변화가 일어나는 경우가 있었고 심지어 강한 믿음을 가진 1명의 사람이 대규모의 조직 전체를 변화시키는 경우도 있었다고 합니다.

　강한 믿음을 가진 한 사람이 어떤 변화를 일으키는지 우리는 이미 성경을 통해 답을 알고 있습니다.

　요셉과 다니엘 한 사람을 통해 당대의 강대국이 주 하나님의 뜻을 알았고 예수님의 열두제자를 통해, 다메섹에서 하나님을 만난 바울을 통해 복음이 세계로 전파됐습니다.

　주님을 분명하게 믿는 그리스도인으로 내가 있는 곳을 주님을 예배하는 처소로 변화시키십시오. 아멘!!

♡ 주님! 발 딛는 곳마다 주님과 함께함으로 선한 영향력을 끼치게 하소서.
🖼 일터와 학교, 가정도 주님이 함께하시는 예배처로 만듭시다.

1분의 비결

읽을 말씀 : 에베소서 6:10-20

● 엡 6:19 또 나를 위하여 구할 것은 내게 말씀을 주사 나로 입을 열어 복음의 비밀을 담대히 알리게 하옵소서 할 것이니

평생 '올바른 대화법'을 연구한 교수가 있었습니다.

그런데 아무리 말을 잘하는 법을 연구해서 적용해도 강의 때마다 사람들의 반응이 영 신통치 않았습니다. 때때로 인기 강사들의 강연에 참석해 비결을 연구하기도 했지만 분명 말을 잘하는 법칙들은 다 지키고 있음에도 가만히 듣고 있자니 한없이 지루한 경우가 많았습니다.

그렇게 지속된 고민과 연구결과 교수는 마침내 모든 사람들에게 적용할 수 있는 다음의 2가지 법칙을 찾아냈습니다.

1. 상대방의 입장에서 말한다.
2. 최대한 짧게 말한다.

강의의 질을 떠나서 수업시간을 2,3분이라도 빨리 끝내는 선생님은 인기가 많지만 1분이라도 늦게 끝내는 선생님에겐 불만이 쏟아지는 것처럼 길게 말하는 사람을 좋아하는 사람은 한 명도 없었습니다.

교수는 이 이론을 발전시켜 취업 준비를 하는 학생들과 회사원들에게 1분 안에 핵심내용을 보고하는 기술을 가르쳤는데 효과가 얼마나 좋은지 1년에 3천 명이나 짧게 말하는 기술을 배우기 위해 찾아온다고 합니다.

10분이 주어지든 1분이 주어지든 복음은 어디서나 전해져야 합니다. 주님이 부어주신 은혜를 떠올리며 어떤 상황에서도 복음을 전할 수 있는 나만의 메시지를 준비하십시오. 아멘!!

♥ 주님! 짧지만 마음을 움직일 수 있는 간결한 복음을 전하게 하소서.
📖 받은 은혜와 복음을 전할 수 있는 짧은 간증을 준비합시다.

릭 워렌의 전도법

읽을 말씀 : 사도행전 5:34-42

● 행 5:42 그들이 날마다 성전에 있든지 집에 있든지 예수는 그리스도라고 가르치기와 전도하기를 그치지 아니하니라

　새들백교회의 릭 워렌 목사님이 말한 '교회가 믿지 않는 사람들에게 다가가는 6가지 전도방법'입니다.

1. 전도대상자를 분명히 선정해야 한다.
   　모든 사람들을 대상으로 정하면 모든 사람들을 놓치게 됩니다.
2. 믿지 않는 사람의 입장에서 생각해야 한다.
   　예수님도 항상 상대방의 입장에서 말씀하셨기에 공감대를 형성할 수 있었습니다.
3. 가능성이 높은 사람들부터 찾아가라.
   　특별히 복음에 우호적인 지역과 분야의 사람들을 먼저 찾아가는 것이 좋습니다.
4. 교회로 초청하기보다 먼저 찾아가라.
   　교회로 초청하는 것보다 대상자를 찾아가는 편이 좋습니다.
5. 강요보다는 선택에 맡기라.
   　강요에 의해 교회에 나와도 마지막 선택은 스스로 내려야 합니다.
6. 교회에 가장 가까운 사람들에게 집중해야 한다.
   　안드레는 형 베드로를 예수님께 데려왔고 우물가의 여인은 마을 사람들을 데려왔습니다.

　지혜롭게 전도함으로 더 많은 사람들을 주님의 품 안으로 인도하십시오. 아멘!!

🤍 주님! 하나님이 주신 전도의 사명에 열심을 내게 하소서.
🧎 구체적인 전도를 위한 계획을 세웁시다.

대를 이은 사명

읽을 말씀 : 고린도전서 10:12-22

● 고전 10:13 사람이 감당할 시험 밖에는 너희가 당한 것이 없나니 오직 하나님은 미쁘사 너희가 감당하지 못할 시험 당함을 허락하지 아니하시고 시험 당할 즈음에 또한 피할 길을 내사 너희로 능히 감당하게 하시느니라

캐나다의 윌리엄 홀 박사는 기도하던 중 선교를 위한 감동을 받았습니다. 한국이 어딘지도 몰랐지만 "한국으로 떠나라"는 주님의 음성에 순종한 윌리엄 박사는 평양에 와서 콜레라로 죽어가는 사람들을 치료하며 복음을 전했습니다. 병을 고쳐줬음에도 복음을 전한다는 이유로 쫓거나 방방곡곡을 떠돌던 윌리엄 박사는 배척을 받으면서도 밤낮없이 환자들을 돌보다 과로로 세상을 떠났습니다.

낯선 이국땅에서 고생만 하다 떠난 남편을 지켜본 아내 로제타는 남편이 죽은 뒤에도 한국에 남았습니다. 로제타는 인재를 양성하기 위해 지금의 서울대인 경성의학전문학교를 세웠고 장애인들을 위한 복지시설을 확충하며 40년이 넘게 한국을 떠나지 않고 선교를 하다 한국에서 숨을 거뒀습니다.

부모님의 삶을 곁에서 지켜본 아들 셔우드는 미국으로 건너가 의사가 되어 아버지처럼 한국에 의료선교를 왔습니다. 그러나 복음을 전하다 쫓겨나 결국 인도로 사역지를 옮겨야 했지만 셔우드는 부모님이 사명을 따라 모든 것을 바친 한국 땅을 항상 그리워했습니다.

모든 삶을 주님을 위해 바치는 진정한 사명자의 모습은 많은 사람들을 변화시키며 열매를 맺습니다. 말씀에 순종하므로 목숨조차 아끼지 않았던 믿음의 선배들을 떠올리며 지금 내가 감당해야 할 복음의 사명을 위해 삶을 주님께 드리십시오. 아멘!!

💜 주님! 목숨을 잃더라도 바꿀 수 없는 귀한 사명을 허락하소서.

🎴 일생을 통해 이룰 사명을 달라고 주님께 기도로 간구합시다.

기적의 재료

9월 22일

읽을 말씀 : 마가복음 9:20-29

● 막 9:23 예수께서 이르시되 할 수 있거든이
  무슨 말이냐 믿는 자에게는 능히 하지 못할
  일이 없느니라 하시니

　미국에 사는 빅토리아는 원인 모를 질병으로 11살의 나이에
식물인간이 됐습니다. 운동도 좋아하고 건강했으며 사고도 당하
지 않았는데 갑자기 일어난 일이었습니다.
　의사들은 빅토리아가 다시 깨어날 확률은 존재하지 않는다며
뇌사 판정을 내렸지만 부모와 세 명의 오빠는 반드시 다시 일어
날 것이라며 빅토리아를 극진히 간호했습니다.
　그리고 4년 뒤 뇌사 상태의 빅토리아의 의식이 돌아오는 기
적이 일어났습니다. 빅토리아는 4년간 의식은 있었으나 몸을 움
직일 순 없었으며 가족들이 말해주는 긍정적인 응원으로 포기하
지 않을 수 있었다고 심정을 고백했습니다. 하지만 빅토리아의
다리 감각은 끝까지 돌아오지 않았고 그녀는 이전부터 되고 싶
었던 수영선수의 꿈을 포기하려고 했습니다.
　그러자 이번에도 가족들이 할 수 있다고 격려를 해줬고 그 결
과 다리를 쓰지 않으면서도 전처럼 수영을 잘 할 수 있게 됐습니
다. 7년 뒤 빅토리아는 미국의 국가대표가 되어 패럴림픽에 참
가해 3개의 메달을 땄났고 세계 신기록을 갱신했습니다.
　기적은 꿈꾸지 않는 사람에게는 결코 일어나지 않습니다. 오
늘의 말 한마디와 따스한 격려가 누군가에겐 기적을 이루는 희
망의 재료가 될 수 있습니다.
　어떤 장애물이 앞에 있더라도 절대 포기하지 말고 뜨거운 사
랑으로 격려의 씨앗을 뿌리십시오. 아멘!!

♡ 주님! 전능하신 주님을 믿음으로 끝까지 포기하지 않게 하소서.
🎦 나에게도, 다른 사람에게도 힘이 되는 격려와 칭찬만을 전합시다.

인생을 움직일 열쇠

읽을 말씀 : 요한1서 1:1-10

● 요1 1:9 만일 우리가 우리 죄를 자백하면 그는 미쁘시고 의로우사 우리 죄를 사하시며 우리를 모든 불의에서 깨끗하게 하실 것이요

외딴 시골 마을에서 유전이 터졌습니다.

유전으로 하루아침에 큰 부자가 된 마을 사람들은 돈을 쓸 궁리를 하다가 자동차를 구입했습니다. 그런데 자동차에는 편하게 앉을 의자도 있고 바퀴도 4개나 달렸는데도 도저히 움직이질 않았습니다. 마을 사람들은 궁리를 하다가 여러 마리의 말에게 자동차를 끌게 했는데 그제야 느리게 움직였습니다.

말이 끄는 자동차를 확인한 마을 사람들은 단단히 화가 나서 자동차를 판 사람을 찾아가 "왜 자동차를 끌 수 있는 말을 함께 주지 않았냐?"고 따졌습니다.

자초지종을 알게 된 직원은 마을 사람들에게 차 열쇠를 달라고 했습니다. 마을 사람들이 장식으로 알고 있던 열쇠를 차에 꽂고 시동을 걸자 자동차는 여러 말이 끌 때와 비교할 수도 없이 빠르게 달렸습니다.

투자의 귀재 워렌 버핏은 강연 때 이 예화를 사용하며 다음과 같은 말을 덧붙입니다.

"400마력의 엔진을 가지고 100마력만 사용하는 사람들이 많습니다. 잘못된 습관, 부정적인 생각, 하지 말아야 될 행동 때문입니다. 자신에게 놀라운 능력이 있다는 사실을 믿으십시오."

차의 열쇠를 두고 말을 사용하는 사람처럼 어리석은 일을 하고 있지 않습니까? 구원의 열쇠로 내 삶을 주님이 주시는 놀라운 능력으로 채우십시오. 아멘!!

♡ 주님! 내 힘이 아닌 주님이 주시는 능력으로 살아가게 하소서.
🖼 내 생각과 의지가 아니라 주님이 이끄시는 삶을 삽시다.

고독의 중요성

읽을 말씀 : 예레미야애가 3:24-32

● 애 3:26 사람이 여호와의 구원을 바라고 잠 잠히 기다림이 좋도다

르네상스 시대 천재 중에서도 가장 거장으로 인정받는 레오나르도 다빈치는 이런 말을 했습니다.

"예술가는 고독을 즐겨야 한다. 다른 사람과 함께 있을 때는 능력의 절반밖에 쓸 수가 없다. 진정한 자신은 혼자 있을 때 발견할 수 있다."

호주에서 한때 '걷기 여행'의 열기가 뜨거웠던 적이 있습니다. 호주의 한 부족은 정기적으로 자연을 걷다가 돌아오는 풍습이 있었는데 우연히 이 여행에 참석했던 사람들이 큰 감동을 받아 만든 프로그램인데 관광상품으로 알려질 정도로 큰 호응을 받았습니다.

어느 철학자는 "모든 위대한 생각은 걷기로부터 나온다"고 말했고, 허준의 동의보감에도 "좋은 약보다는 좋은 음식이 낫고, 좋은 음식보다는 걷기가 몸에 더 좋다"라는 말이 있습니다.

작가 헨리 소로우는 홀로 거리를 걷고 있을 때만 사람은 온전히 생각할 수 있기에 모든 사람은 걷기를 하루 일과에 반드시 넣어야 한다고 주장했습니다.

온전히 주 하나님께 집중하기 원할 때 예수님도 광야로, 산으로, 홀로 떠나셨습니다.

세상 속의 내가 아닌 하나님의 자녀로서 온전한 나를 찾을 수 있는 고독의 시간을 찾으십시오. 아멘!!

♡ 주님! 고요한 가운데 주님의 뜻을 깨닫게 하소서.

▧ 말씀을 경건히 묵상할 수 있는 산책이나 경건의 시간을 정합시다.

끝까지 수고하라

읽을 말씀 : 히브리서 3:12-19

● 히 3:14 우리가 시작할 때에 확신한 것을 끝까지 견고히 잡고 있으면 그리스도와 함께 참여한 자가 되리라

중국의 한 돗자리 장수가 마을을 돌아다니다 개울을 만나 건너려던 참이었습니다.

근처에서 자리를 펴고 보고 있던 노인이 크게 호통을 쳤습니다.

"노인을 보고도 모른 척 혼자만 건넌다는 말이냐?"

돗자리 장수는 노인을 업고 개울을 건너자 노인이 다시 소리쳤습니다.

"내 중요한 짐을 깜박하고 챙기지 못했다. 네 놈만 보내면 짐을 훔칠 수도 있으니 다시 나를 업고 개울을 건너다오."

돗자리 장수는 잠시 생각에 잠겼다가 묵묵히 노인의 말을 따랐습니다. 다시 개울을 건넌 노인은 그냥 떠날 수도 있었는데 자신의 청을 들어준 이유가 무엇인지 물었습니다.

"무리한 부탁이라 생각해 화를 내고 그냥 떠나버리면 제가 처음 어르신을 업고 강을 건넌 수고의 의미가 없어지지 않겠습니까? 하지만 잠시의 어려움을 참으면 제 노력은 두 배의 의미가 생길 것입니다."

노인은 크게 웃으며 돗자리 장수에게 장차 천하를 호령할 인물이 될 것이라는 말을 남기고 길을 떠났습니다.

탁현 지역에 전해지고 있는 유비의 젊은 시절 일화입니다.

구원을 이루기까지 오래 참으시고 쉬지 않으신 예수님처럼 맡겨진 사명을 다할 때까지 끝까지 수고하십시오. 아멘!!

♡ 주님! 복음을 위한 수고를 오히려 기쁨으로 여기게 하소서.
▩ 주님을 위한 고난과 수치라면 기쁘게 감내합시다.

도전의 DNA

읽을 말씀 : 여호수아 14:6-15

● 수 14:12 … 그 성읍들은 크고 견고할지라
도 여호와께서 나와 함께 하시면 내가 여호
와께서 말씀하신 대로 그들을 쫓아내리이다
하니

미국의 버클리대학에서 단세포생물인 아메바에 대한 실험을
했습니다.

먼저 한 무리의 아메바는 생활하기에 가장 이상적인 환경을
만들어 보관했습니다. 가장 적합한 온도와 습도를 유지하고 위
협이 될 만한 세균도 모두 제거한 완벽한 수조였습니다.

반면 다른 수조는 혹독한 환경이었습니다.

겨우 살아갈 만한 온도와 습도, 빠른 유속 그리고 세균에 대
한 위협도 존재했습니다.

그런데 연구 결과 혹독한 환경의 아메바들이 더 빠르고 강하
게 성장했고 이상적인 수조에 있던 아메바들은 아무런 발전이
없었습니다.

뇌가 있는 것도 아니고, 의지가 있는 것도 아닌 아메바가 이
런 결과를 내는 것을 보고 연구팀은 어쩌면 역경과 도전으로 강
해지는 것은 모든 생물이 가진 특성일지도 모른다는 생각에 논
문의 이름을 '실현(Actualization)'이라고 지었습니다.

도전함으로 역경을 뚫고 성장하는 것이 주님이 주신 인간의
본능일지 모릅니다.

강한 고난과 역경도 극복할 힘을 주심으로 나를 성장시킬 주
님을 믿고 담대하게 도전하십시오. 아멘!!

🖤 주님! 주님과 함께라면 할 수 있다는 '그럼에도'의 믿음을 주소서.
🎛 주님이 주시는 힘으로 능히 할 수 있다는 믿음을 가집시다.

재능보다 중요한 것

읽을 말씀 : 누가복음 19:11-27

● 눅 19:17 주인이 이르되 잘하였다 착한 종 이여 네가 지극히 작은 것에 충성하였으니 열 고을 권세를 차지하라 하고

이탈리아의 조각가 베르톨도 지오반니는 스승인 도나텔로를 뛰어넘었다고 알려질 정도로 당대 최고의 실력을 가진 예술가였습니다.

그런 지오반니를 14살이 된 한 소년이 찾아왔습니다. 소년의 나이는 어리지만 충만한 재능을 가졌다고 판단한 지오반니는 자신을 뛰어넘을 재목이라고 여겨 성심성의껏 가르쳤습니다.

그런데 하루는 작업장에서 많은 돈을 준다는 이유로 천박한 조각을 하는 소년을 보았습니다.

지오반니는 망치로 조각을 때려 부수며 소년에게 크게 화를 냈습니다.

"나는 너 정도 재능을 가진 천재들을 수도 없이 봐왔다. 하지만 재능에 취해 연습을 게을리하고 돈을 벌려고 쓸데없는 일에 손을 댄 이들은 지금 한 명도 남지 않았다. 너의 재능을 예술을 위해 바쳐라. 재능은 싸구려지만 헌신은 값비싼 것이란다."

스승의 말에 감명을 받은 소년은 이후 오로지 예술을 위한 작품에 몰두했고 '다비드', '피에타', '천지창조', '최후의 심판' 등의 불후의 명작들을 만든 미켈란젤로로 세상에 이름을 알렸습니다.

내가 가진 것이 아무리 작은 것이라도 주님께 드리면 주님은 기쁘게 받으시고 귀하게 사용하십니다.

나의 모든 것을 주님께 드림으로 주님의 사역에 동참하십시오. 아멘!!

🖤 주님! 작은 것에도 감사하며 주님을 찬양하는 삶을 살게 하소서.
🖼 내게 주신 모든 좋은 것을 주님을 위해 사용합시다.

휴식의 중요성

읽을 말씀 : 시편 46:1-11

● 시 46:1 하나님은 우리의 피난처시요 힘이
시니 환난 중에 만날 큰 도움이시라

미국의 경제잡지 '비즈니스 인사이더'에 따르면 성공한 경영자들의 공통된 휴식 습관 중 하나는 모든 전자기기를 끄는 것이라고 합니다.

누구보다 바쁘고, 수시로 보고를 받아야 하는 이들이지만 피로를 제대로 회복해야 올바른 결정을 내릴 수 있기 때문입니다.

그래서 많은 경영자들이 휴가 때만이 아니라 주말에도 전자기기를 사용하지 않는다고 합니다.

세기의 천재 레오나르도 다빈치는 할 일이 너무 많아 밤샐 때도 많았습니다. 그러나 아무리 바빠도 4시간에 한 번씩 20분 정도의 낮잠은 반드시 잤다고 합니다. 20분의 휴식조차 갖지 않으면 어떤 연구도 할 수가 없었기 때문입니다.

미항공우주국 나사의 연구에 따르면 40분 정도의 짧은 수면으로 업무효율을 34%나 상승시킨다고 합니다.

성공을 위해 앞만 보고 달려가고 있다면 적당한 휴식이 필요한 순간을 놓치고 있는 중일 수도 있습니다.

지금 시대에 우리들에게 필요한 것은 더 좋은 기술과 많은 정보가 아니라 완전한 휴식입니다.

몸과 마음을 위한 휴식, 그리고 영혼을 위한 충분한 휴식의 시간을 마련하십시오. 아멘!!

♡ 주님! 지친 몸과 마음, 영혼까지도 소생시킬 기쁨을 주소서.
🖼 온전한 휴식으로 하나님께만 집중하는 예배를 준비합시다.

9월 29일 그리스도인의 위치

읽을 말씀 : 디도서 1:5-16

● 딛 1:8 오직 나그네를 대접하며 선행을 좋아하며 신중하며 의로우며 거룩하며 절제하며

독일의 자동차 회사 폭스바겐이 오랜 연구를 거쳐 고급 승용차를 출시했습니다. 전문가들은 이 차를 '지금까지 폭스바겐에서 만든 최고의 차', '고급 승용차 시장의 판도를 뒤흔들 역작'이라고 평가했습니다.

그러나 막상 시장에 출시가 되자 소비자들의 선택은 냉담했습니다.

사람들에게 이 차를 사지 않는 이유를 묻자 사람들은 하나같이 같은 대답을 했습니다.

"앞에 폭스바겐 마크가 붙어 있잖아요."

저렴하고 튼튼한 중저가 자동차를 만드는 회사라는 이미지가 이미 사람들의 뇌리에 박혀 있던 것입니다.

일본의 도요타는 이런 사실을 알고 고급 라인의 자동차를 위해 아예 '렉서스'라는 브랜드를 따로 만들었습니다. 도요타의 고급화된 브랜드 이미지 전략은 적중했고 많은 사람들이 한동안 렉서스가 도요타에서 만드는 것을 모를 정도였습니다.

사람들에게 귀감이 됐던 초대교회의 성도들의 이미지를 다시 우리가 회복해야 합니다.

그리스도인의 이미지가 다시 신뢰와 정직의 상징이 되도록 충실한 제자로 살아가십시오. 아멘!!

💗 주님! 세상에서 잃어버린 성도들의 신뢰를 다시 회복시켜 주소서.
📖 작은 행동과 말 한마디도 신경을 쓰며 믿음을 보입시다.

노력하고 노력하라

읽을 말씀 : 베드로전서 1:3-12

● 벧전 1:7 너희 믿음의 확실함은 불로 연단하여도 없어질 금보다 더 귀하여 예수 그리스도께서 나타나실 때에 칭찬과 영광과 존귀를 얻게 할 것이니라

영국의 유명한 축구선수 스카우터 돈 윌트셔는 엄청난 재능을 가진 선수가 있다는 말을 듣고 한 유소년 축구클럽을 찾았습니다.

8살의 어린 나이에도 축구에 관련된 기술들은 전부 수준급이었지만 리프팅 실력이 너무 좋지 않았습니다.

'아무리 그래도 리프팅을 5개도 못하는데 과연 훌륭한 선수가 될 수 있을까?'

돈은 스카우트를 포기한 채 돌아갔습니다.

그리고 2개월이 지난 뒤에 우연히 같은 클럽을 방문했는데 돈을 발견한 소년이 자신의 리프팅을 봐달라고 찾아왔습니다.

소년은 무려 2천 번의 리프팅을 성공했습니다. "2달 만에 리프팅을 그렇게 잘하게 된 비결이 무엇이냐?"고 묻자 소년은 매일 그라운드에 불이 꺼질 때까지 남아서 연습을 했다고 대답했습니다.

돈이 이날 스카우트한 어린 소년은 세계적인 축구 스타 데이비드 베컴이었습니다.

분야를 막론하고 재능이 있다고 알려진 세계적인 대가들의 공통점은 많은 연습시간뿐이었다고 합니다.

주님의 발자취를 따르는 삶을 위해 실패하고 쓰러져도 포기하지 말고 더욱 노력하십시오. 아멘!!

💟 주님! 참된 제자로 서기 위해 노력하게 하소서.
🎦 주님의 가르침을 실천하는 삶으로 풍성한 성령의 열매를 맺읍시다.

"그러나 내가 가는 길을 그가 아시나니
그가 나를 단련하신 후에는
내가 순금 같이 되어 나오리라"
- 욥기 23:10 -

10월 1일

전도자를 인도하는 하나님의 손길

읽을 말씀 : 히브리서 13:1-8

● 히 13:7 하나님의 말씀을 너희에게 이르고 너희를 인도하던 자들을 생각하며 저희 행실의 종말을 주의하여 보고 저희 믿음을 본받으라

『나는 1959년 2월 단테침례교회에서 목사안수를 받았다.

그해 11월 신학 석사학위를 취득한 후 귀국을 준비하며 한국행 배표 두 장을 사놓고 하나님 앞에 무릎을 꿇었다.

"한 달에 50달러씩 선교 헌금으로 후원해 줄 곳을 주옵소서!"

귀국이 얼마 남지 않은 주일, 오하이오주 캔턴침례교회에 강사로 초청됐다. 말씀이 선포될 때 하나님께서 해럴드 핸리거 담임목사의 마음을 움직이셨다. 그는 긴급 제직회를 소집해서 "우리 교회가 빌리 김 목사에게 매달 50달러씩을 후원합시다!"라고 제안했다.

캔턴침례교회는 이미 여러 선교사들을 보통 15달러 안팎으로 후원하고 있었다. 50달러면 세 배가 넘는 금액인데 제직들은 담임목사의 제안에 동의했다. 캔턴교회는 60년이 훌쩍 지난 지금까지도 50달러의 선교비를 계속 보내오고 있다. 나는 미국기독실업인회 회장을 역임한 왈도 예거 장로를 양아버지로 얻게 되었다. 해군 군목 패트릭 도니 목사를 통해 4륜구동 포드픽업 자동차를 배에 싣게 되었다.

복음 전도자들을 위한 하나님의 인도하심은 참으로 놀랍다.』
- 김장환 목사 3E인생에서 발췌

삶의 방향을 하나님이 원하시는 방향으로 설정하며 하나님이 일으키시는 놀라운 일들을 경험하며 살아가십시오. 아멘!!

💙 주님! 영혼 구원을 위한 일에는 담대히 도전하게 하소서.
📷 주님의 뜻을 알고 하나님의 음성을 따라 삽시다.

유일한 사랑

읽을 말씀 : 요한1서 4:7-15

● 요1 4:9 하나님의 사랑이 우리에게 이렇게 나타난 바 되었으니 하나님이 자기의 독생자를 세상에 보내심은 그로 말미암아 우리를 살리려 하심이라

　서로 뜨겁게 사랑하는 연인이 있었습니다.

　두 사람은 서로를 보자마자 한눈에 반해 결혼을 약속했지만 양가 부모님은 허락하지 않았습니다. 집안의 반대를 거스를 수 없어 결국 두 사람은 헤어졌고 이후 연락도 없이 각자의 삶을 살았습니다.

　그렇게 60년이 지나고 노인이 된 남자는 한적한 시골의 한 요양소에 몸을 맡기러 떠났는데 그곳에서 60년 전에 사랑했던 연인을 만나게 됐습니다.

　60년이란 세월이 흘러 서로 할머니, 할아버지가 됐지만 두 사람은 첫눈에 상대방을 알아봤습니다.

　더 놀라운 것은 두 사람이 60년 동안 결혼이나 연애도 하지 않고 독신으로 살았다는 사실입니다.

　서로를 잊지 못해 다른 사랑을 할 수 없었던 두 사람은 85세의 나이에 결혼해 마침내 사랑의 결실을 맺었습니다.

　진정한 사랑은 서로가 아니면 채워질 수 없는 것처럼 인간의 마음속에 있는 공허함도 주님의 사랑이 아니면 채워지지 않습니다.

　우리를 너무도 사랑하시는 주님의 간절한 사랑을 삶 속에서 느끼십시오. 아멘!!

♡ 주님! 외롭고 허무한 마음을 주님의 사랑으로 채워주소서.

🙏 인생이 어렵고 힘들수록 주님의 사랑을 의지합시다.

마지막 목적

읽을 말씀 : 히브리서 2:1-9

● 히 2:3 우리가 이같이 큰 구원을 등한히 여기면 어찌 그 보응을 피하리요 이 구원은 처음에 주로 말씀하신 바요 들은 자들이 우리에게 확증한 바니

'아이비리그'는 미국 동부에 있는 8개의 명문대학을 묶어 이르는 말입니다. 이 학교들에는 세계 최고의 수재들이 모이는데 그 중에서도 한국계 학생들의 진학률은 언제나 최상위권입니다.

그런데 아이러니하게도 중도에 학업을 포기하거나 낙제를 당하는 비율도 한국계 학생들이 가장 높다고 합니다.

이 문제를 조사하기 위해서 하버드대에서는 몇 년간 심도 있는 조사를 했는데 그 결과 낙제를 당하는 학생들의 90%가 입학 시 매우 우수한 성적을 거둔 학생들이었으며 낙제를 당하는 가장 큰 이유는 '장기적 목표의 부재'인 것으로 조사됐습니다.

목표는 수준이 높든 낮든 반드시 더 나은 목표를 향한 관문이어야 하는데 하버드 입학을 인생의 목표로 놓고 열심히 노력하다가 막상 그것을 이루자 열정을 유지할 동력을 잃어버린 것입니다.

잘못된 목표설정은 엄청난 성과를 이루었더라도 결국 인생을 망칩니다. 하나님이 없는 인생도 아무리 성공한다 하더라도 결국 연기처럼 사라질 허상일 뿐입니다.

주님 안에서 삶의 마지막까지 의미 있는 일을 실천할 수 있는 열정을 공급하는 바른 목적이 나에게는 있는지 살펴보십시오. 아멘!!

♡ 주님! 고난과 역경에도 흔들리지 않는 진정한 비전을 품게 하소서.
📖 무엇을 위해 살고 있으며 무엇을 위해 살아야 하는지 생각합시다.

중요한 마음

읽을 말씀 : 사무엘상 16:1-13

● 삼상 16:7 ⋯ 그의 용모와 키를 보지 말라 내가 이미 그를 버렸노라 내가 보는 것은 사람과 같지 아니하니 사람은 외모를 보거니와 나 여호와는 중심을 보느니라 하시더라

나라의 운명이 걸린 큰일을 맡게 될 남자가 있었습니다.

자신에게 그런 능력이 없을까 봐 두려웠던 남자는 자신감을 얻기 위해 관상을 보러 갔지만 "복이 별로 없다"는 말만 듣고 왔습니다.

가는 곳마다 관상이 별로라고 하자 이번엔 손금을 보러 갔으나 이 역시 좋은 소리를 못 들었습니다. 무슨 방법이 없을까 고민하던 남자는 관상학에서 별로 의미가 없다고 평가받는 족상까지 보러 갔는데 이 역시 평이 좋지 못했습니다.

실의에 빠진 남자는 집으로 돌아와 가만히 거울을 보며 생각에 잠겼습니다.

'관상부터 족상까지 하나도 타고난 것이 없는데 내가 정말로 이 일을 감당할 수 있을까?'

그러나 아무리 생각해도 나라를 사랑하는 마음만큼은 누구보다 뜨겁다고 자신할 수 있었습니다. 결국 관상이나 수상보다 '심상'을 따르기로 한 남자는 자신에게 주어진 대업을 맡기로 결심했습니다.

탄핵으로 공석이 된 대한민국임시정부의 주석을 맡은 백범 김구 선생님의 일화입니다.

운명은 주어진 대로 사는 것이 아니라 주 하나님과 함께 개척해나가는 것입니다. 나를 위해 가장 좋은 길로 인도하실 주님을 믿고 최선을 다해 주님의 음성을 따르십시오. 아멘!!

🤍 주님! 오직 주님이 보여 주시는 길로만 걸어가게 하소서.
🎴 관상, 점 등 미신을 멀리하고 주님의 말씀에만 집중합시다.

산삼을 만드는 것

읽을 말씀 : 로마서 5:1-11

● 롬 5:4 인내는 연단을, 연단은 소망을 이루
는 줄 앎이로다

산삼과 인삼의 유일한 차이는 자라는 환경입니다.

같은 씨가 산에 뿌려져 뿌리를 내리고 스스로 자라나면 산삼
이 되지만 밭에 뿌려져 사람이 기르면 인삼이 됩니다.

자라기 좋은 온도와 습도에서 충분한 영양을 공급받기 때문에
당연히 인삼이 산삼보다 좋은 환경에서 자라지만 인삼의 수명은
아무리 길어야 6년을 넘지 못하고 4년이 지나면 썩어버리기 때
문에 대부분 그전에 수확합니다.

그에 반해 사계절을 온몸으로 버티며 어떻게 자라나는지 확인
도 할 수 없는 산삼은 6년이 지나도 썩지 않고 때로는 수십 년,
수백 년을 자라기도 하고 이 과정에서 인삼에는 없는 40여 가지
의 유익한 성분까지 생겨납니다.

과학이 발달한 오늘날에도 인삼을 산삼처럼 길러내는 방법을
발견하지 못했기에 많은 사람들이 산삼은 자연이 키워내는 것이
라고 생각합니다.

많은 것들이 발전한 세상에서 신앙생활을 하며 믿음을 지키는
것은 비효율적인 일처럼 여겨집니다. 그러나 창조주 하나님을
알아가며 주님을 예배하는 일은 여전히 세상의 어떤 일보다 중
요합니다.

신앙생활이 더 힘들고 돌아가는 것처럼 보일지라도 영혼을 위
한 투자가 가장 귀한 투자임을 기억하십시오. 아멘!!

💙 주님! 영혼을 성장시키는 일에 더 집중하게 하소서.

🙏 생명을 주시고 영혼을 지켜주시는 주님께 감사합시다.

목표의 5가지 법칙

읽을 말씀 : 데살로니가후서 1:3-12

●살후 1:11 이러므로 우리도 항상 너희를 위하여 기도함은 우리 하나님이 너희를 그 부르심에 합당한 자로 여기시고 모든 선을 기뻐함과 믿음의 역사를 능력으로 이루게 하시고

세계에서 가장 유명한 동기부여 강사인 지그 지글러 박사의 '진정한 목표를 설정하는데 도움을 주는 5가지 질문'입니다.

1. 환경과 가족, 다른 사람의 영향을 받은 것이 아닌 진짜 내가 원하는 것인가?
2. 도덕적으로 옳으며 누구에게도 해를 끼치지 않는가?
3. 목표를 이루었을 때 내 삶이 더 풍요로워지고 다음 목표에 도움이 되는가?
4. 어떤 역경에도 각오를 잃지 않을 수 있는 목표인가?
5. 이 목표를 성공시킨 나의 모습을 상상할 수 있는가?

지그 지글러 박사의 말에 따르면 인생의 정확한 목표를 가진 사람은 3%밖에 되지 않으며 대부분은 흘러가는 대로 살아가고 진지하게 고민해본 적이 없기에 하나를 목표를 세우는데 20시간이 필요한 사람도 많다고 합니다.

위의 5가지 질문을 충족하는 목표를 찾았습니까?
그렇다면 한 가지 질문을 더해 보십시오.
내가 세운 목표는 말씀에 합당합니까?
주님이 기뻐하시는 목표입니까?
주님도 기뻐하시는 참된 인생의 목표를 세우십시오. 아멘!!

♡ 주님! 분명한 목적지를 위해 달려가는 인생이 되게 하소서.
▧ 위에 나오는 질문들로 내 목표를 점검합시다.

10월 7일

비행기를 믿는 사람들

읽을 말씀 : 로마서 10:1-13

● 롬 10:2 내가 증언하노니 그들이 하나님께 열심이 있으나 올바른 지식을 따른 것이 아니니라

남태평양의 뉴기니섬을 조사하러 탐험대가 도착했을 때의 일입니다.

비행기에서 내린 조사단에게 원주민들이 몰려와 "존 프롬을 아나?"고 물었습니다.

조사단이 "모른다"고 하자 원주민들은 "그렇다면 어째서 신이 타고 온 기계를 몰고 올 수 있나?"고 되물었습니다.

자초지종을 들어보니 존 프롬은 19년 전에 군대의 구호품을 가지고 섬에 도착한 군인이었습니다. 원주민들이 이해할 수 없는 수준의 높은 기술인 비행기를 타고 와서 다양한 식품을 나눠주던 존 프롬을 원주민들은 신으로 추앙했고 다시 돌아오겠다는 말을 남기고 떠난 그를 19년 동안 기다렸던 것입니다.

원주민들은 비행기가 떠난 활주로가 신을 부르는 의식인 줄 알고 섬 곳곳에 활주로를 만들고 존 프롬이 가지고 왔던 물건들을 비슷하게 만들어 숭배하고 있었습니다.

조사단은 존 프롬이 신이 아니라고 말했지만 원주민들은 끝끝내 진실을 받아들이지 않고 존 프롬과 비행기를 믿었습니다.

원주민들이 믿었던 비행기와 받았던 구호품은 분명히 존재하는 것이었지만 진리는 아니었으며 구원과 관련된 것은 더더욱 아니었습니다.

우리가 믿어야 할 세상의 유일한 진리는 죄를 해결하고 영혼을 구원하시는 예수 그리스도이심을 기억하십시오. 아멘!!

🖤 주님! 믿어야 할 것을 믿으며 기다려야 할 주님을 기다리게 하소서.
🔲 믿음의 본질과 대상은 오직 주님이심을 기억합시다.

열정의 크기

읽을 말씀 : 고린도전서 9:19-27

● 고전 9:24 운동장에서 달음질하는 자들이 다 달릴지라도 오직 상을 받는 사람은 한 사람인 줄을 너희가 알지 못하느냐 너희도 상을 받도록 이와 같이 달음질하라

국내 한 대기업의 신입사원 면접날이었습니다.

말끔히 정장을 차려입은 한 남자가 새벽부터 출근하는 사원들에게 음료수를 나눠주고 있었습니다. 그날 면접을 보는 지원자였는데 좋은 이미지를 보여주고 싶어 새벽부터 나와 음료수를 돌린 것이었습니다.

타 업체의 불법 홍보인 줄 알고 경비업체의 제지를 받아 100여 개밖에 돌리지 못했지만 그중 하나가 그날 면접관에게 전해졌고, 열정을 인정 받아서인지 면접에도 합격했습니다.

한 대학생은 회사를 향한 열정을 보여주겠다며 서울에서 울산까지 7일 동안 밤낮을 가리지 않고 뛰어갔습니다. 결과가 어떻게 되었는지는 알려지지 않았지만 취업을 위한 요즘 청년들의 뜨거운 열정을 알리는 이야기로 한때 세간에 큰 화제가 되었습니다.

사람은 간절한 만큼 열정을 품습니다. 간절한 열망이 있는 사람에게는 보통 사람들에게 무모하게 보이는 일들도 귀찮고 힘든 일로 다가오지 않습니다.

주님을 향한, 주님이 주신 사명을 향한 나의 열정은 어느 정도입니까?

주님이 보여주신 사랑만큼 최선을 다해 주님을 섬기십시오. 아멘!!

♡ 주님, 주님의 뜨거운 사랑을 생활 속에서 느끼게 하소서.
🎨 주님이 맡겨주신 일들을 열정으로 열심히 실천합시다.

10월 9일

모두를 변화시키는 복음

읽을 말씀 : 디모데전서 2:1-7

● 딤전 2:4 하나님은 모든 사람이 구원을 받으며 진리를 아는 데에 이르기를 원하시느니라

발달장애 아동보호 시설에서 일하는 성도가 있었습니다.

아이들을 가르치면서 말씀으로 축복을 해주고 복음을 전하고 싶었지만 간단한 대화도 불가능한 아이들이 과연 알아들을 수 있을까 싶어서 목사님을 찾아갔습니다.

"제가 가르치는 아이들도 복음을 이해할 수 있을까요?"

성도의 질문에 목사님은 조금의 망설임도 없이 다음과 같이 대답해주셨습니다.

"당연합니다. 하나님이 주신 복음은 누구나 믿을 수 있습니다."

다음날부터 성도는 아이들을 마음껏 축복하며 틈나는 대로 복음을 전했습니다. 그런데 한 달도 되지 않아 놀라운 일들이 일어났습니다.

상태가 급격히 호전되어 말을 시작한 아이들도 생겼고, 그중에는 복음을 이해하고 전하는 아이들까지 있었습니다. 말을 못하는 아이들도 미소가 많아지고 상태가 안정되어 심지어 교회를 다니지 않는 부모님들도 찾아와 감사 인사를 전하는 일들이 많아졌다고 합니다.

주님이 주신 복음은 모든 인류를 구원하기 위한 완전한 복음입니다.

모든 사람에게 주신 하나님의 복음을 내 생각과 편견으로 제한하지 말고 시시때때로 복음을 전하십시오. 아멘!!

💙 주님! 누구나 구원받을 수 있는 복음의 능력을 믿게 하소서.

▦ 복음을 전할 가능성을 나의 잣대로 평가하지 맙시다.

시간보다 중요한 것

읽을 말씀 : 시편 119:1-10

● 시 119:2 여호와의 증거들을 지키고 전심으로 여호와를 구하는 자는 복이 있도다

심리학계에서 세기의 천재로 인정받던 애덤 그랜트는 세간의 평가와는 달리 항상 시간 관리에 실패한다고 느꼈습니다.

시간을 어떻게 정해도 약속한 일을 절대로 마칠 수가 없었습니다. 그래서 그는 '생산성을 늘리는 방법'을 오랫동안 연구했고 그 결과 다음의 3가지 법칙을 찾았습니다.

1. 시간보다는 집중력이 중요하다.

   시간을 정하는 것보다 사용하는 방법이 더 중요하기 때문입니다.

2. 지루한 일을 먼저 하는 것이 좋다.

   좋아하는 일을 하고 지루한 일을 하면 대조 효과로 인해 일이 더 힘들게 느껴집니다.

3. 모든 일에 규칙을 만들어라.

   아무 때나 SNS를 확인하고, 습관적으로 TV를 켜는 것보다는 정해진 시간에, 필요한 규칙을 정하는 것이 모든 일에서 필요합니다.

애덤은 이 방법을 사용함으로 엄청난 연구 성과를 이뤘고 뉴욕타임스에서 선정한 '세계에서 가장 생산성이 높은 심리학자'라는 평가까지 받았습니다.

주님이 허락하신 시간을 지혜롭게 사용하는 일은 정말로 중요합니다. 주어진 시간을 정말 필요한 일을 위해 사용하는 지혜로운 청지기가 되십시오. 아멘!!

♡ 주님! 주님께 칭찬받는 지혜로운 청지기가 되게 하소서.

🎨 습관적으로 낭비하고 있는 시간을 필요한 일들로 채웁시다.

한 가지 차이

읽을 말씀 : 요한복음 6:47-59

● 요 6:51 나는 하늘에서 내려온 살아 있는 떡이니 사람이 이 떡을 먹으면 영생하리라 내가 줄 떡은 곧 세상의 생명을 위한 내 살이니라 하시니라

도쿄에 세워진 최초의 호텔 '메구로가조엔'에는 엄청난 규모의 나전칠기가 있습니다. 오랜 세월로 칠이 벗겨진 메구로가조엔의 나전칠기들을 복원하는 공사를 한다는 소문을 들은 국내의 옻칠 장인 전용복 씨는 이 일에 자신의 일생을 걸기로 했습니다.

된다는 보장이 없음에도 일본어를 배우며 한국의 기법과는 다른 일본의 옻칠 기법을 배우기 위해 장인들을 찾아다녔습니다.

1조 원이 드는 중요한 공사를 한국인에게 맡길 확률은 사실상 희박했지만 전용복 씨는 당당히 입찰에 성공했습니다.

입찰을 결정하는 프레젠테이션에서 전용복 씨가 남긴 마지막 한 마디에 관계자들이 감동을 받은 것이었습니다.

"많은 사람들이 불가능하다고 말해도 나는 분명히 이 일을 할 수 있습니다. 아니, 더 잘할 수 있습니다. 그 이유가 뭔지 아십니까? 이 일에 목숨을 건 사람은 나밖에 없기 때문입니다."

전용복 씨는 3년에 걸친 복원작업을 훌륭하게 해냈고 메구로가조엔의 복원은 한동안 일본에서 빅뉴스로 회자됐습니다.

세상의 수많은 성인들이라고 일컫는 사람들과 예수님의 차이는 희생입니다. 자신이 창조한 피조물을 살리기 위해 사랑하는 독생자를 주신 진정한 복음은 오직 예수님으로부터만 나올 수 있습니다.

목숨을 다 바치신 주님의 뜨거운 사랑을 외면하지 마십시오. 아멘!!

♥ 주님! 저를 위해 목숨까지 바치신 주님의 희생을 묵상하게 하소서.
🙏 모든 것을 주신 주님께 나의 모든 것을 드리기 위해 노력합시다.

할 수 있어

읽을 말씀 : 데살로니가전서 5:12-23

● 살전 5:14 또 형제들아 너희를 권면하노니 게으른 자들을 권계하며 마음이 약한 자들을 격려하고 힘이 없는 자들을 붙들어 주며 모든 사람에게 오래 참으라

기타에 관심이 많은 소년이 있었습니다.

열심히 돈을 모아 간신히 낡은 기타를 구입했지만 주변엔 가르쳐 줄 사람도 없고, 배우러 갈 돈도 없었습니다. 소년은 하루 종일 기타를 잡고 노력을 했지만 연주가 영 늘지 않았습니다. 한창 방에서 기타를 치다가 거실로 나올 때마다 입버릇처럼 "아, 내가 정말 지쳤어, 기타는 무리야"라고 말하곤 했습니다.

하지만 소년의 어머니는 그럴 때마다 "너는 충분히 할 수 있단다. 조금만 더 시도해봐"라며 용기를 북돋아 주었습니다. 어머니가 듣기에도 연주는 신통치 않았고, 때때로 껍질이 벗겨져 피투성이가 된 손가락을 보면 가슴이 아팠지만 그래도 아들의 꿈을 말로나마 응원해주고 싶었기 때문입니다.

어머니의 격려로 청년이 될 때까지 기타를 놓지 않았던 소년은 비슷한 꿈을 가진 친구들을 만나 '비틀즈'라는 밴드를 만들었습니다.

비틀즈의 기타리스트 조지 해리스를 만든 것은 어머니의 지속적이고 따스한 격려의 말 한마디였습니다.

칭찬과 격려는 주님이 주신 꿈을 가능하게 만드는 연료입니다.

사랑과 관심만으로 얼마든지 줄 수 있는 칭찬과 격려를 아낌없이 주변 사람들에게 나눠주십시오. 아멘!!

♡ 주님! 마음에 힘이 되는 사랑의 언어를 사용하게 하소서.

🎑 다른 사람의 꿈을 응원하는 칭찬과 격려를 베풉시다.

마음을 움직인 이야기

읽을 말씀 : 디모데후서 4:9-18

● 딤후 4:17 주께서 내 곁에 서서 나에게 힘을 주심은 나로 말미암아 선포된 말씀이 온전히 전파되어 모든 이방인이 듣게 하려 하심이니 내가 사자의 입에서 건짐을 받았느니라

일본의 한 시골에서 초등학교만 졸업한 후 작은 공장에서 일하는 가난한 소년이 있었습니다.

소년은 집안이 가난해 하고 싶은 공부도 못하고 공장에서 일하는 신세가 원망스러워 거리에 쭈그려 앉아 울고 있었는데 소년의 사정을 알게 된 한 아저씨가 옛날이야기를 해줬습니다.

"중국의 기창이란 사람은 대단한 명궁이었단다. 이 사람은 아내가 베틀을 짤 때 수없이 움직이는 실을 보면서도 눈을 깜박이지 않는 훈련을 2년 동안 했고, 뛰어다니는 말꼬리에 작은 실을 묶어 눈으로 좇는 훈련을 3년이나 했다고 한다. 남들이 보기에는 쓸데없는 이 일이 기창을 시대의 명궁으로 만든 훈련법이었다. 지금은 작은 일 같아도 열심히 정진하다 보면 반드시 시대에 이름을 날릴 장인이 될 수 있지 않을까?"

아저씨의 이야기는 소년에게 큰 힘이 됐습니다.

소년은 그 이야기를 들은 뒤로 자신이 다니는 공장에서 최선을 다해 일하고 기술을 배워 자동차에 들어가는 수백 가지 부품을 개발했고, '혼다'라는 자동차 회사를 세워 세계적인 기업으로 일궈냈습니다.

하나님의 말씀은 세상의 어떤 교훈보다도 사람의 마음을 움직이고 변화시킬 힘이 있습니다.

우리의 삶에 꿈을 이루어주는 생명과 구원인 하나님의 말씀을 내 삶에 더 적용하여 비전을 이루십시오. 아멘!!

♡ 주님! 능력의 말씀으로 내 삶을 변화시켜 주소서.
▨ 말씀을 묵상하며 말씀처럼 변화됩시다.

깊이 이해하라

10월 14일

읽을 말씀 : 마태복음 13:18-30

● 마 13:23 좋은 땅에 뿌려졌다는 것은 말씀을 듣고 깨닫는 자니 결실하여 어떤 것은 백 배, 어떤 것은 육십 배, 어떤 것은 삼십 배가 되느니라 하시더라

　2002년도 월드컵 4강을 이끈 거스 히딩크 감독은 처음 한국에 오자마자 실무팀에게 필요한 책들을 원서로 구입해달라고 요구했습니다.

　실무팀은 히딩크 감독의 요구에 어리둥절할 수밖에 없었는데 그가 요구한 것은 한국의 역사책과 삼국지였기 때문입니다.

　히딩크 감독은 한국 선수들을 제대로 이해하기 위해서는 역사를 통한 국민성을 이해하고, 동양의 대표적인 고전을 알아야 서양과는 다른 사고방식을 깊이 이해할 수 있다고 생각했습니다.

　히딩크 감독은 역사를 통해 작은 땅에서도 포기하지 않고 외세와 맞서 싸우며 이겨내던 잡초 같은 투혼과 겉으로 드러나지 않는 크나큰 열정이 우리 선수들의 큰 장점임을 알았고 반면에 지나친 위계질서와 창의적이지 못한 주입식 훈련법이 걸림돌이라는 것도 알았습니다. 그래서 훈련 중 선후배에 대한 호칭을 없애고 체력 훈련을 중점으로 끊임없는 동기부여를 함으로 4강 신화를 이룰 수 있었습니다.

　물론 구약이 접근하기 어렵고 신약이 교회에서도 훨씬 비중있게 다루는 부분인 것은 맞습니다. 그러나 축구 한 경기를 승리하기 위해 깊이 있는 이해가 필요한 것처럼 신약에서 완성된 복음을 이해하기 위해선 구약의 이해가 필요합니다.

　구약을 통해 태초부터 시작된 하나님의 사랑과 계획을 느끼십시오. 아멘!!

💗 주님! 모든 성경을 귀한 말씀으로 받게 하소서.

🈁 성경 1독을 위한 계획을 세웁시다.

고난에 필요한 것

읽을 말씀 : 이사야 48:17-22

●사 48:17 너희의 구속자시요 이스라엘의 거룩하신 이이신 여호와께서 이르시되 나는 네게 유익하도록 가르치고 너를 마땅히 행할 길로 인도하는 네 하나님 여호와라

몇 년 전 터키에서 쿠데타 진압을 목적으로 유명인사들이 붙잡혀 들어가는 일이 있었습니다. 이 과정에서 착오가 있었는지 터키에서 25년 동안 선교 중이던 앤드루 브런슨 목사님도 군부에 잡혀 재판을 받았습니다. 그동안 터키에서 미국인이 재판을 받은 적은 한 번도 없었고 쿠데타와 연관된 아무런 자료가 없었지만 터키 재판부는 목사님에게 징역 35년을 선고했습니다.

국제적인 선교단체들의 성명과 미국 정부의 항의도 받아지지 않아 결국 목사님은 억울한 옥살이를 하게 됐는데 수감 되기 전의 심경을 다음과 같이 고백했습니다.

"터키에서 복음을 전하는 것 말고는 내가 한 일은 아무것도 없습니다. 하지만 예수님을 위해 당하는 고난이기에 영광스럽게 생각하겠습니다."

목사님의 아내인 노린 사모님은 남편이 법정에서도 예수님을 전했다면서 하루 3번씩 기도해달라고 동역자들에게 부탁했고 많은 선교단체들이 동참했습니다. 그리고 기도의 응답으로 목사님은 2년 만에 기적적으로 석방되어 다시 자유롭게 복음을 전하게 되었습니다.

주님을 위해 당하는 고난은 오히려 축복입니다. 그러나 그런 고난 중에 임할 은혜와 역사를 우리는 간구해야 합니다.

고난 중에 임하는 주님의 은혜를 믿으며 기도로 중보 하십시오. 아멘!!

💟 주님! 어떤 고난에도 성도가 해야 할 일을 하게 하소서.

🈀 고난에 처한 사람들을 위해 기도로 중보 합시다.

자존심보다 중요한 것

읽을 말씀 : 베드로전서 5:1-11

● 벧전 5:6 그러므로 하나님의 능하신 손 아래
에서 겸손하라 때가 되면 너희를 높이시리라

일본에서 유학 중이던 한 학생이 우연히 음악에 대한 강의를 듣게 되었습니다.

"최고의 명기인 바이올린 스트라디바리우스는 현대의 기술로도 만드는 것이 불가능하다"는 강사의 말을 듣자 학생의 마음속에 '그 불가능한 일을 내가 해야겠다'라는 목표가 생겼습니다.

바이올린 제작자가 되겠다는 생각에 학업을 정리한 후 세계의 장인들을 찾아다니며 제자로 받아달라고 했지만 한국인이라는 이유로 아무도 받아주지 않았습니다. 그러자 학생은 바이올린 부품을 만드는 공장에 취직해 작은 기술부터 배웠습니다.

공장 직원들에게 무시를 받으면서도 기술을 배우기 위해 자존심을 굽혔습니다. 그렇게 공장에서 배운 실력을 인정받아 조금 높은 위치에 있는 사람들이 그를 제자로 받아줬고 때때로 밥 먹는 것을 잊을 정도로 하루 종일 바이올린에만 매진하며 오랜 시간을 보냈습니다. 그리고 불가능한 바이올린을 다시 만들어보겠다는 학생의 꿈은 제2회 국제 바이올린 경연대회에서 6개 항목 중 5개 항목에서 우승하며 이루어졌습니다.

미국 바이올린 협회가 인정한 마스터 메이커 진창현 씨의 업적은 강사의 한 마디를 통해 시작됐습니다.

정말로 이루어야 할 꿈이 있다면 자존심은 중요하지 않습니다. 하나님의 나라와 복음 전파를 위해서 치르는 희생을 기쁘게 감수하십시오. 아멘!!

♡ 주님! 소중한 것을 위해 나를 낮출 줄 아는 겸손함을 주소서.
📷 하나님의 나라와 복음을 위해 자존심도 아까워 말고 열심히 합시다.

안에서 느껴라

읽을 말씀 : 고린도전서 9:19-27

● 고전 9:23 내가 복음을 위하여 모든 것을 행함은 복음에 참여하고자 함이라

당나라 시절 소가 싸우는 그림을 잘 그려 이름을 날린 대숭이라는 화가가 있었습니다. 대숭의 그림을 본 사람들은 마치 바로 눈앞에서 소가 싸우는 장면을 보는 것 같아 몸의 털이 서고 뼈가 서늘해진다고 말하곤 했는데 여기서 '모골송연'이라는 사자성어가 만들어졌습니다.

실제로 대숭은 그림을 더 잘 그리기 위해서 한평생 소를 연구했습니다. 야생의 소들이 어떻게 생활하고 어떤 습성이 있는지, 태어나서 죽을 때까지 어떤 삶을 사는지 연구해가며 소를 그렸습니다. 하지만 이런 노력에도 자신이 원하는 그림은 나오지 않았습니다. 결국 대숭은 자신이 원하는 그림을 위해 소싸움 현장을 찾았습니다.

성난 황소가 서로 치고받고 싸우는 위험한 현장에서 대숭은 소가 코앞에 올 때까지 다가가 관찰하며 느꼈습니다.

자칫하면 목숨을 잃을지도 모르는 치열한 현장에서 직접 모골이 송연한 경험을 하는 것이 보는 것만으로도 박진감을 느낄 수 있는 대숭 작품의 비결이었습니다.

주님의 사랑과 은혜는 머리로 생각하고 곁에서 관찰함으로 알 수 있는 것이 아닙니다.

내 안에 머물며 내 삶을 주관하기를 바라시는 주님의 권능의 손길에 나의 모든 것을 맡기십시오. 아멘!!

♡ 주님! 바라보는 신앙을 뛰어넘어 경험하는 신앙이 되게 하소서.
🎴 주님의 은혜의 현장에 적극적으로 참예합시다.

복음의 응급상황

읽을 말씀 : 요한복음 6:22-33

● 요 6:27 썩을 양식을 위하여 일하지 말고 영
생하도록 있는 양식을 위하여 하라 이 양식
은 인자가 너희에게 주리니 인자는 아버지
하나님께서 인치신 자니라

　　미국의 예술가 벤 피언리의 전시회 '응급상황 대처법'에 출품
된 작품들 중에는 소화전을 울리는 비상벨 안에 벨 대신에 두툼
한 피자가 들어있는 작품이 있었습니다.
　　유리 앞에는 '응급상황에는 유리를 깨고 섭취하십시오'라는 안
내문이 적혀있었습니다.
　　'위급할 때 여시오'라는 구급상자의 뚜껑을 열면 형형색색의
도넛 여러 개가 구급약 대신에 들어있고, '하루 종일 춤을 추게
됨. 의사에게 갈 수 있음'이라는 주의사항이 적혀있고 소화기에
는 와인이 가득 들어있었습니다.
　　전시회장에는 이를 비롯해 다양한 '응급상황'에서 사용되는 도
구들이 음식을 담는 도구로 재해석되어 있었습니다.
　　전시를 기획한 벤은 사람들을 관찰하며 '사람들은 배가 고플
때 가장 위급하게 느끼며 재빠르게 대처한다'는 사실에 주목해
'허기가 생기지 않도록 조심해야 한다'는 취지의 작품들을 만들
게 됐다고 말했습니다.
　　배가 고프면 살 수 없기에 민감해지는 것처럼 영의 궁핍함에
도 민감해야 합니다.
　　살아있는 하나님의 말씀으로 내 영을 채우고, 갈급한 영혼들
에게 생명수와 같은 복음을 전하십시오. 아멘!!

♡ 주님! 몸의 필요만큼 영의 필요에도 민감하게 하소서.
▧ 생명의 양식이 되는 말씀과 기도를 중요하게 여깁시다.

긍정적인 말의 힘

읽을 말씀 : 야고보서 1:2-8

●약 1:6 오직 믿음으로 구하고 조금도 의심
하지 말라 의심하는 자는 마치 바람에 밀려
요동하는 바다 물결 같으니

평생 언어를 연구한 우에니시 아키라는 인생을 더 밝게 만들
기 위해서는 긍정적인 말이 반드시 필요하다고 말했습니다.
다음은 우에니시가 말한 '무조건 긍정적인 말을 해야 할 5가
지 이유'입니다.
1. 긍정적인 생각은 가능성을 열어 준다.
   안될 이유부터 찾는 사람은 어떤 일도 할 수 없습니다.
2. 자신을 아끼며, 신중하게 말하게 된다.
   긍정은 나를 아끼게 만들며 한 번 더 생각하고 말하게 합
   니다.
3. 객관적인 긍정은 공감을 얻게 된다.
   밝고 긍정적인 말을 하는 사람에게 본능적으로 호감을 갖
   게 됩니다.
4. 입에서 나온 말은 씨가 된다.
   입버릇대로 성공하고 실패한 많은 예가 있습니다.
5. 좋은 말이든 나쁜 말이든 습관이 된다.
   불평과 푸념도 습관이 되기 때문에 하루라도 빨리 좋은 습
   관으로 길들여야 합니다.
모든 불가능을 가능케 하시는 예수님이 우리의 왕이십니다.
나를 사랑하시고 지키시는 주님을 믿고 작은 가능성이라도 포
기하지 말고 집중하십시오. 아멘!!

💟 주님! 한마디 말로도 주님을 향한 믿음을 표현하게 하소서.
🈸 나에게도, 주변 사람에게도 긍정과 희망의 말을 합시다.

10가지 사고의 원칙

읽을 말씀 : 마태복음 11:12-19

● 마 11:12 세례 요한의 때부터 지금까지 천국은 침노를 당하나니 침노하는 자는 빼앗느니라

하나님을 믿는 성도들은 어떤 사고 방식을 갖고 살아야 할까요? 또 세상 사람들과 무엇이 달라야 할까요?

로버트 슐러 목사님이 말한 '성도들이 가져야 할 10가지 사고의 원칙'입니다.

01. 하나님께 불가능은 없음을 믿으라.

02. 아무리 어려운 일을 당해도 해결책을 찾아보라.

03. 나에게 있는 가능성을 결코 외면하지 말라.

04. 실패할 위험이 있다고 도전을 포기하지 말라.

05. 나를 싫어하는 곳에 억지로 가려고 하지 말라.

06. 다른 사람이 실패한 일이라도
    나는 성공할지도 모른다고 생각하라.

07. 아이디어를 실현하는데 부족하다고 먼저 포기하지 말라.

08. 인간은 누구나 불완전하니, 현재를 인정하고 미래를 설계하라.

09. 좋은 제안이 들어왔을 때는 일단 수락하라.

10. 현상에 안주하지 말고 새로운 목표를 세우라.

천국은 침노하는 자의 것이라고 주님은 말씀하셨습니다.

주님이 주시는 능력으로 비전을 이루며 만방에 진리의 복음을 선포하십시오. 아멘!!

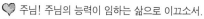

♡ 주님! 주님의 능력이 임하는 삶으로 이끄소서.
🙇 주님이 주시는 가능성을 따라 적극적으로 행동합시다.

유일한 비결

읽을 말씀 : 골로새서 2:1-8

●골 2:2 이는 그들로 마음에 위안을 받고 사랑 안에서 연합하여 확실한 이해의 모든 풍성함과 하나님의 비밀인 그리스도를 깨닫게 하려 함이니

음악의 아버지 바흐는 자신의 재능을 칭찬하는 사람들에게는 항상 다음과 같이 말했습니다.

"달빛에 악보를 그리는 사람이면 누구나 저처럼 성공할 수 있을 겁니다."

어두운 밤에도 달빛에 의지해 작곡할 정도로 열심히 노력한다면 누구나 자신과 같이 훌륭한 곡을 연주할 수 있다는 말이었습니다.

실제로 바흐는 가족들이 모두 잠든 뒤에도 거실에 나와 달빛에 의지해 작곡을 하다가 걸린 적이 많았습니다.

그리스의 철학자 아리스토텔레스는 공부할 때면 손에 쇠 구슬을 들고 있었습니다. 혹시나 졸게 되면 손에 들고 있는 쇠 구슬이 떨어져 큰 소리를 내 잠에서 깰 수 있었기 때문입니다.

특허청에 1,000개가 넘는 발명품을 등록한 에디슨은 그처럼 많은 성취를 이룰 수 있던 비결을 "시계를 보지 않는 것"이라고 고백했습니다.

공부에는 왕도가 없듯이 신앙에도 왕도가 없습니다. 새 노래로 주님을 찬양하고 전심으로 기도하며 의심없이 말씀을 신뢰하는 것이 신앙을 향상시키는 가장 빠른 비결입니다.

주님을 더 사랑하고 말씀대로 살기 위해 더 노력하십시오. 아멘!!

♡ 주님! 하루를 살아가며 더욱 주님과 가까워지게 하소서.

▩ 발전하는 믿음 생활을 위해 필요한 노력을 합시다.

복음을 일깨워라

읽을 말씀 : 이사야 43:1-13

● 사 43:10 … 너희는 나의 증인, 나의 종으로
택함을 입었나니 이는 너희가 나를 알고 믿
으며 내가 그인 줄 깨닫게 하려 함이라

미국의 적십자에서 있었던 일입니다.

매년 적은 기부금이 들어왔던 작은 시골 마을에서 어느 해부
터 10배가 넘는 기부금이 들어왔습니다.

혹시 직원이 부정한 방법으로 돈을 모았나 싶어서 적십자에서
는 사람을 보내 조사를 했습니다.

그런데 조사 결과 기부금이 오른 것은 새로 부임한 직원 때문
이었습니다. 예전의 직원은 기부에 대해서 문의하는 사람에게
이렇게 대답했다고 합니다.

"네, 기부하시면 좋은 일이 있겠죠. 본사에서 어떻게 사용하는
지는 모르겠지만 그래도 좋은 일에 사용할 것 같습니다."

하지만 새로운 직원은 만나는 사람마다 틈만 생기면 이렇게
말했습니다.

"적십자는 사람을 살리는 일을 합니다. 저는 사람들의 도움으
로 생명을 살리는 이 일을 정말 사랑합니다."

적십자에서 하는 일을 알리기만 했는데 사람들은 자발적으로
훨씬 더 많은 돈을 기부한 것이었습니다.

예수님의 제자는 어떤 사람들인지 세상에 알리고 본을 보이는
것이 최고의 전도방법입니다.

많은 사람들이 주님의 사랑을 깨닫도록 제자의 본분을 다하고
세상에 널리 알리십시오. 아멘!!

♡ 주님! 제자의 삶을 감당할 수 있는 뜨거운 열정을 주소서.

🖼 교회 공동체와 함께 지역사회를 위한 일에 적극 헌신합시다.

어떤 사람인가

읽을 말씀 : 에베소서 1:3-14

● 엡 1:6 이는 그가 사랑하시는 자 안에서 우리에게 거저 주시는 바 그의 은혜의 영광을 찬송하게 하려는 것이라

세상에서 모르는 것이 없다고 알려진 랍비에게 왕이 찾아와 세 가지 질문을 했습니다.

"세상에서 가장 현명한 사람은 누구인가?"

"모든 사람에게서 배울 줄 아는 사람입니다. 이런 사람은 한 사람의 지혜로 감당할 수 없습니다."

"그렇다면 세상에서 가장 강한 사람은 누구인가?"

"자기 자신을 다스리는 사람입니다. 세계를 정복한 왕에게도 이는 쉬운 일이 아닙니다."

"마지막으로 묻겠다. 세상에서 가장 부자인 사람은 누구인가?"

"자기 소유에 만족할 줄 아는 사람입니다. 사람의 욕심은 아무리 채워도 끝이 없기 때문입니다."

50년 전 필요한 생필품은 약 70여 가지였지만 지금 필요한 생필품은 500여 가지라고 합니다. 50년 전의 사람들보다 우리는 약 7배가 넘는 풍요를 누리고 있지만 여전히 사람들은 더 가지려는 것에 혈안이 되어 있지 누리는 것에 대한 감사는 잊고 있습니다.

모든 필요를 아시는 주님은 때에 맞게 모든 것을 채워주고 계십니다. 그 사실에 감사하고 계십니까?

때에 맞게 우리의 필요를 채워주시는 주님께 오직 감사하십시오. 아멘!!

♡ 주님! 제 삶의 모든 것이 은혜 아닌 것이 없음을 고백하게 하소서.

🙏 오늘 베푸신 모든 은혜에 감사하며 삽시다.

할머니의 신발

읽을 말씀 : 마가복음 12:28-34

● 막 12:31 둘째는 이것이니 네 이웃을 네 자신과 같이 사랑하라 하신 것이라 이보다 더 큰 계명이 없느니라

서울의 한 지하철에서 있었던 일입니다.

사람이 붐비는 퇴근 시간 지하철에서 한 할머니가 구걸을 하고 있었습니다. 화상을 심하게 당해 성한 곳이 없으셨던 할머니는 다 떨어진 신발을 그것도 한 짝만 신고 구걸을 다녔지만 사람들은 핸드폰만 쳐다보며 외면했습니다.

노약자 배려석을 지나 다음 칸으로 이동하는 할머니를 갑자기 다른 할머니가 붙잡고 말씀하셨습니다.

"할머니, 내 신발을 신고 가요. 돈을 드리고 싶은데 나도 드릴 게 없어."

노약자석에 앉아 계시던 비슷한 연배의 할머니는 자신이 신고 있던 신발을 벗어 구걸하는 할머니에게 신겨주고는 도착한 역에서 내리셨습니다.

신발을 벗어준 할머니는 도와줄 여력이 없으셨기에 신발이라도 벗어주고자 하셨을 것입니다. 하지만 할머니의 딱한 사정을 본 많은 사람들은 충분한 여유가 있음에도 마음을 열지 않았습니다.

조금이라도 남을 도울 여력이 있다면 눈치 보지 말고 먼저 나서야 합니다. 그것이 성도의 의무이며 주님의 명령입니다.

나만 알고, 효율만 추구하는 각박해져 가는 이 세상에서 '네 이웃을 내 몸과 같이 사랑하라'는 예수님의 말씀이 어떤 의미인지 생각해보고 내가 할 수 있는 일로 도우십시오. 아멘!!

♡ 주님! 가난하고 약한 사람들을 품을 수 있는 여유를 갖게 하소서.
🎴 손해 보고 때로는 당하더라도 이웃들에게 손을 내밉시다.

미루지 말아야 할 일

읽을 말씀 : 누가복음 10:1-12

● 눅 10:2 이르시되 추수할 것은 많되 일꾼이
적으니 그러므로 추수하는 주인에게 청하여
추수할 일꾼들을 보내 주소서 하라

　　미국의 한 기독교 잡지에서 조사한 바에 따르면 기독교인이
가장 많이 하는 거짓말은 "당신을 위해 기도하겠습니다"라고 합
니다.

　　아마도 기도하겠다는 말을 했을 때는 다들 진심이었을 것입니
다. 하지만 사는 것이 바쁘고 경건 생활에 소홀하다 보니 본의
아니게 기도를 해주겠다는 대답이 가장 많이 하는 거짓말이 되
고 말았습니다. 한국에서 가장 많이 지키지 않는 말은 '언제 한
번…'이라고 합니다.

　　우리는 만나는 사람에게 인사말처럼 다음과 같이 약속합니다.

　　"언제 한 번 저녁 먹자."

　　"언제 한 번 찾아갈게."

　　너무나 당연하게 말은 하지만 실제로 이루어지는 경우는 없습
니다.

　　그리스도인은 어떻습니까?

　　우리도 주님께 이와 같은 핑계로 미루고 있지 않습니까?

　　복음은 생명과 직결된 일이기에 어떤 경우에도 미뤄서는 안
됩니다. 사람에게 생명보다 더 귀한 것은 없고 예배보다 더 중요
한 것은 없습니다.

　　지금 복음을 전해야 하고, 지금 말씀을 실천하고, 지금 예배
해야 할 일들을 "언제가 한 번 하겠다"며 미루다가 잊고 사는 게
으르고 미루는 성도가 되지 마십시오. 아멘!!

💛 주님! 해야 할 일을 실행하는 실천력을 주소서.

🗺 언제 한 번 하기로 한 일을 오늘 한 가지 이상 실천합시다.

달을 향한 꿈

읽을 말씀 : 시편 146:1-10

● 시 146:5 야곱의 하나님을 자기의 도움으로 삼으며 여호와 자기 하나님에게 자기의 소망을 두는 자는 복이 있도다

　매일 밤 창가에 서서 하염없이 달을 바라보는 어린이가 있었습니다.

　이 모습을 본 부모님이 "안 자고 뭘 하나?"고 물으면 어린이는 매번 똑같은 대답을 했습니다.

　"달을 보고 있어요. 언젠가는 저 달에서 꼭 걷고 말 거예요."

　훗날 이 어린이는 청년이 되어 오토바이를 타다가 온몸의 뼈가 부스러질 정도의 큰 사고를 당했습니다. 재활을 해도 제대로 걸을지 모르는 상황에서 청년은 지독한 고통을 참아내 이전과 같은 정상적인 몸을 만들었습니다.

　상상도 할 수 없는 엄청난 노력을 재활에 투자하던 청년에게 "왜 이렇게까지 하나?"고 의사가 묻자 청년은 대답했습니다.

　"제대로 걷지도 못해서는 나중에 달에 갈 수가 없으니까요."

　평생 달을 걷겠다는 꿈을 품었던 그는 결국 아폴로 15호를 타고 달에 도착해 다른 사람이 비웃었던 꿈을 멋지게 이뤘습니다.

　달을 걷는 꿈을 이룬 어윈은 그 경험을 통해 주 하나님을 체험했고 이후 목회자가 되었습니다.

　주님이 주신 꿈을 향해 걸어갈 때 우리는 내 삶을 통해 역사하시는 주님을 만나게 됩니다.

　꿈을 주시고 이루시는 주님께 나의 삶을 드리십시오. 아멘!!

💙 주님! 나의 꿈과 소망까지도 주님의 계획안에 머물게 하소서.

🎞 주님이 주신 꿈에는 불가능이 없음을 믿읍시다.

10월 27일

믿음으로 행동하라

읽을 말씀 : 야고보서 2:14-26

● 약 2:17 이와 같이 행함이 없는 믿음은 그 자체가 죽은 것이라

어느 도시의 시내에서 전통 음식점을 개업한 남자가 있었습니다.

맛에는 자신이 있었지만 몇 주가 지나도 사람들이 아예 오질 않았습니다. 이대로 있다가는 빚만 지고 망하겠다 싶어서 여러 방법을 궁리하다가 '맛'만큼 '맛있는 집처럼 보이는 것'도 중요하다는 생각이 들었습니다.

다음날부터 남자는 막 만든 음식을 잘 포장해 자전거에 싣고 여기저기 바쁘게 돌아다녔습니다.

사람들은 자전거에서 풍기는 음식 냄새를 맡으며 허기를 느꼈고, 또 하루 종일 배달하는 모습을 통해 '배달이 끊이지 않을 정도로 맛있는 식당'이라는 생각을 하게 됐습니다.

그렇게 방문한 손님들은 음식이 정말 맛까지 있자 여기저기 소문을 냈고 사람들이 몰려들었습니다.

이로인해 이 식당은 6개월 뒤 도시에서 제일 손님이 많은 식당이 됐고, 지금은 전국에 가장 많은 체인점을 가진 식당(치보)이 됐습니다.

맛에 자신이 있는 식당은 몰려드는 손님을 두려워하지 않듯이 신앙에 자신이 있는 사람은 행동하는 방식이 달라집니다.

더 나은 능력, 더 나은 환경보다 오직 주님을 더 신뢰할 수 있는 믿음을 구하십시오. 아멘!!

🧡 주님! 우리교회가 좋은 소문이 나서 불신자들이 몰리게 하소서.
🎴 주님이 주신 좋은 것들을 이웃들과 나누어 주님에게 오게 합시다.

답을 찾으라

읽을 말씀 : 전도서 8:9-17

● 전 8:17 … 해 아래에서 행해지는 일을 사람이 능히 알아낼 수 없도다 사람이 아무리 애써 알아보려고 할지라도 능히 알지 못하나니 비록 지혜자가 아노라 할지라도 능히 알아내지 못하리로다

세계적인 물리학자 스티븐 호킹 박사는 세상을 떠나기 전 마지막으로 "빅 퀘스천에 대한 대답"이라는 책을 남겼습니다.

'빅 퀘스천'은 사람들의 인생의 의미를 좌지우지할 수 있는 중요한 질문들을 말하지만 과학자들에게는 대체로 "신은 존재하는가?"라는 질문이 빅 퀘스천으로 여겨집니다.

철학자 니체가 "신은 인간이 만들어 낸 망상이기 때문에 존재하지 않는다. 그렇기 때문에 신은 죽었다"라고 말한 이래로 많은 철학자들과 과학자들이 이 빅 퀘스천에 동조하는, 혹은 반박하는 글을 썼습니다. 그리고 스티븐 호킹 박사도 유작으로 이 빅 퀘스천에 대한 자신의 생각을 남겼습니다.

스티븐 박사의 생각은 어땠을까요?

당연히 '신은 존재하는가?'라는 질문을 첫 번째 빅 퀘스천으로 놓은 박사는 단호하게 신은 존재하지 않으며, 하나님이 존재한다고 해도 그저 자연법칙과 같은 형태일 것이라고 일축한 뒤 세상을 떠났습니다.

하나님의 실존은 인생의 가장 중요한 문제이기 때문에 오늘날에도 많은 사람들이 저마다의 논리로 빅 퀘스천에 답을 하고, 또 답을 구하려고 합니다. 하나님의 존재는 죽음 뒤에 명명백백하게 밝혀질 분명한 사실입니다.

인생의 가장 중요한 질문에 분명한 해답을 찾으십시오. 아멘!!

♡ 주님! 주님의 살아계심을 온 마음으로 확신하게 하소서.
🙏 주님의 살아계심을 말씀으로, 나의 삶으로 확증합시다.

10월 29일

가장 확실한 피드백

읽을 말씀 : 고린도전서 6:12-20

● 고전 6:19 너희 몸은 너희가 하나님께로부터 받은 바 너희 가운데 계신 성령의 전인 줄을 알지 못하느냐 너희는 너희 자신의 것이 아니라

　어떤 일이든지 빨리 성장하기 위해선 피드백이 중요합니다.

　다음의 4가지 방법은 대중들의 반응을 이끌어내는 것이 가장 중요한 디자인 업계에서 사용하는 가장 확실한 피드백 메커니즘이라고 합니다.

1. 행동을 취하거나, 행동에 대한 사람들의 반응을 본다.
2. 행동의 결과를 판단한다. 혹은 행동을 본 사람들의 반응을 살핀다.
3. 첫 번째 행동의 결과가 긍정적인 반응으로 퍼지는지 부정적으로 퍼지는지 조사한다.
4. 3번까지의 결과를 반영해 다음 행동에 참고한다.

　이 메커니즘을 요약하면 "행동을 하고 어떤 변화가 일어나는지 살펴본 다음 더 좋은 변화가 일어나는 행동으로 수정한다"라고도 할 수 있습니다. 누구나 아는 너무 단순한 이야기 같지만 실제로 실천하는 것은 매우 어렵기 때문에 비즈니스 업계에서는 이 메커니즘을 지키려고 많은 노력을 기울이고 있다고 합니다.

　아인슈타인은 "똑같은 방법을 반복하면서 다른 결과가 나오기를 기대하는 사람은 정신병자다"라고 말했습니다. 지금까지의 내 삶에 마음에 들지 않는 부분이 있다면 오늘 달라지기로 결심해야 합니다.

　내 삶을 변화시키시고 성령을 통해 이끌어주시는 주님을 믿고 담대한 변화를 선택하십시오. 아멘!!

♡ 주님! 제자의 삶에 합당한 경건한 변화가 일어나게 하소서.

🖼 위 내용을 참고해 내 삶의 수정할 부분을 찾아봅시다.

축복의 인생

읽을 말씀 : 고린도후서 12:1-10

● 고후 12:10 그러므로 내가 그리스도를 위하여 약한 것들과 능욕과 궁핍과 박해와 곤고를 기뻐하노니 이는 내가 약한 그 때에 강함이라

　세 살 무렵 다리가 없다는 이유로 부모님께 버림받은 소녀가 있었습니다. 보육원이라는 부족한 환경에서 자랐지만 그럼에도 소녀는 자신이 바라는 것은 무엇이든 할 수 있다는 자신감으로 수영과 농구, 스케이트보드까지 타기 시작했습니다.

　가난한 환경에 두 다리가 없는 신체적 약점, 거기에 주변 사람의 시선까지 극복하는 것은 쉬운 일이 아니었습니다. 하지만 소녀는 자신이 바라는 것은 이루어질 때까지 포기하지 않았고 그중에서 두각을 나타내던 수영은 장애인 국가대표까지 선발되어 3개의 금메달까지 따냈습니다.

　올림픽에서 메달을 따 국가적 영웅이 된 소녀는 이번엔 다른 목표를 세웠습니다. 자신과 같은 어려움을 겪는 아이들을 돕기 위해 특수교육을 공부해 교사가 되어 자신을 키워준 보육원으로 돌아가 교사가 됐고 장애인도 성공할 수 있다는 사실을 보여주기 위해 쇼핑몰을 창업했습니다.

　장애를 몇 번이나 극복하며 누구나 할 수 있다는 사실을 보여준 중국의 웨이 메이 니의 일상은 SNS를 통해 매일 백만 여명에게 전해지며 삶에 희망을 선물하고 있습니다.

　나의 삶을 통해 복음을 전하고 누군가에게 축복이 될 수 있다면 그보다 더 보람된 일은 없을 것입니다.

　말씀을 따라 살아감으로 복음을 전하고 축복을 전하는 삶을 사십시오. 아멘!!

💗 주님! 어떠한 고난과 어려움 가운데에서도 포기하지 않게 하소서.
🎦 구원받은 성도로서 누리는 기쁨의 삶을 사람들에게 보여줍시다.

10월 31일

그럼에도 감사하라

읽을 말씀 : 데살로니가전서 5:12-28

●살전 5:18 범사에 감사하라 이것이 그리스
도 예수 안에서 너희를 향하신 하나님의 뜻
이니라

미국에서 군선교를 하는 멀린 케로더스 목사님에게 한 성도가
찾아와 한탄을 했습니다.

"목사님, 저에겐 원인도 모르는 병에 걸려 8년째 병상에 누워
있는 딸이 있습니다. 그런데 최근 기도 중에 주님이 저에게 감
사하라는 마음을 주셨습니다. 도저히 화가 나서 참을 수가 없습
니다. 8년간 그 고생을 하고 앞으로 얼마나 더 해야 할지도 모르
는데 감사를 하라니요? 이 마음이 정말로 하나님이 주신 뜻이
맞을까요?"

찾아온 성도가 얼마나 고생을 하는지 알기에 목사님은 아무
말도 하지 못하고 위로의 기도만 해준 뒤 돌려보냈습니다.

그런데 몇 주 뒤 성도가 세상 어디에도 없을 환한 미소를 띠
며 찾아왔습니다.

"목사님, 제 딸이 드디어 깨어났습니다! 기적이 아닐 수가 없
습니다. 주님이 주시는 마음을 도저히 이길 수 없어 모든 것을
체념하고 감사기도를 드렸습니다. 8년 동안 힘든 가운데 임하셨
던 주님의 위로들이 떠오르더군요. 그렇게 기도를 드린 다음 날
에 갑자기 딸이 정신을 차렸습니다."

기쁨 중에도, 환란 중에도 주님께 드릴 것은 오로지 감사뿐입
니다.

가장 귀한 생명을 주신 주님께 언제나 감사의 찬양을 올려드
리십시오. 아멘!!

♡ 주님! 함께 기뻐하시고, 함께 슬퍼하시는 주님의 마음을 깨닫게 하소서.
🖼 환난 중에도 감사의 제목을 찾아 기도로 올려드립시다.

11

"울며 씨를 뿌리러 나가는 자는
반드시 기쁨으로 그 곡식 단을 가지고
돌아오리로다"
- 시편 126:6 -

섬김과 친절함에 따라오는 헌금

읽을 말씀 : 에베소서 6:1-9

● 엡 6:7 단 마음으로 섬기기를 주께 하듯하
고 사람들에게 하듯하지 말라

『20년 훨씬 전… 어느 토요일 오후 남루한 옷차림의 노부부가
방송사를 찾아왔다. 그분들은 극동방송을 구경하고 싶다고 했다.
당직 직원이 정성을 다해 안내하고 따뜻한 차까지 정성껏 대
접해 드렸다. 방송사 구경을 마친 후 노부부는 직원에게 감사해
하며 봉투를 하나 내밀며 "저희는 강화도 근방 시골에 살고 있는
데, 사실 오늘 다른 방송사를 구경하고 싶어 갔지만 정문에서 수
위에게 문전박대를 받았습니다. 집으로 가는 버스를 타려는데,
왠지 그냥 돌아가기가 섭섭해서 극동방송이나 들러보자 하고 왔
지요. 친절하게 안내해주셔서 고맙습니다. 이 봉투는 아침에 찾
아갔던 방송국을 도우려고 준비한 것인데, 지금 극동방송에 헌
금하기로 했습니다"라고 말했다.
봉투 안에는 2천만 원이 들어 있었다. 지금도 큰돈이지만 그
때는 더 엄청 큰돈이다. 그분들은 김포에서 주유소를 운영하는
장로님 부부였다.
따뜻한 전화 응대에 감사하다며 헌금하시는 분들, 헌신적인
봉사에 감동했다고 후원하시는 분들, 극동방송에는 이런 아름다
운 사연들이 참 많다. 오늘도 우리는 작은 친절을 베풀며 하나님
의 큰 은혜를 누리고 있다.』 – 김장환 목사 3E인생에서 발췌
하나님의 말씀을 순종하면 모든 필요는 넉넉히 채워집니다. 헌
신할 때 채워지는 하나님의 섭리를 기억하며 먼저 그 나라와 의를
구하십시오. 아멘!!

💙 주님! 사람을 외모로 판단하지 않고 주님의 사랑으로 대하게 하소서.
🚶 항상 남을 배려하는 겸손함으로 주님의 발자취를 따라갑시다.

친절이 만든 행운

읽을 말씀 : 마태복음 7:7-14

● 마 7:12 그러므로 무엇이든지 남에게 대접을 받고자 하는대로 너희도 남을 대접하라 이것이 율법이요 선지자니라

　　미국의 한 지방에 있는 낡은 호텔에서 있었던 일입니다.

　　비바람이 몰아치는 새벽에 한 노부부가 방을 구하러 찾아왔습니다. 남아있는 방이 하나도 없었고 근처에 있는 다른 숙소들도 사정은 비슷했습니다. 너무 늦은 시간이라 노부부의 안전이 걱정되었던 직원은 자기 숙소에 묵는 것은 어떠냐고 물었습니다. 노부부는 폐가 된다며 거절을 했지만 직원의 간곡한 부탁에 직원용 숙소에서 하룻밤을 보냈습니다.

　　직원은 자신의 낡은 숙소에 묵고 있는 노부부에게 다음 날 아침까지 최고의 서비스를 제공했습니다. 체크아웃을 돕던 직원에게 노부부는 다음과 같이 말했습니다.

　　"당신은 미국에서 제일 좋은 호텔의 직원이 되어야 할 것 같습니다. 조만간 연락을 드리겠습니다."

　　그리고 2년 뒤 노부부는 자신들이 새로 지은 뉴욕 호텔의 지배인으로 이 직원을 스카우트했습니다.

　　이 이야기는 실제로 있었던 이야기로 노부부는 월도프 아스토리아 호텔의 창업주였고 호텔의 직원은 뉴욕지점의 첫 번째 지배인인 조지 볼트입니다.

　　상대방을 섬기고 친절을 베푸는 삶은 서로를 행복하게 만듭니다.

　　무례한 사람에게도 내가 할 수 있는 최선의 친절을 베풀며 말씀을 실천합시다. 아멘!!

♡ 주님! 주님의 성품을 잘 배워 좋은 인격으로 형성되게 하소서.

⛪ 되도록 모든 사람들에게 친절로 응대합시다.

11월 3일

속단하지 말아라

읽을 말씀 : 시편 43:1-5

● 시 43:5 내 영혼아 네가 어찌하여 낙망하며 어찌하여 내 속에서 불안하여 하는고 너는 하나님을 바라라 나는 내 얼굴을 도우시는 내 하나님을 오히려 찬송하리로다

미국의 버니 라칙은 태어난 지 얼마 안 된 소중한 아들 데이비드가 뇌성마비라는 사실을 알게 됐습니다. 의사들은 데이비드가 앞으로 제대로 걷지도 못하고, 말도 못 할 확률이 높다고 말했습니다.

하지만 버니는 포기하지 않고 수소문을 해 시카고에 있는 세계 최고의 뇌성마비 전문가의 병원에 연락을 했습니다.

그런데 예약이 2년이나 밀려 있었습니다. 그럼에도 포기하지 않고 취소된 진찰이 있는지 매주 전화를 해 2달 만에 진료를 받게 됐습니다. 진찰을 마친 의사는 버니에게 이렇게 말했습니다.

"뇌성마비가 확실합니다. 지난번 병원에서 들었던 대로 말도 못 하고 걷지도 못할 확률이 높습니다. 하지만 우리가 할 수 있는 최선의 노력을 해서 치료해보겠습니다."

의사는 데이비드를 포기하지 않고 최선을 다해 치료했습니다.

이후 데이비드는 말도 문제없이 하고, 몸도 평범하게 움직일 수 있는 건장한 청년이 됐고 직장생활을 하며 평범한 가정을 꾸리며 행복한 삶을 살아가고 있습니다.

의사가 단 한 명도 포기하지 않았기에 데이비드의 삶에 기적이 일어날 수 있었습니다. 주님은 모든 영혼이 구원받기를 원하십니다.

섣부른 판단으로 전도를 포기하지 말고 기회가 닿는 대로 최선을 다해 충성하십시오. 아멘!!

♡ 주님! 한 영혼의 소중함을 깨닫고 포기하지 않게 하소서.
🎴 늘 전도지를 가지고 다니며 어디서든 전도할 준비를 합시다.

인간관계의 비밀

11월 4일

읽을 말씀 : 골로새서 2:1-10

● 골 2:2 이는 저희로 마음에 위안을 받고 사랑 안에서 연합하여 원만한 이해의 모든 부요에 이르러 하나님의 비밀인 그리스도를 깨닫게 하려 함이라

세계적인 커뮤니케이션 전문가 레스 기블린은 다른 사람들에 비해 유난히 사람들과 금세 친해졌습니다.

처음 보는 사람들과도 어려움 없이 대화를 시작할 수 있었으며 만난 지 2분도 안 되어 친해지기도 했습니다. 어떤 장소에서, 어떤 대상과도 쉽게 대화를 하는 레스를 보고 친구들은 도대체 비결이 무엇인지 묻곤 했습니다. 그런데 아무리 생각해봐도 이유는 단 한 가지밖에 없었습니다.

"상대방이 나를 좋아할 거라는 믿음"입니다.

자신의 친화성을 계속해서 발전시켜 전문가가 된 레스는 훗날 대인관계에서 다음의 3가지 원칙이 중요하다고 말했습니다.

1. 상대방이 나에게 긍정적인 생각을 가졌을 것이라고 믿고 행동하라.

2. 상대방이 나를 좋아하게 될 것이라는 자신감을 갖고 대화하라.

3. 상대방은 내 모습을 비추는 거울이라는 사실을 명심하라.

그리스도인들은 주님뿐 아니라 사람들과도 좋은 관계를 맺어야 합니다. 사람들과 관계가 나쁜데 말이 통할리 없고, 행동이 통할리 없고, 복음이 흘러갈 리 없습니다. 참된 제자는 인간관계까지도 복음을 위해 신경써야 합니다.

주님의 말씀과 축복이 흘러갈 수 있는 좋은 관계를 맺는 그리스도인이 되십시오. 아멘!!

🤍 주님! 아름다운 교제를 통해 동역자들을 만나게 하소서.

🎴 3가지 원칙을 통해 인간관계를 더욱 풍성하게 만듭시다.

눈을 열 때 보이는 것

읽을 말씀 : 시편 16:1-11

● 시 16:11 주께서 생명의 길로 내게 보이시리니 주의 앞에는 기쁨이 충만하고 주의 우편에는 영원한 즐거움이 있나이다

이스라엘의 랍비 벤 엘리에제르는 가는 곳마다 사랑과 선행을 실천해 '선한 이름의 주인'이라는 별명으로 불렸습니다.

하루는 그가 제자들에게 다음과 같은 가르침을 전했습니다.

"진리는 어디에나 있는 것이다. 세상의 어디에나 진리가 있기에 우리는 그것들을 발견할 때마다 감사의 기도를 드리며 경건하게 살아야 한다."

이 가르침을 받은 한 제자가 물었습니다.

"진리가 그렇게 흔하다면 길바닥의 돌멩이와 같이 흔한 것일 텐데 발견한 사람들은 왜 이리 적습니까?"

랍비가 대답했습니다.

"네 말이 맞다. 그러나 길가의 돌멩이도 주우려면 허리를 숙여야 하는 법이지. 정말로 진리를 원하는 사람이 많지 않기 때문에 허리를 숙이는 사람도 보이지 않는 거란다."

죄를 용서받고 구원받을 수 있는 유일한 방법인 은혜는 믿음으로만 받을 수 있습니다.

하나님이 주시는 은혜가 아니고서는 어떤 방법으로도 구원을 얻을 수 없습니다. 이 은혜를 위해 우리는 목숨을 걸어야 합니다.

말로만 은혜를 구하는 속이는 삶을 살아가지 말고 세상에 충만한 주님의 진리를 믿으며 살아가십시오. 아멘!!

♡ 주님! 주님이 주신 모든 것에 감사하는 하루가 되게 하소서.
🖼 오늘 나의 삶에 임하는 주님의 감동을 느끼도록 노력합시다.

기초의 중요성

읽을 말씀 : 신명기 4:37-43

●신 4:39 그런즉 너는 오늘날 상천 하지에 오직 여호와는 하나님이시요 다른 신이 없는 줄을 알아 명심하고

　미국의 세계적인 건축가 프랭크 로이드는 일본 도쿄에 특급 호텔을 건축해달라는 부탁을 받았습니다. 제안을 받아들인 프랭크는 지나치다 싶을 만큼 기초공사를 오래 진행했습니다.

　공사를 시작하고 2년이 지났는데도 건물 모양도 보이지 않을 정도였습니다.

　도쿄 한가운데에서 몇 년 동안 세워질 기미도 안 보이는 건물은 당시 큰 이슈였고, 일본의 유명 건축가들은 기초가 중요해도 너무 오래 걸린다며 공사비 횡령을 의심했습니다.

　총 건축 기간은 다른 호텔의 2배나 걸려 쓸데없이 시간 낭비를 한 대명사로 이 호텔의 이름이 사용되기도 했습니다.

　하지만 50년 뒤 이 호텔의 진가가 발휘됐습니다.

　내진설계가 된 튼튼한 건물들도 무너질 정도로 강력한 지진이 동경에 발생했지만 프랭크가 세운 '제국호텔'은 아무런 피해도 입지 않았습니다.

　프랭크가 세운 '제국호텔'은 이후 일본의 자존심으로 불리며 100여 년 동안 일본을 비롯한 세계적인 왕족들이 숙소로 사용하는 명소가 됐습니다.

　튼튼한 기초는 크나큰 위기 속에서 더욱 빛을 발합니다.

　세상에서 흔들리지 않는 든든한 믿음을 위해 경건 생활의 기초를 소중히 여기십시오. 아멘!!

💟 주님! 반석 위에 집을 짓는 지혜로운 사람이 되게 하소서.
📖 말씀의 기초를 다지고 성경을 더 알아갑시다.

리더의 덕목

읽을 말씀 : 베드로전서 2:18-25

● 벧전 2:21 이를 위하여 너희가 부르심을 입었으니 그리스도도 너희를 위하여 고난을 받으사 너희에게 본을 끼쳐 그 자취를 따라오게 하려 하셨느니라

모세와 여호수아가 이스라엘 백성을 이끌고 출애굽을 했듯이 한 사람의 바른 리더가 세워질 때 수많은 사람들이 바른 길로 돌아섭니다.

한 목사님은 모든 그리스도인은 리더가 되어 세상에서 주님이 주신 사명을 이뤄야 한다고 말했습니다.

다음은 그 목사님이 말한 '사람들에게 존경받는 리더의 10가지 유형'입니다.

01. 강력한 비전을 향해 전진하는 사람

02. 올바른 방향을 제시하는 사람

03. 도전이 되는 목표를 주는 사람

04. 비전을 위해 해야 할 일들을 요셉과 같이 제시하는 사람

05. 지친 마음을 위로하고 끊임없이 격려하는 사람

06. 양을 치듯 인내심을 가지고 보살피는 사람

07. 능력에 맞는 사람들로 팀을 구성하는 사람

08. 현실에 안주하지 않고 새로운 도전을 꿈꾸는 사람

09. 개혁을 통해 새로운 바람을 일으키는 사람

10. 서로 다른 집단들을 조화롭게 협력하는 다리 같은 사람

그리스도인들은 세상을 따라가는 사람이 아니라 이끌고 가는 사람이 되어야 합니다.

진리의 복음을 세상에 보이는 그리스도인이 되십시오. 아멘!!

♡ 주님! 나의 힘이 아닌 성령으로 세워지는 리더가 되게 하소서.

🖼 주님의 말씀으로 세상을 이끌어가는 제자이자 리더가 됩시다.

관계의 한계

읽을 말씀 : 고린도전서 9:15-27

● 고전 9:16 내가 복음을 전할찌라도 자랑할 것이 없음은 내가 부득불 할 일임이라 만일 복음을 전하지 아니하면 내게 화가 있을 것임이로라

영국 옥스퍼드대학교의 생물학 교수 로빈 던바는 사람에게 얼마나 많은 친구가 필요한지 연구했습니다.

오랜 세월 심층적으로 연구를 한 던바 교수는 인종과 대륙을 떠나 모든 사람이 맺을 수 있는 관계의 수는 '150명'을 넘을 수 없다고 발표했습니다.

알고 있는 사람이 1천 명이 넘는다 해도 제대로 기억하는 사람들은 150명뿐이었고, 많은 사람들이 150명을 넘기려고 도전했다가 실패했습니다.

한 단계 더 나아가면 150명 중에서도 진짜 친밀한 관계를 맺을 수 있는 숫자는 '50명'이며 만약 새롭게 친한 사람이 2명이 생기면 가장 약한 고리였던 2명이 떨어져 나갑니다.

던바 교수가 발표한 이 이론은 '던바의 법칙'으로 불리며 학계의 정설이 됐습니다.

그래서 대기업들은 한 부서를 150명이 넘지 않도록 배치하며, 특별히 긴밀한 협조가 필요한 곳은 50명을 기준으로 구성한다고 합니다.

많은 교제도 중요하지만 깊은 교제도 중요합니다.

매일 함께 하는 가족들, 가까운 친구들, 그리고 사랑하는 동역자들과 더 많은 대화와 모임으로 친밀해지며 내 삶 속에 임하시는 주님의 놀라운 은혜를 전하십시오. 아멘!!

♡ 주님! 이웃들과 진정한 관계를 맺는 축복을 허락하소서.
▨ 속마음을 터놓을 수 있는 진정한 관계를 만들어갑시다.

명의의 비결

읽을 말씀 : 창세기 39:1-6

● 창 39:3 그 주인이 여호와께서 그와 함께하심을 보며 또 여호와께서 그의 범사에 형통케 하심을 보았더라

미국의 심장전문의 세비지 박사는 5천여 건의 수술을 집도한 명의입니다. 생사의 갈림길에 선 수많은 사람들을 만나다 보니 영적인 부분을 자연스럽게 믿게 됐다던 박사는 다음과 같은 말을 했습니다.

"환자들을 치료하고, 회복하는 과정을 지켜보면서 의술 못지 않게 영적인 부분이 정말로 중요하다는 생각을 하게 됐고, 이후로는 신앙적인 시각으로 세상을 바라보게 됐습니다."

다음은 세비지 박사가 환자들에게 권하는 3가지 영적 지침입니다.

1. 내일은 오지 않을 수 있고 어제는 이미 지나갔으니 오늘을 최고의 날로 만들어라.
2. 침대 위에선 무신론자가 없으니 주 하나님과 대화하고 성경을 읽어라.
3. 남을 도울 때 행복이 찾아오니 이웃에게 봉사하며 주님을 섬겨라.

생사의 갈림길에 선 사람들을 본 명의는 주 하나님을 인정하지 않을 수가 없었습니다.

하나님을 믿고, 그 말씀대로 살아가는 것이 가장 복 있는 삶의 비결임을 인정하십시오. 아멘!!

💙 주님! 말씀대로 사는 것이 복 받는 비결임을 알게 하소서.
📷 3가지 지침을 따라 영성이 가득한 삶을 살아갑시다.

지혜롭게 착하라

읽을 말씀 : 잠언 3:1-8

● 잠 3:7 스스로 지혜롭게 여기지 말찌어다 여호와를 경외하며 악을 떠날찌어다

언제부터인가 '착한사람'이란 뜻은 '어리석은 사람'이라는 의미와 혼용되고 있습니다. 그래서 많은 사람들이 손해보는 착한 사람보다 이득을 보는 나쁜 사람을 선호하지만 착한 사람은 결코 어리석은 사람이 아닙니다.

저명한 심리학자 무옌거가 말한 '착한 사람들이 이용당하지 않는 10가지 방법'입니다.

01. 내 의견을 표현할 수 있는 원칙을 세워라.
02. 배려도 좋지만 할 말은 분명히 해야 한다.
03. 나에게 상처를 주는 사람까지 품을 필요는 없다.
04. 상대방을 생각하는 만큼 나를 아껴라.
05. 보답을 바라는 마음으로 남을 돕지 말아라.
06. 타인보다는 자신을 위해 헌신하는 시간을 가져라.
07. 사랑이라는 이름의 폭력을 주의하라.
08. 할 수 없는 일은 분명히 거절하라.
09. 나를 마음대로 하려는 사람에게서 멀어져라.
10. 나를 향한 부정적인 평가에 마음 쓰지 말아라.

착한 사람들에게도 지혜가 필요합니다.

나를 발전시키고, 말씀을 온전히 실천할 수 있도록 지혜롭게 선을 행하는 성도가 되십시오. 아멘!!

♡ 주님! 순결하면서 지혜로운 성도가 되게 하소서.
▧ 10가지 지침 중 나에게 부족한 부분들을 참고합시다.

무엇을 구하는가

읽을 말씀 : 마태복음 6:19-34

● 마 6:25 그러므로 내가 너희에게 이르노니 목숨을 위하여 무엇을 먹을까 무엇을 마실까 몸을 위하여 무엇을 입을까 염려하지 말라 목숨이 음식보다 중하지 아니하며 몸이 의복보다 중하지 아니하냐

마틴 루터 목사님이 고향인 아이슬레벤에서 요양 중일 때의 일입니다. 목사님이 위독하다는 소식에 몸에 좋다는 약과 선물들을 보낸 사람들이 정말 많았습니다.

목사님은 모든 사람들에게 존경을 받았기 때문에 높은 귀족들부터 이름 모를 농민들까지 루터를 걱정했기 때문입니다.

더 이상 일어설 힘이 없을 때까지 피를 토하며 설교를 했던 목사님은 마지막 유언으로 요한복음 3장 16절을 반복해서 암송했고 오직 하나님만을 위해 살았기 때문에 유산은 단돈 10원도 없었다고 합니다.

이런 믿음과 도덕심 때문에 독일의 국민들은 신앙인이 아니더라도 루터를 존경했습니다.

영국의 작가 사무엘 스마일즈는 처음 만나는 상대에게 항상 존경하는 사람이 누구인지를 물었는데 그 이유는 다음과 같습니다.

"타락한 사람을 좋아하면 천박한 성격을 가지고 있고, 부자를 좋아한다면 대부분 속물입니다. 용기 있고 성실한 사람들을 존경하는 사람만이 깊이 관계를 가질 가치가 있습니다."

무엇을 구하는지에 따라 인생의 방향이 결정됩니다.

주님이 허락하신 소중한 삶을 주님의 영광과 복음을 위해 사용하십시오. 아멘!!

💙 주님! 헛된 것들을 구하다 인생을 허비하지 않게 하소서.
🎴 영원한 가치를 구하는 삶을 추구합시다.

노력하는 2등

읽을 말씀 : 신명기 10:12-22

● 신 10:12 이스라엘아 네 하나님 여호와께서 네게 요구하시는 것이 무엇이냐 곧 네 하나님 여호와를 경외하여 그 모든 도를 행하고 그를 사랑하며 마음을 다하고 성품을 다하여 네 하나님 여호와를 섬기고

미국의 렌터카 업체 A사는 대표적인 만년 2위 기업이었습니다. 물론 2위도 대단한 성과지만 점유율은 고작 10% 정도에 만성 적자가 쌓이고 있어 50%가 넘는 점유율을 가진 1위 업체 H사와의 격차는 점점 벌어지고 있었습니다.

노력해도 안 된다는 사내 분위기가 팽배해질 무렵에 A사 경영진은 2등만이 할 수 있는 장점을 어필하며 공격적인 경영을 시작했습니다.

"우리는 2등이기 때문에 더 열심히 일합니다"라는 A사의 광고 문구는 지금도 역대 최고의 광고로 꼽힐 만큼 큰 인기를 끌었습니다.

'2등이기 때문에 줄을 서지 않아도 되고 가격은 더 쌀 수밖에 없다.'

A사의 솔직한 고백에 소비자들은 큰 매력을 느꼈습니다. 그저 그런 2등이 아니라 노력하는 2등의 모습을 어필한 A사는 1년 만에 점유율을 35%로 높였고 적자였던 매출도 흑자로 돌아섰습니다.

하나님은 성과에 상관없이 우리의 순전한 노력을 기쁘게 받으시고 놀랍게 사용하시는 분입니다. 주님은 화려한 치장보다 진심을 더 기쁘게 받으시는 분입니다.

내가 드릴 수 있는 최고의 노력으로 주님께 영광을 돌리십시오. 아멘!!

♡ 주님! 주님이 주신 것에 만족하며 최선을 다하게 하소서.
🎴 주님이 나에게 주신 것을 최선을 다해 주님께 올려드립시다.

지금 시작하는 법

읽을 말씀 : 고린도후서 4:13-18

● 고후 4:16 그러므로 우리가 낙심하지 아니
하노니 겉사람은 후패하나 우리의 속은 날
로 새롭도다

평범한 가정주부였던 멜 로빈스는 나이 마흔에 인생의 큰 위
기를 맞았습니다. 남편은 사업 실패로 큰 빚을 졌고, 하필 그때
자신도 실직을 당했습니다. 아이도 둘이나 있어 빨리 직장을 구
하고 더 열심히 일해야 한다는 걸 알았지만 반복되는 구직 실패
에 점점 늘어나는 빚 때문에 모든 것을 포기하고 싶다는 생각만
들었습니다. 결국 술에 기대면서 아이들을 학교에 제대로 보내
지도 못할 정도로 삶이 망가졌습니다. 알람을 맞추고 아무리 노
력해도 아침에 일어날 수가 없었습니다.

그러던 어느 날, 아침에 눈을 뜬 그녀의 머릿속에 전날 뉴스
에서 봤던 로켓 발사 장면이 떠오르며 카운트가 시작됐습니다.

'5, 4, 3, 2, 1, 땡!'

카운트를 5까지 세자 갑자기 정신이 번쩍 들었고, 침대에서
일어날 수 있었습니다. 5초의 기적을 체험한 그녀는 게으름을
피우고 싶을 때마다 카운트를 셌고, 위기를 극복했습니다.

멜의 삶은 이 5초의 법칙 덕분에 문제들이 해결되고 원하는
삶으로 변해갔습니다. 멜은 자신의 경험을 책으로 내며 베스트
셀러 작가가 됐고 많은 사람들이 멜처럼 5초의 결심으로 새로운
인생을 살아가고 있다고 합니다.

돌이킬 수 없는 과거에 집중하기보다 지금 할 수 있는 작은
일을 시작해야 합니다. 다시 일어설 힘을 주시는 주님을 믿고 지
금 해야 할 일을 시작하십시오. 아멘!!

♥ 주님! 뜨거운 열정과 다시 시작할 용기를 마음에 부어주소서.
▨ 5초의 결심으로 마땅히 해야 할 일들을 시작합시다.

생명의 무게

읽을 말씀 : 요한1서 1:1-10

● 요1 1:2 이 생명이 나타내신바 된지라 이 영원한 생명을 우리가 보았고 증거하여 너희에게 전하노니 이는 아버지와 함께 계시다가 우리에게 나타내신바 된 자니라

주식중개인으로 큰 성공을 이뤘던 니콜라스 윈턴은 은퇴한 뒤 유럽 전역을 돌며 여행을 즐기고 있었습니다.

니콜라스는 크리스마스를 맞아 스위스로 스키를 타려고 이동 중이었는데 중간에 경유했던 체코슬로바키아에서 끌려가는 수많은 유대인 난민들을 목격했습니다.

모든 것을 빼앗기고 수용소에 갇혀 짐승처럼 대우받는 유대인들을 본 니콜라스는 곧 전쟁이 일어나고 이들이 모두 죽게 될 것이라는 사실을 본능적으로 깨달았습니다.

사람의 생명을 구해야겠다는 사명감이 생긴 니콜라스는 전 재산을 털어 수용소의 아이들을 안전한 지역의 가정으로 입양시키는 일을 시작했습니다. 전 유럽을 돌아다니며 잡무를 처리하고 때로는 뇌물을 바쳐야 할 때도 있었지만 어떻게든 생명을 살려야 했습니다. 니콜라스는 이렇게 전 재산을 들여 669명의 아이들을 구출했습니다.

그러나 더 대단한 것은 50년간 아무에게도 자신의 선행을 말하지 않았다는 것입니다. 니콜라스의 가족들에 의해 서류가 발견될 때까지 자신의 선행을 말하지 않은 이유는 단 한 가지, 더 많은 생명을 구하지 못한 죄책감 때문이었습니다.

세상의 죽어가는 영혼을 살려야 할 막중한 책임이 바로 나에게 있습니다. 그리스도의 제자인 우리가 구해야 할 생명의 무게를 외면하지 말고 시시때때로 복음을 전하십시오, 아멘!!

♡ 주님! 복음을 믿는 것만이 진정한 생명을 얻는 것임을 알게 하소서.
▨ 영혼 구원을 위해 나의 삶을 헌신합시다.

감사하고 감사하라

읽을 말씀 : 데살로니가전서 5:12-23

● 살전 5:18 범사에 감사하라 이는 그리스도 예수 안에서 너희를 향하신 하나님의 뜻이니라

미국 마이애미대학교 심리학과의 마이클 맥클로우 교수는 "범사에 감사하라"는 데살로니가전서 5장 18절의 말씀을 기반으로 감사에 대해 연구했습니다.

오랜 연구 뒤에 마이클 교수는 스트레스를 받을 때 감사를 하면 마치 '리셋' 버튼을 누른 것처럼 스트레스가 사라지고 행복감이 올라온다는 사실을 발견했습니다.

감사를 할 때 좌뇌의 전두피질이 활성화되는데 어떤 부정적인 감정도 '감사'를 이길 수는 없었습니다.

UC 데이비스 대학의 로버트 에먼스 교수는 12세부터 80세까지 다양한 연령층의 사람들에게 감사일기를 쓰게 한 후에 나타난 신체적 변화를 연구했는데 그 결과를 다음과 같이 발표했습니다.

"감사하는 사람은 훨씬 활력이 넘치고, 매사에 적극적이고 열정적입니다. 또한 다른 사람들과의 유대감도 더욱 깊게 느낍니다."

어떤 상황에서도 감사는 더 나은 결과로 우리를 이끕니다.

구원이라는 감사할 수밖에 없는 제목을 주신 주님을 잊지 말고 모든 일에 감사함으로 삶을 긍정적으로 변화시키십시오. 아멘!!

💙 주님! 이미 주신 사랑을 통해 평생토록 감사하며 살아가게 하소서.

🖼 주님께 감사기도를 드리는 시간을 정해놓고 반드시 지킵시다.

가치관의 차이

읽을 말씀 : 요한복음 15:16-27

● 요 15:18 세상이 너희를 미워하면 너희보다 먼저 나를 미워한 줄을 알라

스페인의 탐험대가 처음으로 잉카 문명을 발견했을 때의 일입니다.

스페인 탐험대는 잉카 사람들이 화려한 금과 보석들로 치장한 장식을 길가에 내놓고 사는 모습을 보고 믿을 수가 없었습니다. 심지어 가져온 물품들을 조금만 줘도 엄청난 양의 황금으로 바꿔주었습니다. 잉카 사람들에게 금과 보석은 쓸 수도 없는 보기에나 좋은 장식품이었기 때문에 별다른 가치가 없었습니다.

그러나 스페인 탐험대에겐 금이 곧 여행의 목적이었습니다. 애초에 잉카를 찾아온 것도 황금으로 둘러싸인 엘도라도라는 지역이 있다는 전설을 따라온 것이었습니다. 그래서 스페인 탐험대는 수단과 방법을 가리지 않고 잉카의 금을 모았습니다. 이런 모습을 본 잉카 사람들은 탐험대를 찾아와 물었다고 합니다.

"당신들은 밥 대신 금을 먹는가? 이미 충분히 황금을 줬는데 왜 그렇게까지 집착하는가?"

스페인 사람들은 이 질문에 "우린 금을 먹는다"라고 대답하며 더 많은 금을 달라고 요청했다고 합니다.

황금이 가득한 나라에 사는 사람들은 황금에 목숨 거는 사람들이 이해가 되지 않듯이 천국을 바라보며 사는 그리스도인들은 세상 사람들과 가치관이 달라야 합니다.

세상이 말하는 복이 아니라 주님이 가르쳐주신 신령한 복을 사모하십시오. 아멘!!

💗 주님! 오직 하늘의 면류관과 성령의 열매만을 구하게 하소서.
🎴 하늘나라에서의 상급을 위해 살아갑시다.

11월 17일

청년이 모이는 교회

읽을 말씀 : 시편 110:1-7

●시 110:3 주의 권능의 날에 주의 백성이 거룩한 옷을 입고 즐거이 헌신하니 새벽 이슬 같은 주의 청년들이 주께 나오는도다

아무리 힘들고 어려워도 10대들의 부흥은 반드시 이루어야 할 이 시대의 과업입니다. 청소년들이 신앙에서 멀어지면 나라의 미래가 없기 때문입니다.

선교학 박사이자 휘튼 대학의 교수인 에드 스테쳐 박사의 연구에 따르면 「청년들이 부흥하는 교회」에는 다음의 9가지 특징이 있다고 합니다.

1. 소속감을 느낄 수 있는 다양한 소그룹이 있다.
2. 봉사활동을 중요한 가치로 여긴다.
3. 청년들의 문화를 반영하면서 중심을 잃지 않는 예배가 있다.
4. 설교를 비롯한 의사소통이 대화식으로 진행된다.
5. 청년들에게 친숙한 언어를 사용한다.
6. 성숙한 성인성도들이 청년들의 멘토링에 적극 참여한다.
7. 정직을 강조하고 투명성을 유지한다.
8. 사역과 리더십을 성육신의 관점으로 접근한다.
9. 다양한 개성의 팀을 꾸려 사역을 이끌게 한다.

청년들이 떠나는 교회엔 미래가 불투명합니다.

20대 때의 열정과 순수함을 바탕으로 훌륭한 그리스도인으로 자라날 수 있게 청년들의 요구와 필요에 귀를 기울이십시오. 아멘!!

♡ 주님! 미래의 주축이 될 다음 세대들을 위해 기도하게 하소서.
 교회 내의 청년들을 위해 지원할 수 있는 일이 있는지 찾아봅시다.

불필요한 것을 버리라

읽을 말씀 : 여호수아 24:1-14

● 수 24:14 그러므로 이제는 여호와를 경외하
며 성실과 진정으로 그를 섬길 것이라 너희
의 열조가 강 저편과 애굽에서 섬기던 신들
을 제하여 버리고 여호와만 섬기라

　미국의 업소 '겟 어웨이'는 5평 남짓의 작은 오두막이지만 예
약이 6개월이 밀려 있을 정도로 인기가 많습니다. '디지털 디톡
스'를 도와주기 위해 만들어진 숙소이기 때문에 인터넷도 터지지
않고 컴퓨터, TV는 물론 어떤 디지털 기기도 사용할 수 없는 환
경입니다.

　처음 오두막에 들어간 사람들은 한참 동안은 어쩔 줄 모르지
만 하루, 이틀이 지날수록 더 윤택한 삶을 경험하게 되고, 사회
에서 지칠 때마다 정기적으로 겟 어웨이를 찾아와 진정한 휴식
으로 에너지를 충전하고 가기 때문에 인기가 점점 높아지고 있
다고 합니다.

　일본에서는 최근 '금욕상자'라는 금고가 유행하고 있습니다.

　금욕상자 안에 물건을 넣고 기간을 입력하면 타이머가 끝나기
전까지는 꺼낼 수가 없습니다. 대부분 시험 기간인 학생들이 핸
드폰을 넣기 위해 구입하지만 스마트폰 중독인 직장인들도 금욕
상자로 삶이 훨씬 나아지는 효과를 경험했다고 합니다.

　내 삶과 영을 더 풍족하게 채워주는 일이 아니라면 과감하게
끊어내야 합니다.

　나도 모르게 시간을 낭비하고, 신앙에 방해가 되는 습관들을
갖고 있지 않은지 점검해보고 과감하게 끊어냅시다. 아멘!!

♡ 주님! 하나님의 나라를 위해 더 많은 시간과 열정을 쏟게 하소서.
🕎 꼭 필요한 경우에만 전자기기들을 사용합시다.

11월 19일

교회의 우상

읽을 말씀 : 레위기 26:1-12

● 레 26:1 너희는 자기를 위하여 우상을 만들지 말찌니 목상이나 주상을 세우지 말며 너희 땅에 조각한 석상을 세우고 그에게 경배하지 말라 나는 너희 하나님 여호와임이니라

캐나다의 유명한 파워블로거인 캐리 뉴호프 목사님이 말한 '오늘날 사역자들이 숭배하는 6가지 우상'입니다. 사역자들을 대상으로 쓴 글이지만 온전한 신앙생활을 위해 일반 성도들도 알아야 할 중요한 내용인 것 같아 소개합니다.

1. 전략 - 부흥을 위한 전략보다도 하나님을 숭배해야 한다.
2. 테크닉 - 주님이 없는 테크닉은 아무리 훌륭해도 속 빈 강정이다.
3. 크기 - 주님은 더 큰 교회, 더 많은 성도보다 진정한 교회와 제자를 원하신다.
4. 통계 - 통계보다도 중요한 것은 내가 느끼는 삶과 우리 주변이다.
5. 연합 - 합력하여 선을 이루는 것도 중요하지만 어떤 교회든 자력으로 성도들에게 구원의 확신을 줄 수 있어야 한다.
6. 과정 - 노예로 팔리고 억울한 옥살이를 했던 요셉의 삶은 순탄하지만은 않았다. 주님은 때때로 고난이란 과정으로 우리를 성장시킨다는 사실을 잊어서는 안 된다.

부흥과 전도, 구원을 위한 많은 노력들이 필요하지만 모든 일의 중심은 주님과 영혼 구원에 있어야 합니다.

오직 주님만 의지하며 주님의 힘으로 승리해나가십시오. 아멘!!

💙 주님! 화려함에 눈이 멀어 본질을 잊지 않게 하소서.
📖 주님을 마음과 생활 중심에 모심으로 올바른 신앙생활을 합시다.

사랑이 변화시킨다

읽을 말씀 : 요한1서 4:14-21

● 요1 4:18 사랑 안에 두려움이 없고 온전한 사랑이 두려움을 내어 쫓나니 두려움에는 형벌이 있음이라 두려워하는 자는 사랑 안에서 온전히 이루지 못하였느니라

　영국의 존 헤인스는 클리콥스 해변을 배회하는 노숙자였습니다. 여자친구가 다른 남자와 바람피우는 현장을 목격하고 분을 참지 못해 폭력을 휘둘렀다가 3년의 옥살이를 하고, 출소 뒤 삶의 의욕을 잃고 거리에서 구걸하며 지냈습니다.

　때때로 새로운 시작을 해보려고 했음에도 사회의 벽은 녹록지 않았고 존은 오히려 인생을 완전히 포기했습니다.

　그러던 어느 날, 평소처럼 거리에 가만히 앉아 구걸을 하던 존의 옆에 한 아름다운 여성이 다가와 말을 걸었습니다.

　"나는 니콜이라고 해요. 당신의 이야기를 들을 수 있을까요?"

　복지시설에서 일하는 니콜은 퇴근을 하다가 우연히 보게 된 존에게서 사랑의 감정을 느꼈습니다. 그렇게 매일 찾아오던 니콜과 이야기를 나누던 잭은 대화를 통해 마음의 상처를 치유 받고 삶의 새로운 목적을 찾았습니다.

　니콜의 도움으로 노숙 생활을 청산하고 마약중독에서도 벗어나 조경사로 새로운 삶을 살고 있는 잭은 사랑이 아니었다면 절대로 다시 시작할 수 없었을 것이라고 사람들에게 심정을 고백했습니다.

　오직 사랑만이 모든 것을 치유할 수 있고, 모든 것을 회복시킬 수 있습니다.

　우릴 향한 주님의 사랑이 있기에 새로운 삶을 시작할 수 있다는 놀라운 은혜를 잊지 마십시오. 아멘!!

♡ 주님! 바른 말보다 따뜻한 손길을 먼저 내미는 사람이 되게 하소서.
▨ 주변의 힘든 사람들을 위해 기도하며 사랑의 손길을 베풉시다.

항상 함께하신다

읽을 말씀 : 요한복음 8:21-30

● 요 8:29 나를 보내신 이가 나와 함께 하시
도다 내가 항상 그의 기뻐하시는 일을 행하
므로 나를 혼자 두지 아니하셨느니라

　　이란의 알리 아사디라는 청년은 기독교로 개종했다는 이유로
사형을 선고받았습니다. 사형이 집행되기 직전에 영상으로 남겨
진 유언에서 알리는 다음과 같은 고백을 했습니다.
　　"저는 죽음을 두려워하지 않습니다. 주 하나님과 함께할 수 있
기에 오히려 행복합니다. 내 인생의 가장 힘겨웠던 순간에도 하
나님은 함께 하셨습니다. 감옥에서도 하나님과 오히려 더 친밀
한 시간을 보낼 수 있었습니다. 그러니 제가 세상을 떠나더라도
부디 저를 위해 슬퍼하지 마십시오."
　　죽음을 두려워 않는 알리와 같은 그리스도인들 때문에 이란
정부의 적극적인 체포에도 개종자들의 수는 폭발적으로 증가하
고 있다고 합니다.
　　92세의 필린 자코비 여사가 장을 보고 집에 가는 중 강도가
총을 들이밀며 돈을 요구했습니다.
　　필린 여사는 놀라지 않고 "나는 죽어도 천국에 가지만 당신은
죄를 지어서 지옥에 가게 된다. 나에게는 항상 예수님이 함께하
시기 때문에 총도 두렵지 않다"라고 말했습니다. 이 말을 들은
강도는 갑자기 울면서 회개했고 필린 여사는 복음을 전한 뒤 함
께 기도하고 가진 돈 전부를 강도에게 주고 돌려보냈습니다.
　　주님이 나와 함께 하신다는 사실을 정말로 믿는다면 세상에서
두려울 것이 하나도 없습니다. 사망의 골짜기에서도 나를 지켜
주시는 주님을 다윗과 같이 신뢰하십시오. 아멘!!

♡ 주님, 언제나 동행하시는 주님을 느끼며 살아가게 하소서.
🙏 불의와 타협하지 말고 복음을 선포하는 그리스도인이 됩시다.

7살의 이력서

11월 22일

읽을 말씀 : 누가복음 9:51-62

● 눅 9:62 예수께서 이르시되 손에 쟁기를 잡고 뒤를 돌아보는 자는 하나님의 나라에 합당치 아니하니라 하시니라

영국 케임브리지에 있는 소스톤 경찰서에 편지 한 통이 도착했습니다.

"저는 올해 7살인 할차란이에요.

저는 반드시 경찰이 되고 싶어요.

제가 경찰이 되면 은행과 보석상을 털려는 강도들을 막을 거예요.

순발력이 좋기 때문에 강도가 던지는 물건을 피할 수 있고, 높은 곳에서도 잘 뛰어내리는 용기 있는 아이에요.

그리고 경찰은 집중력과 좋은 시력이 필요하다고 생각해요.

저는 집중력을 기르기 위해 등산을 열심히 하고 있고, 물건을 둔 장소를 잘 기억하니까 자격이 있지 않을까요?

그러니까 저를 경찰이 되게 도와주세요."

소스톤의 경찰들은 진심 어린 편지에 감동해 할차란에게 '특별 경찰'이라는 직책을 만들어줬습니다.

주님이 바라시는 제자는 어떤 사람이며, 나는 어떤 제자가 되겠다고 주님을 설득할 수 있을까요?

나의 욕심과 타인의 시선이 아닌, 주님이 보시기에 합한 사람이 되기 위한 노력을 하십시오. 아멘!!

♡ 주님! 부족하지만 포기하지 않는 제자가 되게 하소서.
🖼 주님께 보내는 이력서를 간단하게 작성해봅시다.

남아있던 성경

읽을 말씀 : 시편 119:159-169

● 시 119:160 주의 말씀의 강령은 진리오니 주의 의로운 모든 규례가 영원하리이다

미국 테네시주에 사는 저스틴과 신시아 부부는 한밤중에 큰 폭발음을 듣고 잠에서 깼습니다. 방안에는 이상한 냄새가 가득했고 창문을 열고 보니 옆 차고에서 무언가 폭발했는지 큰불이 났습니다. 재빨리 몸을 피해 생명에는 지장이 없었지만 소방대원이 도착하기 전에 모든 것이 다 타버렸습니다.

부부는 허무하게 다 타버린 집터에서 혹시 뭐라도 남은 것이 있나 훑어보고 있었는데 잿더미 속에 성경책이 보였습니다. 성경책 역시 겉 부분이 까맣게 타고 정상적인 상태는 아니었지만 모든 물건이 형체조차 남아있지 않을 정도로 큰 화재에서 종이로 된 성경책이 남아있다는 것은 놀라운 일이었습니다. 부부가 조심히 성경책을 펼치자 성경에는 유일하게 읽을 수 있는 한 구절이 남아있었습니다.

"하나님이 세상을 이처럼 사랑하사 독생자를 주셨으니 이는 저를 믿는 자마다 멸망치 않고 영생을 얻게 하려 하심이라" - 요한복음 3장 16절

이 말씀을 읽은 부부는 화재 가운데 생명을 구한 것이 하나님의 은혜였고 아무것도 남지 않았으나 하나님이 계시기에 위로받을 수 있다는 사실을 깨닫고 함께 하나님을 찬양했습니다.

우리를 구원한 주 하나님의 놀라운 사랑은 그 누구도 빼앗을 수 없습니다. 고난과 환란 중에도 놀라운 은혜를 베풀어주시는 주님을 찬양하십시오. 아멘!!

♡ 주님! 오직 주님의 사랑만으로 만족하게 하소서.

▨ 나를 구원한 주님의 사랑만 붙들고 삽시다.

성령의 꽃

11월 24일

읽을 말씀 : 로마서 8:18-30

● 롬 8:23 이뿐 아니라 또한 우리 곧 성령의 처음 익은 열매를 받은 우리까지도 속으로 탄식하여 양자 될것 곧 우리 몸의 구속을 기다리느니라

파나마의 국화는 '비둘기 난초'라는 신비한 꽃입니다.

비둘기 난초는 남미 지역에서만 자라는 꽃인데 지역 주민들에게는 '성령의 꽃'이라고 불립니다.

꽃이 개화하기 전의 모습은 마치 목회자들이 웅크리고 기도하는 모습처럼 보이는데 이 꽃이 잘 자라 개화하면 비둘기 모습으로 피어납니다.

기도하는 목회자와 성경이 표현하는 성령의 비둘기가 한 꽃에서 모두 나타나기 때문에 사람들은 비둘기 난초라는 이름보다 성령의 꽃이라고 부릅니다.

아가서에 나오는 '샤론의 수선화'는 우리나라의 국화인 무궁화라는 설이 있습니다. 습하고 무른 땅인 샤론 평야 어디서나 피어나 아름답게 꾸몄기 때문에 지중해 지역에서는 샤론의 수선화를 '교회'와 '아름다운 여인'을 가리키는 단어로 쓰였고 아가서에서도 예수님의 예표를 나타내는 꽃으로 쓰였습니다.

그리스도인은 세상의 어디에서나 피어나 예수님의 향기를 풍겨야 합니다.

간절한 기도와 성령님의 인도하심으로만 세상의 빛과 소금처럼 쓰임 받는 그리스도인이 될 수 있습니다.

성령님의 인도하심을 따라 세상에서 아름답게 꽃피는 삶을 위해 간구하십시오. 아멘!!

🤍 주님! 주님을 나타내는 참된 제자로 살아가게 하소서.

▦ 어디서든 당당하게 그리스도인임을 나타내며 삽시다.

조지 뮬러의 묵상

읽을 말씀 : 야고보서 1:6-11

● 약 1:6,7 오직 믿음으로 구하고 조금도 의심하지 말라 의심하는 자는 마치 바람에 밀려 요동하는 바다 물결 같으니 이런 사람은 무엇이든지 주께 얻기를 생각하지 말라

하나님은 바르게 구하는 모든 기도에 응답해 주신다고 분명히 말씀하셨습니다. 그렇다면 나의 기도가 바른 간구인지는 어떻게 알 수 있을까요?

조지 뮬러는 해결할 수 없는 문제가 있거나 하나님의 확실한 뜻을 구할 때마다 다음의 6가지 방법을 실천했습니다.

1. 당면한 문제에 대한 나의 생각과 뜻을 비롯해 모든 마음을 비우려고 노력한다.
2. 찾아올 결과에 대해서도 남의 감정이나 생각을 개입시키지 않는다.
3. 성령님이 나를 어떤 방향으로 이끌려고 하시는지 생각한다.
4. 때때로 말씀과 상황은 서로 연결되어 있기에 주의를 환기시키며 내가 처한 상황을 고찰한다.
5. 말씀을 묵상하며 하나님의 뜻을 보여 달라고 간절히 기도한다.
6. 앞의 방법들을 통해 떠오른 방법을 실행하고 마음의 평안이 없다면 다시 위의 방법을 따라 하나님의 뜻을 구한다.

나를 비우고 진정한 하나님의 뜻을 구하는 것이 5만 번의 기도응답의 비결이었습니다.

나의 바람과 정욕대로 구하지 말고 온전히 주님이 이끄시는 삶을 살아가기를 열망하십시오. 아멘!!

💚 주님! 나의 탐심을 비우고 오직 주님의 뜻으로 가득 채우소서.

🏯 모든 문제에 주님의 뜻을 먼저 구합시다.

은혜를 베푼 이유

읽을 말씀 : 이사야 61:1-11

● 사 61:1 … 가난한 자에게 아름다운 소식을 전하게 하려 하심이라 나를 보내사 마음이 상한 자를 고치며 포로된 자에게 자유를, 갇힌 자에게 놓임을 전파하며

　마틴 루터 킹 목사님의 모교이기도 한 미국 조지아주의 모어하우스 대학의 졸업식에서 있었던 일입니다.

　월가의 유명한 억만장자 로버트 스미스 회장이 400여 명의 졸업생을 앞에 두고 축사를 하고 있었습니다. 좋은 내용의 축사였지만 학생들은 아무런 흥미가 없었고 시간이 길어지자 조는 학생들도 있었습니다.

　그런데 로버트 회장의 마지막 한마디를 들은 졸업생 전원은 귀를 의심할 수밖에 없었습니다. 로버트 회장이 졸업생 전원의 학자금을 갚아주겠다고 말했기 때문입니다.

　"미국의 대학생들이 과도한 학자금으로 고통받고 있다는 것을 알고 있습니다. 그래서 제가 여러분의 학자금을 모두 갚아드리겠습니다. 대신 한 가지 조건이 있습니다. 학자금 걱정을 덜게 된 대신 여러분의 재능을 사회를 위해 사용해주십시오."

　400여 명의 학자금은 우리 돈으로 478억 원이나 되는 거금이지만 사회에 공헌하는 사람들을 길러내기 위해 로버트 회장은 이 같은 결심을 했다고 소감을 밝혔습니다.

　우리를 구원하신 주님은 동일한 은혜의 복음을 다른 사람에게 전하라고 말씀하셨습니다.

　주님의 은혜에 정말로 감사하고 있다면 구원의 감격을 잊지 말고 전파하십시오. 아멘!!

♡ 주님! 죽음에서 구원하신 은혜에 감격하는 삶을 살게 하소서.
▦ 주님으로 인해 변화된 나의 삶을 주변 사람들에게 전합시다.

선행의 씨앗

읽을 말씀 : 디모데전서 2:1-10

● 딤전 2:10 오직 선행으로 하기를 원하라 이
것이 하나님을 공경한다 하는 자들에게 마
땅한 것이니라

모네 데벤테르라는 여성이 남아프리카공화국의 케이프타운 외지에 있는 주유소에 기름을 넣으러 들렀습니다. 그런데 아무리 찾아도 지갑이 없었고 차 안에도 비상금이 없었습니다.

결국 직원에게 사정을 설명하며 기름을 넣지 않고 그냥 가겠다고 말했지만 주유소 직원인 엠벨레는 주유를 꼭 해야 한다고 말했습니다.

"이 고속도로에서는 위험한 사건이 많이 벌어집니다. 혹시 가다가 차가 서기라도 한다면 큰일을 당할지도 모릅니다. 제 돈으로 적당한 기름을 넣어드릴 테니까 나중에 또 방문하게 되시면 그때 돈을 주세요."

그리고는 이름도, 전화번호도 묻지 않은 채 그냥 보내줬습니다.

엠벨레가 6명의 가족을 챙기면서 넉넉지 않은 형편에 늘 선행을 베풀며 기부를 하고 있다는 사실을 알게 된 모네는 인터넷에서 자신의 사연을 소개하며 크라우드 펀딩을 진행했고, 엠벨레가 베푼 몇 만원의 선행은 4천만 원이라는 거금으로 돌아왔습니다.

다른 사람의 처지를 생각하고 배려하는 선행은 반드시 더 큰 복으로 돌아옵니다.

나에게 찾아오는 힘들고 불쌍한 처지의 사람들을 도울 수 있는 만큼 도우십시오. 아멘!!

🖤 주님! 도움이 필요한 곳에 사랑을 전하는 삶을 살게 하소서.
🎨 주님의 말씀을 따라 힘이 있는 대로 작은 선행이라도 베풉시다.

사탄의 전략

읽을 말씀 : 베드로전서 5:1-11

● 벧전 5:8 근신하라 깨어라 너희 대적 마귀가 우는 사자 같이 두루 다니며 삼킬 자를 찾나니

　　하나님의 사명과 나라를 위해 수고하는 제자들이 있는 것처럼 사탄을 위해 노력하고 수고하는 사람들도 존재합니다.

　　뉴에이지 신지학회의 3대 회장으로 평생 기독교의 근간을 무너트리려고 노력한 앨리스 베일리가 말한 '뉴에이지의 10가지 헌장'입니다.

　　01. 교육 시스템에서 하나님과 기도를 제거하라.

　　02. 부모의 권위를 축소하고 아이들에게 자유를 주라.

　　03. 전통적인 기독교 가정의 구조를 파괴하라.

　　04. 성적 자유도를 높이고 낙태죄를 폐지하라.

　　05. 결혼의 기존 개념을 탈피시키고 이혼을 쉽게 만들라.

　　06. 동성애로 대체할 수 있는 생활방식을 만들라.

　　07. 예술의 품위를 떨어트리고 엉망으로 만들라.

　　08. 사람들을 바꾸게 만들려면 미디어를 적극 활용하라.

　　09. 종교통합 운동을 만들어라.

　　10. 이 모든 내용을 입법화하고 교회가 흐름을 거부할 수 없게 만들어라.

　　주님을 믿는 사람들은 말씀과 다른 길을 걷지 말아야 합니다.

　　사탄이 우는 사자처럼 덤벼도 우리는 말씀의 원리대로 살아감으로 세상에 참된 진리가 무엇인지 비추는 빛이 되십시오. 아멘!!

♡ 주님! 세상의 악한 흐름에 미혹되지 않도록 지켜주소서.

🧎 진리에서 벗어나는 세상 풍조와 현상들에 결코 동조하지 맙시다.

카타콤의 비문

읽을 말씀 : 야고보서 1:12-18

●약 1:12 시험을 참는 자는 복이 있도다 이 것에 옳다 인정하심을 받은 후에 주께서 자 기를 사랑하는 자들에게 약속하신 생명의 면류관을 얻을 것임이니라

이탈리아의 시라쿠사에는 신앙의 박해를 피해 믿음을 지키려 고 성도들이 모여 살던 지하도시 카타콤이 있습니다.

이 카타콤의 벽에는 당시 성도들의 유언이 적혀 있는데 다음 은 그 중 셉티머스라는 성도의 비문입니다.

'하나님의 종, 실리시아의 셉티머스 프래텍타터스

나는 가치 있는 삶을 살다가 세상을 떠납니다.

저는 주님을 섬김으로 이곳에서 죽는 것을 후회하지 않습 니다.

오히려 주 하나님의 이름에 감사를 드립니다.

33년 6개월을 살았고, 이제 주님께 영혼을 바칩니다.'

어두운 지하 동굴에서 제대로 먹지도 못하고 마시지도 못하고 죽어가던 성도들이었지만 단 한 명도 주님을 원망하지 않았고 다음과 같이 끝까지 아름다운 신앙을 고백했습니다.

'하나님께서 내 영혼을 살리시리라'

'사랑하는 파우스티나, 하나님 안에서 살아나리라'

'사랑하는 아들아 울지 말거라. 죽음은 영원한 것이 아니란다'

진정한 제자라면 무엇을 구하고, 무엇을 위해 살아가야 할까 요?

주님 안에서 기뻐하고, 주님이 주신 은혜로 만족하며 살아가 십시오. 아멘!!

💙 주님! 모든 것을 잃어도 믿음만은 붙들며 살아가게 하소서.

🖼 주님이 주신 영원한 소망을 붙들며 삽시다.

진리의 기준

읽을 말씀 : 시편 119:151-164

● 시 119:151 여호와여 주께서 가까이 계시오니 주의 모든 계명은 진리니이다

　　아랍의 한 왕이 이웃 나라와 전쟁을 준비 중이었습니다.

　　하나님의 뜻이 어떨지 궁금했던 왕은 나라의 모든 예언자들을 불러 전쟁을 해야 되는지를 물었습니다. 400명의 예언자들은 하나님이 승리를 허락했다며 당장이라도 전쟁을 시작하라고 부추겼습니다. 그러나 한 선지자만은 '하나님이 전쟁을 원하시지 않으며 만약 전쟁을 일으켰다가는 죽고 말 것'이라며 경고했습니다.

　　왕은 어느 말이 하나님의 뜻인지 알 수 없어 무작정 많은 예언자들의 말을 따라 전쟁을 일으켰지만 반대한 한 선지자의 말에 따라 전쟁에 크게 패하고 목숨을 잃었습니다.

　　열왕기하에 나오는 미가야 선지자의 이야기입니다.

　　지금도 사람들의 욕망을 따라서, 있어서는 안 될 것들이 법으로 인정되고, 또 어쩔 수 없다는 핑계 아래 묵인되고 있는 죄들이 많습니다. 하지만 많은 사람들이 선택한다고 해서 그것이 진리가 되는 것은 아닙니다.

　　진리의 기준을 제대로 알지 못하면 잘못된 의견을 따라가게 됩니다.

　　그리고 진리인 성경 외에는 세상의 그 어떤 것도 바른 기준이 될 수 없습니다.

　　설령 온 세상 사람들이 다 거짓의 편에 선다 해도 변하지 않는 성경만을 믿고 따르는 제자의 삶을 지키십시오. 아멘!!

🤍 주님! 말씀이 아닌 것은 아니라고 말할 수 있는 용기를 주소서.

🎴 인생의 기준을 언제나 주님의 말씀으로 삼읍시다.

12

"주의 법을 사랑하는 자에게는
큰 평안이 있으니 그들에게 장애물이 없으리이다"
- 시편 119:165 -

아주 특별한 크리스마스

읽을 말씀 : 마태복음 1:18-25

● 마 1:21 아들을 낳으리니 이름을 예수라 하라 이는 그가 자기 백성을 저희 죄에서 구원할 자이심이라 하니라

『우리 가족은 크리스마스 때면 항상 함께 시간을 보내왔다. 아이들이 많이 자라 대학 입학 등을 앞두고 그해 크리스마스에는 가족들과 성지 순례를 하기로 계획을 세웠다. 가족과도 같았던 칼 파워스가 생각나 그에게도 성지순례를 함께 하자고 초청했는데 그는 '빌리가 나에게 침례를 준다면 나는 기쁜 마음으로 함께 하겠다'고 했다.

1978년 12월 25일 성탄절, 칼 파워스는 막내 아들 요한과 함께 요단강에서 침례를 받았다. 후에 칼 파워스는 수필집에서 이런 고백을 했다.

"나는 언제나 빌리와 트루디를 물질적으로 내가 할 수 있는 대로 힘껏 도울 것이며, 나의 마음에 빌리가 떠오를 때면 1초든, 5분이든, 1시간이든 기도할 것이다. 빌리는 '하늘의 면류관이 나를 기다린다'고 말한다. 나는 결코 보상을 위해서 고귀한 삶에 뛰어든 것이 아니다. 내가 빌리를 위해 한 일은 진실하고 변치 않는 사랑, 내가 아닌 하나님의 사랑으로 태어나서 이뤄졌던 것이다'라고 했다.

늘 겸손하게 베풀고 사랑을 전해 주었던 칼 파워스, 그에게 복음을 전하고 성탄절에 침례를 한 그 감동은 지금까지 잊을 수 없다.』 - 김장환 목사 3E인생에서 발췌

크리스마스의 가장 놀라운 기적이 인류를 구원할 구세주가 오셨다는 이 기쁜 소식을 모르는 사람들에게 전하십시오. 아멘!!

♡ 주님! 성탄의 기쁨이 매일 내 안에 머물게 하소서.

▨ 성탄기념 예배에 믿지 않는 사람들을 교회로 초청 합시다.

은혜로운 시험

읽을 말씀 : 베드로전서 4:1-11

● 벧전 4:10 각각 은사를 받은대로 하나님의 각양 은혜를 맡은 선한 청지기 같이 서로 봉사하라

　미국의 신학대학인 한니발 라그레인지 대학의 교육 관련학과에서 있었던 일입니다. 마지막 시험시간에 교수님은 학생들에게 눈을 감으라고 한 뒤 직접 시험지를 나눠줬습니다. 잠시 뒤 눈을 뜬 학생들은 시험지를 보자마자 눈을 의심했습니다. 모든 문제에 답이 표시되어 있었기 때문입니다. 시험지의 마지막에는 이런 문구가 적혀 있었습니다.

　"이게 제 강의의 마지막 시험이고 여러분 모두는 A학점을 받을 것입니다. 모든 학생이 A학점을 받는 이유는 딱 한 가지입니다. 제가 그렇게 되도록 시험지를 만들었기 때문입니다. 여러분의 노력과 자격에 상관없이 누구나 누리는 것이 은혜라는 사실을 기억하고 여러분이 가르치는 학생들에게도 그렇게 가르쳐주세요."

　시험이 끝나고 교수님은 마지막으로 이런 말을 남기고 강의실을 떠났습니다.

　"모든 사역을 할 때 은혜를 더하십시오. 특히 말이 안 통한다고 청소년들을 막 대하지 마십시오. 주님께서 주신 은혜로 그들을 돕다 보면 자연스레 변화될 것입니다. 여러분이 주님의 은혜를 받았다는 사실을 기억한다면 저의 강의는 성공입니다."

　구원의 은혜는 내가 아닌 전적인 주 하나님의 공로입니다.

　모든 것을 주시고, 모든 것을 용서하신 주님의 귀한 은혜에 감사하며 평생을 섬기며 사십시오. 아멘!!

♡ 주님! 모든 은혜가 주님의 도우심을 깨닫게 하소서.
▨ 주님께 받은 은혜를 기억하며 베푸는 삶을 살아갑시다.

12월 3일

모든 영광을 주님께

읽을 말씀 : 고린도후서 4:5-15

● 고후 4:15 모든 것을 너희를 위하여 하는 것은 은혜가 많은 사람의 감사함으로 말미암아 더하여 넘쳐서 하나님께 영광을 돌리게 하려 함이라

예전의 한 영화에 기도와 관련된 이런 장면이 나온 적이 있습니다.

로또를 산 사람들이 모두 1등에 당첨됐는데 그 결과 1등 당첨금액이 복권을 구입한 금액보다 적었습니다. 로또를 산 사람들이 1등이 되게 해달라는 기도가 모두 이루어졌기 때문입니다.

또 스포츠와 관련해서도 비슷한 유머가 많이 존재합니다.

"한국과 미국이 경기를 할 때 양쪽 성도들이 똑같이 이기게 해달라고 기도를 하면 하나님은 누구 편을 들어줄까?"와 같은 내용들입니다.

미국 프로농구 NBA의 슈퍼스타인 스테판 커리는 매 경기마다 기도를 하는 자신의 모습을 보고 비슷한 질문을 남긴 팬에게 다음과 같은 글을 남겼습니다.

"저는 이기기 위해서 기도하는 것이 아닙니다. 이기든 지든 경기를 뛸 수 있는 능력을 주신 주 하나님께 감사하는 것이고, 그로 인해 생기는 모든 영광들을 주 하나님께 올려드리기 위해 기도하는 것입니다."

기도는 나의 바람을 이루기 위한 것이 아니라 주님께 영광을 돌리기 위해 하는 것입니다.

최선을 다하며 열매 맺는 나의 삶의 모든 것이 주님께 영광으로 드려지기를 소망하십시오. 아멘!!

💙 주님! 무엇을 하든지 주님께 영광이 되는 삶을 살게 하소서.
🖼 올바른 기도로 올바르게 주님께 구합시다.

하나님을 찬양하라

읽을 말씀 : 역대상 29:10-19

●대상 29:13 우리 하나님이여 이제 우리가
주께 감사하오며 주의 영화로운 이름을 찬양
하나이다

조니 에릭슨은 다이빙을 하다가 척추를 다쳐 전신 마비가 됐
습니다. 목아래가 마비돼 손가락 하나 까딱할 수 없는 상태로 병
상에 누워있었는데 1주일에 한 번씩 어떤 목사님이 병실을 찾아
와 "하나님은 당신을 사랑하십니다"라며 전도지를 주고 갔습니
다. 사고가 나서 손도 움직일 수 없는 사람한테 하나님의 사랑을
전하는 게 괘씸했던 조니는 화를 참지 못하고 소리쳤습니다.

"하나님이 날 사랑해서 이렇게 됐나요? 차라리 내버려 두라고
전해주세요. 당신의 그 잘난 하나님한테 말이에요!"

그러자 목사님이 대답했습니다.

"이 고통 속에서도 하나님께 감사할 수 있다면 당신은 아주 놀
랍게 쓰임 받을 겁니다."

목사님의 이 한 마디가 조니의 마음을 움직였고, 아무것도 할
수 없음에도 최선을 다해 감사하며 살아가기로 결심했습니다.
그렇게 새로운 삶을 시작하게 된 조니는 입으로 그림을 그리는
유명한 화가로 제2의 인생을 살게 됐고 그녀가 그리는 그림에
는 "주님만을 찬양하라"라는 뜻의 'PTL(Praise the Lord)'이라는 싸
인이 쓰여 있습니다. 그 후 그녀의 이야기가 책으로 나와 베스트
셀러가 됐고, 영화화되어 우리나라에서도 모 방송사 TV를 통해
방영돼 전도에 크게 쓰임 받고 있습니다.

주님은 내 인생을 결코 포기하지 않으시며 막힌 담도 허물며
길을 만들어주시는 분이심을 믿으십시오. 아멘!!

🤍 주님! 성도의 본분인 감사와 찬양을 한시도 잊지 않게 하소서.
🖼 감사할 수 없다고 생각되는 순간에도 감사합시다.

주께 부르짖으라

읽을 말씀 : 시편 119:166-176

● 시 119:169 여호와여 나의 부르짖음이 주
의 앞에 이르게 하시고 주의 말씀대로 나를
깨닫게 하소서

내전을 피해 중동에서 보트를 타고 에게해를 건너오던 난민들
이 있었습니다. 작은 보트에 수많은 사람들이 빽빽하게 타 있어
서 보기만 해도 위태로운 보트들이 에게해를 건너 그리스를 향
하고 있었는데 갑자기 거센 폭풍우가 몰아쳤습니다.

여기저기서 보트들이 뒤집히기 시작했고 공포에 질린 사람들
이 비명을 질렀습니다. 그런데 한 보트에 탄 난민들이 다가오는
폭풍우를 보고 주 하나님께 기도를 시작했습니다. 모두가 그리
스도인이었던 그 보트의 기도를 듣고 하나님을 크게 외치는 다
른 보트의 사람들도 있었습니다.

그런데 그 순간 거짓말처럼 폭풍이 사라지고 바다가 잔잔해졌
습니다. 기도를 하던 난민 중 몇 사람은 폭풍 속에서 빛이 나는
어떤 형체를 목격하기도 했습니다.

기적적으로 사라진 폭풍 때문에 난민들은 무사히 그리스에 도
착하게 됐고, 당시 이 장면을 목격한 난민들은 폭풍우가 사라진
것이 기도 때문이며, 하나님이 정말 살아계시다는 것을 느꼈다
며 대부분의 사람들이 예수님을 믿기로 작정했습니다.

이 일화는 그리스에 무사히 도착한 난민들의 간증을 통해 세
계에 알려졌습니다. 주님은 사랑하는 자녀들의 고통을 외면하지
않으시고 지금도 기적과도 같은 일들로 구원하십니다.

암흑 속에서 길을 잃을지라도, 망망대해에서 거친 풍랑을 만
날지라도 포기하지 말고 주님의 이름을 부르짖으십시오. 아멘!!

💙 주님! 모든 사망의 손에서 건지는 주님의 능력을 믿게 하소서.
🔲 마음이 힘들고 어려울수록 통회하는 마음으로 주님께 기도합시다.

사랑을 전하라

읽을 말씀 : 에베소서 4:1-12

12월 6일

● 엡 4:12 이는 성도를 온전케 하며 봉사의 일을 하게 하며 그리스도의 몸을 세우려 하심이라

몇 년 전 네팔의 수도 카트만두에 규모 7이 넘는 강진이 일어났습니다.

폐허가 된 카트만두를 위해 전 세계의 많은 곳에서 구호물품과 자원봉사단이 찾아왔는데 그로부터 1년이 지난 뒤 수많은 티베트인이 기독교로 개종하는 놀라운 일이 일어났습니다.

개종을 결심한 숫자는 티베트의 전통 불교인 '라마교'의 승려 60여 명과 대략 20만 명의 티베트 국민이라고 합니다.

대참사가 일어난 폐허를 찾아 사랑을 보여준 사람들이 대부분 '그리스도인'이었는데 이들은 종교를 가리지 않고 힘든 사람들을 위로해주고 함께 기도해줬다고 합니다.

구호가 끝나고 사람들은 돌아갔지만 그들이 뿌린 사랑의 씨앗이 결실을 맺게 된 것입니다.

평생 라마교를 믿었던 한 승려는 개종의 이유를 다음과 같이 고백했습니다.

"우리가 위험에 처했을 때 기독교를 제외하고는 그 어떤 다른 종교인들도 볼 수 없었습니다. 하지만 기독교인들은 그리스도의 사랑을 보여줬습니다."

모든 힘을 다해 이웃을 사랑하고 구제에 힘을 쓰면 세상 사람들은 우리의 모습을 통해 주님의 사랑을 깨닫습니다.

주님께 받은 조건 없는 사랑을 세상에 조건 없이 전하십시오. 아멘!!

🩶 주님! 주님의 사랑을 세상에 전하는 그리스도인이 되게 하소서.

🎴 주변의 힘든 이웃을 외면하지 말고 최선을 다해 도웁시다.

걱정을 이기는 무기

읽을 말씀 : 예레미야 17:1-11

●렘 17:8 그는 물가에 심기운 나무가 그 뿌리를 강변에 뻗치고 더위가 올찌라도 두려워 아니하며 그 잎이 청청하며 가무는 해에도 걱정이 없고 결실이 그치지 아니함 같으리라

말씀을 믿고 따르는 데도 마음에 염려가 해결되지 않을 때는 어떻게 할까요? 두려움을 이겨낼 좋은 방법은 없을까요?

세계적인 베스트셀러 작가인 맥스 루케이도 목사님이 말한 '그리스도인의 염려를 막을 수 있는 8가지 안전장치'입니다.

1. 기도 – 문제를 마음에 두지 말고 하나님께 내어놓으라.
2. 여유 – 문제를 제대로 파악해야 제대로 기도할 수 있다.
3. 행동 – 고민하는데 시간을 낭비하지 말고 해결을 위한 행동을 하라.
4. 정리 – 걱정 목록을 만들어보면 대부분 생각보다 별일이 아닐 것이다.
5. 측정 – 어떤 분야의 걱정이 가장 많은지 알아보고 집중적으로 기도하라.
6. 집중 – 하루를 책임져주시는 주님을 믿고 최선을 다해 하루를 살아가라.
7. 전파 – 동역자들에게 기도의 도움을 구하라.
8. 만족 – 모든 필요를 채워주시는 하나님만으로 만족하라.

무엇 때문에 걱정하고 계십니까?

무엇 때문에 고민하고 계십니까?

주님이 해결하실 수 없는 문제는 하나도 없으며, 나의 모든 필요를 알고 계신다는 사실을 믿으십니까? 그렇다면 고민하지 말고 모든 문제를 주님께 맡기십시오. 아멘!!

🖤 주님! 주님을 믿으니 근심하지 않게 하소서.

🎴 걱정하지 말고 오직 하나님만을 의지합시다.

2천 원의 헌금

읽을 말씀 : 누가복음 21:1-13

● 눅 21:4 저들은 그 풍족한 중에서 헌금을 넣었거니와 이 과부는 그 구차한 중에서 자기의 있는바 생활비 전부를 넣었느니라 하시니라

미국 노스캐롤라이나주의 한 교회에서 있었던 일입니다.

예배가 끝나고 헌금을 정산하던 위원들은 이상한 내용이 적혀 있는 작은 봉투를 발견했습니다. 편지 한 편에는 "금액이 적다고 화내지 말아주세요"라고 적혀있었고 다른 쪽에는 "저는 노숙자라 돈이 많이 없답니다"라고 적혀있었습니다.

편지봉투 안에는 10센트, 5센트짜리 동전들이 수북했는데 한국 돈으로 약 2천 원 정도의 금액이었습니다. 아마도 구걸로 모은 것 같았습니다.

교회에서는 매주 주일에 노숙자들을 초청해 무료로 식사를 대접하는데 그 식사에 고마움을 헌금으로 표시한 것 같았습니다.

노숙자의 마음씨에 목사님과 성도들은 큰 감동을 받았고, 비록 적은 돈이지만 다시 노숙자들을 위한 식사를 준비하는데 헌금을 사용하기로 결정했습니다.

이 사연은 노숙자가 보낸 편지를 찍은 사진과 함께 SNS를 통해 퍼져나갔고, 많은 사람들에게 큰 관심을 주며 노숙자들을 향한 구호의 손길이 늘어나게 만들었습니다.

마음이 담긴 작은 헌금은 주님께 기쁨이 될 뿐 아니라 사람들에게도 감동이 됩니다.

주님이 주신 큰 복을, 주님이 주신 감동에 따라 선교를 위해, 구제를 위해, 교회 건축을 위해, 감사한 마음으로 드리십시오. 아멘!!

♡ 주님! 주님께 모든 것을 드릴 믿음을 갖게 하소서.
▩ 뚜렷한 목적의식을 갖고 헌금을 드립시다.

깨어있는 사람

읽을 말씀 : 마가복음 13:28-37

● 막 13:35 그러므로 깨어 있으라 집 주인이 언제 올는지 혹 저물 때일는지, 밤중일는지, 닭 울 때일는지, 새벽일는지 너희가 알지 못함이라

영국의 한 청년이 뒤늦게 하나님을 만나 큰 회심을 경험했습니다.

하지만 회심을 하고 나니 이전의 삶보다 노력할 것이 많았습니다. 회심 후 1년간의 삶을 돌아보며 청년은 주님과 함께하기 위해 자신이 더 노력해야 할 결심문을 70가지나 적었습니다.

다음은 그중 일부입니다.

– 결심문을 지키지 못하더라도 다시 돌아와 회개하고 시작하자.

– 하나님의 영광과 나 자신의 유익, 기쁨에 최상의 도움이 되는 일들을 평생동안 해내자.

– 한순간의 시간도 낭비하지 말고 유익하게 사용하자.

– 다른 사람의 실패와 죄를 정죄하지 말고 나를 반성하는 계기로 삼자.

– 도움과 사랑이 필요한 사람을 평소에 찾아보자.

이 청년은 영국의 영적 대각성을 이끈 조나단 에드워드 목사님입니다. 모두가 쾌락을 좇으며 세상을 따라 살아가고 있을 때 세상에서 떨어져 주님을 바라보고 있었기에 주님은 목사님을 통해 한 나라의 영적 상태를 일깨우는 데 사용하셨습니다.

깨어있는 한 사람이 가정을 바꾸고, 나라를 변화시킵니다.

세상을 멀리하고 거룩하게 하나님의 말씀을 지키는 한 사람이 바로 내가 되도록 노력하십시오. 아멘!!

💟 주님! 언제나 말씀으로 깨어있는 성도가 되게 하소서.
🗲 주님을 위한 삶을 살아가기 위해 필요한 일들을 결심합시다.

사형수의 고백

읽을 말씀 : 로마서 1:8-17

● 롬 1:16 내가 복음을 부끄러워하지 아니하
노니 이 복음은 모든 믿는 자에게 구원을 주
시는 하나님의 능력이 됨이라 첫째는 유대인
에게요 또한 헬라인에게로다

흉악범죄를 저지른 사람들만 모아놓는 국내의 한 교도소의 예
배시간이었습니다. 2천여 명의 죄수들이 모여 있는 곳에서 예배
가 끝난 뒤 한 사람이 올라와 다음과 같은 간증을 했습니다.

"여러분 모두 죄를 저질러서 여기 왔겠지만 저보다 큰 죄를 저
지르지는 않았을 것입니다. 저는 내가 도둑질을 하다가 잡혀놓
고는 오히려 복수를 하러 일가족을 죽였습니다. 그런데 제대로
확인도 하지 않고 엄한 가족들을 죽였습니다.

내가 만약 어려서 예수님을 만났다면 그런 죄를 절대 저지르
지 않았을 것입니다. 나 같이 태어난 놈은 나 같이 사는 방법밖
에 없는 줄 알았고 구원의 복음을 교도소에 들어와서야 듣게 됐
습니다. 나는 이제 사형을 받게 되어 살날이 얼마 남지 않았습니
다만 여러분 중에 아직 기회가 있는 분은 아직도 늦지 않았습니
다. 그러니 예수님을 믿으십시오."

1960년대 흉악범죄를 저지른 이 죄수는 감옥에서 예수님을
믿고 사형을 당하기 전까지 1700여 명의 죄수들을 전도하고 형
을 집행 받았습니다.

어둠 속의 사람들을 빛으로 인도할 방법은 오직 빛 되신 주님
뿐입니다. 이 빛의 복음이 꼭 필요한 사람들에게 더 늦기 전에
찾아가 전하십시오. 아멘!!

♡ 주님! 성도의 사명은 오직 복음을 전하는 것임을 잊지 않게 하소서.
🏃 사람을 돕는 최고의 방법이 전도임을 기억합시다.

마음을 움직인 사랑

읽을 말씀 : 잠언 17:1-9

● 잠 17:9 허물을 덮어 주는 자는 사랑을 구하는 자요 그것을 거듭 말하는 자는 친한 벗을 이간하는 자니라

경북의 한 절에 유명한 분이 있었습니다.

어린 나이부터 입적해 이 세상을 떠날 때까지 불가에 귀의했던 그분은 청천벽력과도 같은 유언을 남겼습니다.

'내 모든 재산을 구미시의 한 교회에 기증한다. 더불어 나는 기독교로 개종한 바임을 알린다. 나는 더 이상 도를 닦지 않고 예수 그리스도를 믿기로 이미 결심했다.'

그분의 충격적인 유언은 세간에 널리 알려져 일반 언론에서도 취재를 할 정도였습니다. 사연을 더 알고 보니 그분은 종교가 달랐음에도 때때로 찾아와 밝게 인사를 하고, 선물도 나누는 그리스도인들의 모습에 호감을 가졌다고 합니다.

특히 돌아가시기 얼마 전에는 폐암에 걸려 돌보는 사람도 없다시피했는데 이때 지역의 교회들이 자원봉사자를 구성해 극진히 보살폈고, 이로 인해 전 재산을 교회에 기증하고 개종하기로 결심했다고 합니다.

생각이 다르고, 종교가 다른 사람들의 마음을 움직일 수 있는 것은 오직 사랑입니다.

편견 없이 사랑을 베푸셨던 예수님의 모습을 따라 할 수 있는 대로 사랑을 전하십시오. 아멘!!

🤍 주님! 주님의 사랑은 모든 사람들에게 필요한 것임을 알게 하소서.
🖼 세상 모든 사람들에게 주님의 사랑을 전합시다.

내가 할 수 있는 일

읽을 말씀 : 요한복음 20:24-31

● 요 20:31 오직 이것을 기록함은 너희로 예수께서 하나님의 아들 그리스도이심을 믿게 하려 함이요 또 너희로 믿고 그 이름을 힘입어 생명을 얻게 하려 함이니라

몇 년 전 미국 캘리포니아 북서쪽에서 거대한 산불이 났습니다.

화재를 막기 위해 소방관들이 대거 출동했지만 삽시간에 퍼지는 불길을 막기에는 역부족이었습니다. 눈앞에 번지는 산불을 막지 못한 채 불길을 피해 철수하는 한 소방관의 귀에 날카로운 비명 소리가 들렸습니다.

자세히 보니 불길 속에서 작은 토끼가 한 마리 있었습니다.

소방관은 지체없이 달려가 아기 토끼를 구했고, 동물병원에 데려가 치료를 해줬습니다.

거대한 불길 속에 작은 토끼를 구하기 위해 달려갔던 소방관의 모습은 한 기자의 카메라에 찍혔고, 언론에 대서특필되며 많은 사람들에게 큰 감동을 줬습니다.

이 소방관은 큰 산불을 막은 것도 아니고, 사람을 구한 것도 아니었지만 위급한 와중에도 작은 생명을 놓치지 않고 구조했기에 사람들은 그 마음에 감동을 받은 것이 아닐까요?

세상을 바꾸는 일은 할 수 없지만, 소중한 한 영혼, 한 영혼을 주님께로 돌아오게 하는 일을 누구나 할 수 있습니다.

그리고 내 곁에 하나님이 허락하신 귀한 영혼에게 복음을 전하고 주님께 돌아오게 하는 일만큼 중요한 일은 없습니다.

곁에 있는 소중한 사람들에게 생명의 복음을 전하는 일에 최선을 다합시다. 아멘!!

♡ 주님! 한 영혼의 소중함, 작은 섬김의 위대함을 알게 하소서.

▩ 더 나은 믿음을 위해 내가 할 수 있는 일들을 하나씩 시작합시다.

12월 13일

예수 이름의 능력

읽을 말씀 : 누가복음 4:31-37

● 눅 4:36 다 놀라 서로 말하여 가로되 이 어
떠한 말씀인고 권세와 능력으로 더러운 귀
신을 명하매 나가는도다 하더라

2세기 로마에는 마르시온이라는 거부가 있었습니다.

언변이 좋고 인기가 좋았던 마르시온은 기독교에도 큰 관심이
있었는데 그는 자신의 입맛에 맞게 교리를 교묘하게 바꿔서 사
람들을 미혹했습니다. 마르시온은 자신의 사상에 맞게 기독교를
변화시키기 위해 로마의 가장 유서 깊은 교회를 찾아가 정체를
숨긴 채 신앙생활을 했습니다.

사람들은 부자이면서 말도 잘하는 마르시온을 따랐고, 마르시
온은 자기를 믿는 사람들에게 성경이 아닌 자신의 사상을 주입
했습니다. 아울러 교회에서 자신의 입지를 강화하기 위해 20만
세스테르티우스라는 거금을 헌금했습니다. 이 금액은 당대 최고
로 부유한 도시 로마에서 가장 번화가에 있는 집을 살 수 있는
큰돈이었습니다.

하지만 마르시온의 정체를 알게 된 교회는 조금의 망설임도
없이 이 돈을 돌려주고 즉각 마르시온을 출교하고 따르는 사람
들도 출교시켰습니다. 하나님의 나라는 돈이 아닌 말씀의 능력
에 있고 바른 진리에 있다는 사실을 알았기 때문입니다.

하나님의 말씀을 믿고 따르는 사람들은 돈과 명예와 세상을
좇아서는 안 됩니다.

그리스도인의 능력은 돈과 명예, 자기주장에 있는 것이 아니
라 하나님의 말씀에서 나타남을 철저히 믿으십시오. 아멘!!

♥ 주님! 잘못된 교리에 무릎 꿇지 않고 말씀으로 살아가게 하소서.
▣ 바르게 믿음으로 세상에서 다른 삶을 보여줍시다.

마부의 전도

● 수 1:9 내가 네게 명한 것이 아니냐 마음을 강하게 하고 담대히 하라 두려워 말며 놀라지 말라 네가 어디로 가든지 네 하나님 여호와가 너와 함께 하느니라 하시니라

왕의 후손인 이재형은 을사늑약이 체결되자 왕손의 권리를 모두 포기하고 전국을 떠돌았습니다. 명절에 성묘를 하러 서울에 올라온 이재형은 엄귀현이라는 마부꾼을 만났는데 그는 이재형을 극진히 모시다 헤어질 때 즈음에 전도를 했습니다.

"나리, 황송하오나 다시는 나리를 뵐 수 없을지도 모르니 한 말씀만 올리겠습니다. 성경에는 우리를 위해 예수님이 이 땅에 오셨다는 말이 나와 있습니다. 또 그분을 믿으면 영생을 얻습니다. 나리도 예수님을 믿고 영생을 선물로 받으시길 바랍니다."

엄귀현의 말을 들은 이재형은 크게 화를 냈습니다.

"참으로 황당한 말을 하는구나. 그래 뭐 예수를 믿으면 마부꾼이 양반이라도 된단 말이냐?"

"아닙니다. 예수님을 믿는 것은 마부꾼이 양반이 되고자 하는 것이 아니라 마부꾼이 마부 노릇을 잘하기 위해서입니다."

엄귀현의 말을 듣고 큰 감명을 받은 이재형은 이때부터 예수님을 믿기로 결심했고 훗날 원산 부흥 운동의 시작점이 된 승동 교회의 목사님이 됐습니다. 그리고 자신에게 복음을 전한 엄귀현을 형님으로 모셨습니다.

세상이 아무리 변하고 또 변할지라도 복음의 능력과 그리스도인의 의무는 변하지 않습니다.

주님이 허락하신 지금의 내 자리에서 최선을 다해 복음을 전하십시오. 아멘!!

🤍 주님! 모든 사람에게 담대하게 복음을 전할 수 있는 용기를 주소서.
📖 자주 만나는 사람들에겐 최소 한 번이라도 복음을 전합시다.

한 사람의 기도

읽을 말씀 : 야고보서 5:13-20

● 약 5:16 이러므로 너희 죄를 서로 고하며 병 낫기를 위하여 서로 기도하라 의인의 간구는 역사하는 힘이 많으니라

미국 워싱턴주에 있는 브레머튼고등학교의 미식축구팀 감독인 조 케네디는 매주 금요일 연습 경기가 끝나면 혼자서 경기장 한쪽에서 감사 기도를 드렸습니다.

감독님의 기도하는 모습을 보고 감동받은 몇몇 선수들이 같이 기도를 드리기 시작했고, 그 모습을 보고 감동받은 선수들이 점점 함께하면서 결국 경기가 끝날 때마다 운동장 끝에서 모든 선수들이 함께 드리는 기도가 팀의 전통이 됐습니다.

그런데 미국 전역에 소위 말하는 '정치적 올바름'이 큰 이슈가 되면서 브레머튼고등학교 팀의 기도가 다른 종교를 가진 사람들에게 불쾌감을 줄 수 있다며 교육청에서는 조 케네디 감독에게 기도를 중지하라고 요청했습니다.

자칫하면 해고를 당할 수도 있는 일이었지만 케네디 감독은 경기가 끝난 뒤 당당하게 기도를 했고 모든 선수들도 함께했습니다. 심지어 케네디 감독이 기도 때문에 해고될 위기에 처해있다는 소식을 듣고는 상대팀 선수들도 함께 기도를 했고, 학부모들은 교육청에 기도할 자유를 달라고 강력하게 항의했습니다. 그런 노력들 덕분인지 케네디 감독은 7년째 해고를 당하지 않았고 경기가 끝나고 기도하는 팀의 전통도 유지되고 있습니다.

한 사람의 기도가 세상의 빛이 될 수 있습니다. 어떤 어려움이 있더라도 다니엘처럼 하나님께 기도하는 일을 포기하지 말고 기도함으로 세상의 빛을 보이십시오. 아멘!!

💜 주님! 세상 속에서 빛이 되는 기도의 사람이 되게 하소서.
📖 언제나, 어디서나 당당하게 기도합시다.

성경을 읽을 때

읽을 말씀 : 디모데후서 3:1-17

● 딤후 3:15 또 네가 어려서부터 성경을 알았
나니 성경은 능히 너로 하여금 그리스도 예
수 안에 있는 믿음으로 말미암아 구원에 이
르는 지혜가 있게 하느니라

경건생활에서 말씀 묵상은 결코 뗄 수 없는 중요한 일입니다.
하나님의 말씀은 묵상하는 것만으로 큰 힘이 되기 때문입니다.
미국의 기독교 방송 '굿 뉴스 브로드캐스팅'이 조사한 '1주일에
4일 이상 성경을 읽는 사람들의 특징'입니다.

01. 과음은 62% 줍니다.

02. 바람은 59% 덜 핍니다.

03. 거짓말을 28% 덜 합니다.

04. 헌금을 416% 더 냅니다.

05. 전도를 228% 더 합니다.

06. 외로움을 30% 덜 느낍니다.

07. 불안감은 14% 덜 합니다.

08. 양육에 231% 더 참여합니다.

09. 부정적인 생각이 31% 줄어듭니다.

10. 죄책감을 26% 덜 느낍니다.

말씀을 읽는 사람은 생활이 변화됩니다.

말씀에는 구원에 이르게 하는 힘과 삶을 변화시킬 능력이 있
음을 믿고 더 자주, 더 깊이 말씀을 묵상하십시오. 아멘!!

♡ 주님! 말씀의 능력을 체험하는 삶이 되게 하소서.

▧ 일주일에 4일 이상 성경을 꼭 읽읍시다.

12월 17일 # 가장 행복한 이유

읽을 말씀 : 시편 62:1-12

● 시 62:5 나의 영혼아 잠잠히 하나님만 바라라 대저 나의 소망이 저로 좇아 나는도다

조선 시대 천한 신분으로 태어나 종으로 고생만 하다가 두 손과 한 발을 잃고 겨울에 거리에 버려진 옥분이는 우연히 외국인 여자 선교사에게 발견되어 목숨을 건졌습니다.

옥분이는 자신을 구해준 여자 선교사에게 다음의 5가지 이유 때문에 자기가 조선에서 가장 행복한 소녀라고 말했습니다.

1. 더 이상 매를 맞지 않기 때문에
2. 치료를 받아 아픈 곳이 다 사라졌기 때문에
3. 더 이상 배가 고프지 않기 때문에
4. 전에 있던 곳으로 돌아가지 않아도 되기 때문에
5. 세상에서 가장 아름다운 크리스마스트리를 봤기 때문에

그리고 예수님을 믿게 된 뒤에는 다음의 한 가지 이유를 더 말했습니다.

"예수님은 저를 사랑하시기 때문에… 예수님은 저의 모든 죄를 용서해주셨어요. 저는 진심으로 이 사실이 믿어져요. 그래서 저는 조선에서 가장 행복한 소녀랍니다."

옥분이를 구해준 구타펠 선교사는 이 편지와 옥분이의 사진을 정리해 선교회에 보고했고, 큰 감동을 받은 선교회에서는 옥분이의 간증과 사진을 넣어 '조선에서 가장 행복한 소녀'라는 책으로 엮어 출판했습니다.

나를 죄에서 구원하신 주님의 은혜로 충만한 기쁨을 누리십시오. 아멘!!

♡ 주님! 구원의 은혜에 대한 감사를 평생토록 잊지 않게 하소서.
🎨 은혜를 베푸신 주님께 항상 감사, 오직 감사합시다.

좋은 동역자가 되는 법

읽을 말씀 : 고린도후서 8:16-24

● **고후 8:23** 디도로 말하면 나의 동무요 너희를 위한 나의 동역자요 우리 형제들로 말하면 여러 교회의 사자들이요 그리스도의 영광이니라

감리교의 창시자 존 웨슬리 목사님이 자신의 동역자들에게 부탁한 12가지 지침입니다.

01. 오직 필요한 일에만 집중하며 부지런하십시오.

02. 농담을 피하고 하나님을 향한 경건함으로 진지하십시오.

03. 이성들, 특히 젊은 이성과 단둘의 대화를 피하십시오.

04. 만약 결혼 계획이 있다면 미리 저에게 알려주십시오.

05. 판사는 악담을 듣지 말고, 죄수의 편을 드십시오.

06. 다른 사람의 험담은 끝까지 마음속에만 담아두십시오.

07. 극복하지 못한 큰 문제가 있다면 모두에게 알리십시오.

08. 설교자는 모든 사람들의 종이니, 잘난 척, 고상한 척하지 마십시오.

09. 죄 외에는 어떤 봉사나 허드렛일도 부끄러워하지 마십시오.

10. 규칙을 지키려고 노력하고, 특히나 시간을 정확히 지키십시오.

11. 영혼 구원하는 일에 되도록 많은 시간을 투자하십시오.

12. 내 뜻보다는 복음을 토대로 하나님의 자녀답게 행동하십시오.

부흥은 한 두 사람의 뛰어난 능력자 때문이 아니라 주님의 때를 구하는 수많은 사람들의 기도와 동역자들의 노력으로 일어나는 것입니다. 우리 교회의 목사님들과 리더들에게 큰 힘이 되는 동역자가 되십시오. 아멘!!

♡ 주님! 변화된 삶으로 영광 돌리는 그리스도인이 되게 하소서.

▨ 합력하여 선을 이룰 수 있는 믿음의 일꾼이 됩시다.

진리를 수호하라

읽을 말씀 : 요한계시록 14:6-13

● 계 14:12 성도들의 인내가 여기 있나니 저희는 하나님의 계명과 예수 믿음을 지키는 자니라

미국 텍사스 디볼시의 경찰들은 근무 유니폼을 개편하면서 성경 말씀을 패치로 붙이고자 했습니다.

"화평하게 하는 자는 복이 있나니 그들이 하나님의 아들이라 일컬음을 받을 것임이요"라는 마태복음 5장 9절 말씀을 붙이기로 최종 결정됐는데 '종교로부터의 자유'라는 재단에서 헌법을 위반한다며 법원에 제소를 했습니다.

법원은 재단의 손을 들어줬고 새로운 유니폼에 성경 말씀을 붙이지 말라고 명령했습니다. 명령에 불복할 수 없었던 디볼시의 경찰관들은 결국 말씀을 포기할 수밖에 없었고 대신 '우리는 하나님을 믿는다(IN GOD WE TRUST)'는 문구로 바꿨습니다.

이 문구는 미국 1달러짜리 지폐에 이미 적혀 있기 때문에 위헌 판결을 내릴 수가 없었습니다.

최근 미항공우주국인 나사에도 문서에 '하나님'이라는 단어를 사용하지 말아 달라는 권고가 내려왔다고 합니다. 나사에 있는 많은 그리스도인들의 항의로 이 권고는 철회됐지만 기독교 정신으로 세워진 미국에서도 진리를 무너트리려고 노력하는 세력들이 점점 거대해지고 있습니다.

진리는 저절로 세워지는 것이 아니라 진리를 만나고 믿는 사람들이 지켜야 합니다.

독생자 예수님을 보내사 세상을 밝히 세워주신 확고한 주 하나님의 진리를 어떤 일이 있더라도 지켜나가십시오. 아멘!!

♡ 주님! 빛을 멀리하는 세상을 위해 기도하게 하소서.
▨ 세상의 중요한 이슈들에 대해 복음적인 입장을 고수합시다.

변화를 위한 신뢰

12월 20일

읽을 말씀 : 로마서 12:1-13

● 롬 12:2 너희는 이 세대를 본받지 말고 오직 마음을 새롭게 함으로 변화를 받아 하나님의 선하시고 기뻐하시고 온전하신 뜻이 무엇인지 분별하도록 하라

미국 중앙정보국 CIA에 분석전문가로 입사한 카멘 메디나는 미국의 중추적인 기관의 정보소통방식이 매우 비효율적이라는 사실에 크게 놀랐습니다.

카멘은 자신의 전공을 살려 세계에서 쏟아지는 정보를 취합하고 의견을 소통할 수 있는 획기적인 방법을 고안해 제안했지만 단번에 묵살됐습니다. 누가 봐도 더 나은 방법인 게 확실했기에 도저히 이해할 수가 없었습니다.

그날부터 카멘은 조직을 바꾸기 위해서 어떤 일을 해야 할지를 연구했고, 직장 내에서 실력을 인정받아 많은 동료들의 신뢰를 얻어야 한다는 것을 깨달았습니다.

더 효율적인 방식으로 조직을 바꾸기 위해서 카멘은 무려 10년을 투자했습니다. 10년 뒤 자신을 믿어주는 동료들과 함께 초창기 때 고안한 방법을 다시 제안하자 CIA의 고위 간부들은 '이루 말할 수 없는 혁신적인 방법'이라며 단번에 받아들였습니다.

CIA를 바꾼 공로로 일약 유명인사가 된 카멘은 '변화에는 신뢰가 필요하며 신뢰에는 반드시 시간이 필요하다'고 말했습니다.

세상 사람들로부터 신뢰를 얻을 때 놀라운 변화가 일어납니다.

잘못을 칼같이 지적하고 비난하기보다 말씀을 묵묵히 실천하며 사랑으로 다가가는 신뢰받을 수 있는 그리스도인으로 나부터 바로 섭시다. 아멘!!

♡ 주님! 말씀대로 살며 세상을 변화시키는 그리스도인이 되게 하소서.
🗺 세상의 비난과 비판에 귀 기울이지 말고 성도의 본분을 다합시다.

의지력의 비밀

읽을 말씀 : 여호수아 24:19-28

● 수 24:23 여호수아가 가로되 그러면 이제 너희 중에 있는 이방신들을 제하여 버리고 너희 마음을 이스라엘의 하나님 여호와께로 향하라

애플을 만든 스티브 잡스는 같은 옷을 여러 벌 사두고 매일 같은 옷을 입었습니다.

'인셉션', '인터스텔라' 등을 만든 영화감독 크리스토퍼 놀란도 매일 같은 옷을 입습니다. 두 사람 다 "쓸데없는 생각으로 에너지를 낭비하고 싶지 않다"는 것이 같은 옷을 입는 이유였습니다.

그리고 최근의 심리학 연구에 따르면 이 말이 정말 일리가 있는 말이라고 합니다. 재판의 경우에도 오후의 재판이 오전 재판보다 65% 정도 너그러운 형량이 선고됐지만 재판이 진행될수록 점점 0%에 가까웠습니다. 많은 재판을 진행하면서 판사들의 의지력이 떨어지면서 여유가 사라졌기 때문입니다. 점심시간과 휴식 시간이 지나면 다시 에너지가 회복되면서 너그러운 형량이 선고됐고, 재판이 진행될수록 다시 0%로 내려갔습니다. 체력이나 정신력처럼 의지력도 에너지가 필요한 일이었습니다.

다음은 심리학이 말하는 의지력을 강화시키는 두 가지 방법입니다.

첫째, 쓸 수 있는 에너지를 더 강하게 단련하기

둘째, 쓸데없는 결정의 수를 줄여 에너지를 아끼기

믿음을 위한 결심을 지켜나가지 못한다면 세상일에 너무 많은 에너지를 투자하고 있다는 뜻입니다.

세상에서의 일도 주님의 나라와 주님의 의를 위한 방편으로 삼으십시오. 아멘!!

♡ 주님! 주님을 위한 일을 가장 소중히 여기게 하소서.
▨ 믿음을 위한 일을 할 때 에너지가 가장 충만한 시간에 합시다.

한 번 더 전하라

읽을 말씀 : 누가복음 10:1-12

● 눅 10:2 이르시되 추수할 것은 많되 일군이
적으니 그러므로 추수하는 주인에게 청하여
추수할 일군들을 보내어 주소서 하라

실적을 한 건도 올리지 못하는 보험설계사가 있었습니다.

근무시간이 끝나고도 열심히 공부하고 발로 뛰었지만 고객들의 반응은 냉담했습니다. 자신의 노력을 송두리째 거절당하는 경험은 가난한 현실보다도 견디기 힘들었습니다.

결국 보험설계사를 그만두고 다른 직업을 찾기로 했을 때 남편의 결심을 들은 아내가 이런 조언을 해줬습니다.

"당신이 힘들면 당연히 다른 일을 해야죠. 하지만 0건의 보험설계사로 기록이 남는 것은 너무 슬픈 일이에요. 1건이라도 성공할 때까지 조금 더 해보는 건 어때요?"

아내의 말에 힘을 얻은 남편은 그해까지는 아무런 생각 없이 최선을 다해보기로 결심했습니다. 그리고 그동안 가장 많이 찾아갔던 집을 마지막이라 생각하고 한 번 더 찾아갔는데 고객은 "한 번 더 찾아오시면 가입하려고 마음을 먹었습니다"라며 계약서에 사인을 해줬습니다.

'한 번 더 찾아가면 어떻게 될지 모른다'라는 생각으로 포기하지 않고 계속 도전했던 보험설계사는 그해에만 무수히 많은 계약을 성사시켰고 훗날 일본 최고의 보험설계사 이찌무라 기도시로 불렸습니다.

나의 전도실적은 어떻습니까?

주님께 부끄러운 '0'을 드리지 않기 위해 한 번 더 도전하고 한 번 더 노력하며 전도를 향한 열정을 일깨우십시오. 아멘!!

♡ 주님! 그리스도인의 당연한 사명인 전도의 중요성을 깨닫게 하소서.
▨ 거절과 무시를 두려워 말고 한 번 더 연락하고, 한 번 더 전합시다.

명확히 구하라

읽을 말씀 : 야고보서 4:1-10

● 약 4:3 구하여도 받지 못함은 정욕으로 쓰려고 잘못 구함이니라

미국에서 가장 낙후된 지역인 메인주의 한 시골에 목회자로 부임한 청년이 있었습니다. 가뜩이나 조용한 시골에는 성도도 몇 사람 없었고, 교회에서 하는 일은 아무것도 없었습니다. 소일 거리가 없어 대충 일을 하며 돈을 벌면 술집에서 흥청망청 쓰는 것이 대다수 마을 사람들의 일상이었습니다.

목사님은 자신의 무력함을 느끼며 그저 기도할 수밖에 없었습니다. 몇 안 되는 성도를 모아 매일 밤 주님께 기도를 드렸는데, 먼저 이웃에서 가장 심한 알코올 중독자를 위해 기도했습니다. 기도와 더불어 수시로 찾아가 안부를 묻자 알코올 중독자는 변화되어 교회에 나오기 시작했습니다. 기도의 능력을 체험한 목사님과 성도들은 이번에는 다른 주민들을 위해 구체적으로 기도하고 행동했습니다.

신도가 10명도 되지 않던 시골의 작은 교회는 1년 뒤 300명이 넘는 신도가 출석하는 교회가 됐고 다른 지역에서도 찾아오는 명소가 됐습니다. 기도의 힘을 체험한 청년 목사님은 이후 많은 기도에 대한 책을 쓰며 베스트셀러 작가가 됐고 제2의 무디로 불리는 부흥사가 됐습니다.

'기도의 능력'을 쓴 R.A. 토레이 목사님의 이야기입니다.

명확히 구하는 기도에는 놀라운 힘이 있습니다.

지금 나의 삶을 소상히 주님께 고백하며 필요한 것들을 분명히 구하십시오. 아멘!!

♡ 주님! 기도할 때 불가능이 없음을 기억하게 하소서.
▨ 할 수 없는 일들을 기도로 하나님의 능력을 구합시다.

성탄의 색깔

읽을 말씀 : 마태복음 1:18-25

● 마 1:23 보라 처녀가 잉태하여 아들을 낳을 것이요 그 이름은 임마누엘이라 하리라 하셨으니 이를 번역한즉 하나님이 우리와 함께 계시다 함이라

'적색, 녹색, 백색'은 중세부터 근대까지 오랜 세월을 거쳐 성탄절을 상징하는 색으로 자리 잡았습니다. 각각의 색에는 다음과 같은 의미가 있습니다.

1. 적색
   적색은 나를 위해 흘리신 예수님의 보혈입니다. 예수님이 세상에 오신 이유는 나를 구원하기 위해서 즉 나를 위해 피를 흘리러 오신 것입니다. 성탄절에 가득한 붉은 색을 볼 때 우리는 산타가 아닌 예수님의 보혈을 떠올려야 합니다.

2. 녹색
   녹색은 생명입니다. 예수님의 보혈로 우리에게 새로운 생명이 주어졌기 때문입니다.

3. 흰색
   흰색은 순결을 뜻합니다. 죄인인 우리를 구원하기 위해서는 아무 흠도 없는 대속물이 필요했는데 그 역할을 예수님이 감당하셨습니다.

크리스마스 시즌에 거리를 가득 채우는 흰색과 녹색 그리고 빨강은 세상의 즐거움과 환락을 위해서가 아니라 인간을 구원하기 위해서 이 땅에 오신 위대한 아기 예수의 탄생과 희생을 기리기 위한 것입니다.

화려한 왕궁이 아닌 초라한 마구간에 오신 아기 예수님을 맞을 준비를 하십시오. 아멘!!

♡ 주님! 세상의 즐거움에 빠져 참된 성탄의 정신을 잊지 않게 하소서.
▨ 경건한 마음으로 성탄을 준비하며 이웃을 교회에 초청합시다.

성탄의 은혜

12월 25일

읽을 말씀 : 마태복음 2:1-12

● 마 2:11 집에 들어가 아기와 그 모친 마리
아와 함께 있는 것을 보고 엎드려 아기께 경
배하고 보배합을 열어 황금과 유향과 몰약
을 예물로 드리니라

미국 펜실베이니아주에 살던 조지 윌슨은 친구와 함께 수차례
강도짓을 하다 경찰에 붙잡혔습니다.

한패였던 친구는 교수형을 선고받았지만 명문가의 자제였던
윌슨은 아버지의 적극적인 노력으로 교수형 집행 한 달 전에 극
적으로 앤드류 잭슨 대통령이 직접 내린 사면장을 받았습니다.

사면장에 사인만 하면 목숨을 건질 뿐 아니라 자유의 몸이 될
수 있는 엄청난 특혜였습니다. 그런데 어떤 이유에서인지 조지
는 사면장을 거부하고 교수형을 받겠다고 말했습니다.

'대통령이 내린 사면장을 개인이 거절할 수 있는가?'하는 문제
는 당시의 큰 이슈였고 결국 대법원까지 소송이 이어졌습니다.

당시 대법원장이었던 존 마샬은 미국 역사상 가장 존경받는
법조인이었는데 이런 최종판결을 내렸습니다.

"대통령의 사면이 내려진다 해도 대상자가 받아들이지 않으면
집행을 완료할 수 없다."

결국 조지 윌슨은 은혜로 받은 사면장을 거부하고 교수형을
당했습니다.

믿기만 하면 누구든 구원받을 수 있는 것이 성탄의 귀한 은혜
입니다. 그러나 믿기를 거부할 때 이 놀라운 은혜는 효력을 발휘
할 수 없습니다. 나를 살리기 위해 예수님이 이 땅에 오셨다는
이 기쁜 소식을 아직 모르는 사람들과 함께 나누는 기쁨의 성탄
으로 만드십시오. 아멘!!

♡ 주님! 성탄의 은혜를 더 많은 사람들이 누리는 기쁨의 날이 하소서.
🎴 모든 죄를 용서하러 오신 예수님을 기뻐하며 즐거움에 참예합시다.

세 가지 포기

읽을 말씀 : 신명기 32:1-12

● 신 32:12 여호와께서 홀로 그들을 인도하셨
고 함께한 다른 신이 없었도다

아프리카의 성자로 불리우는 슈바이처 박사의 자서전 '나의
생활과 사상'에 보면 슈바이처 박사가 선교를 위해 포기한 3가
지가 나옵니다.

'나는 하나님의 부름을 따라 아프리카의 밀림으로 가기 위해
서 세 가지를 포기했다.

1. 나에게 즐거움을 주던 바흐의 음악을 포기했고
2. 큰 명예를 얻을 수 있는 대학교수직을 포기했고
3. 큰돈을 벌 수 있는 작가와 음악가로서의 삶을 포기했다.'

그리고 아프리카에서 평생을 보내던 슈바이처 박사는 훗날 포
기한 것을 통해 얻은 세 가지가 있다고도 말했습니다.

1. 한 협회에서 오르간을 기증해줬고, 아프리카에서도 음악
   을 연주할 수 있게 연주회를 열어줬다.
2. 세계의 수많은 명문대로 강의를 하러 다니면서 교수보다
   더 큰 명예를 얻었다.
3. 나의 자서전이 베스트셀러가 되면서 작가로 활동할 때보
   다 더 많은 돈을 벌어 선교를 위해 여유 있게 사용하게
   됐다.

하나님은 나의 모든 믿음과 주님을 위해 하는 노력을 더 큰
복으로 채워주십니다.

푸른 초장으로 인도하시는 선한 목자 수님을 믿고 오직 숭성
하십시오. 아멘!!

♡ 주님! 주님이 인도하시는 바른길로 걸어가게 하소서.
▨ 주님의 뜻을 묻고, 주님의 뜻을 따라 살아갑시다.

다양함의 중요성

읽을 말씀 : 로마서 8:18-30

●롬 8:28 우리가 알거니와 하나님을 사랑하는 자 곧 그 뜻대로 부르심을 입은 자들에게는 모든 것이 합력하여 선을 이루느니라

정신물리학을 전공한 하워드 모스코비츠 박사가 컨설팅 회사를 차렸을 때 많은 식품회사들이 찾아와 의견을 물었습니다. 고객들의 입맛을 사로잡을 완벽한 맛을 찾기 위해서였습니다.

하지만 박사는 세상 사람들의 입맛은 모두 다르기 때문에 다양한 제품을 만들어야 한다고 주장했습니다.

대부분의 식품회사들은 비효율적인 박사의 주장을 거절했습니다.

하지만 스파게티 소스를 만드는 '프레고'는 박사의 말에 귀를 기울였습니다.

'프레고'는 다양한 사람들의 입맛을 조사해 수많은 요소를 따져 45가지나 되는 스파게티 소스를 만들었습니다.

결과는 어땠을까요?

파산 직전의 '프레고'는 우리 돈으로 7천억 원이나 되는 매출을 올리는 대기업이 됐습니다. 스파게티 소스의 성공에 힘입어 7가지 종류의 식초, 14가지의 머스터드 소스, 71종류의 올리브오일을 만들었는데 하나같이 대성공을 거뒀습니다.

다양성은 주님이 우리에게 내려주신 축복입니다.

모든 사람들은 주님이 창조하신 생명과 개성을 지닌 소중한 존재입니다.

서로의 개성을 존중하며 예수님께 접붙인 가지로 아름답게 합력하며 선을 행하십시오. 아멘!!

♡ 주님! 사람들이 주님의 소중한 자녀라는 사실을 잊지 않게 하소서.
📷 나와 다른 사람들도 포용하는 넓은 생각과 마음을 가집시다.

말씀으로 돌아가라

읽을 말씀 : 이사야 40:1-11

● 사 40:8 풀은 마르고 꽃은 시드나 우리 하나
님의 말씀은 영영히 서리라 하라

마틴 루터는 사람들이 종교개혁을 성공시킬 수 있었던 이유를 물을 때마다 이렇게 대답했다고 합니다.

"나는 말씀을 가르치고, 기록을 남겨 사람들에게 전했을 뿐입니다. 그런데 모든 일들은 하나님의 계획 아래 저절로 이루어졌습니다. 나는 아무것도 하지 않았습니다. 말씀이 모든 것을 이루셨습니다."

'고아들의 아버지' 조지 뮬러는 평생 성경을 백번도 넘게 읽었습니다. 조지 뮬러는 성경을 알고도 읽지 않았던 3년을 '잃어버린 시간'이라고 표현했습니다.

스위스의 위대한 교육자 페스탈로치는 '아이들을 어떻게 가르쳐야 하는지'에 대한 지혜를 성경에서 구했습니다. 아내와 함께 날마다 성경을 탐구했던 페스탈로치는 가난할 때도, 건강이 좋지 않을 때도 성경을 놓지 않았습니다.

하나님의 말씀에는 모든 것을 이루고 변화시킬 힘이 있습니다. 말씀에 의지하여 하나님께 구할 때 우리에게 능치 못할 일은 아무것도 없습니다.

지혜가 부족하고 능력이 필요할 때 우리는 말씀으로 돌아가야 합니다. 확고한 하나님의 약속을 붙잡으며 간구해야 합니다.

내 인생의 모든 짐들을 내려놓고 다시 말씀으로 돌아가 주님과 새롭게 시작하십시오. 아멘!!

♡ 주님! 오직 말씀을 믿으며, 말씀을 따라 살게 하소서.
圖 말씀을 더욱 붙들며 새 일을 행하실 주님을 기대합시다.

인생은 도박이 아니다

읽을 말씀 : 시편 31:17-24

●시 31:23 너희 모든 성도들아 여호와를 사랑하라 여호와께서 성실한 자를 보호하시고 교만히 행하는 자에게 엄중히 갚으시느니라

인구가 1만 명도 되지 않는 스페인의 소도시 카카벨로스는 도시의 1년 예산을 전부 복권을 구입하는데 사용했습니다.

방만한 운영으로 시는 약 13억의 빚을 지고 있었는데 자체적으로 도저히 갚을 길이 없었기 때문입니다. 결국 시장은 시민들의 지지를 얻어 궁여지책으로 복권을 구입했습니다. 그러나 결과는 전부 꽝이었습니다.

스페인의 또 다른 소도시 헤레즈는 고작 1억의 빚을 갚지 못해 경찰들이 활동을 못하고 있습니다. 차량정비소에 빚을 져 수리를 맡긴 순찰차들을 압류 당했기 때문입니다.

이밖에도 수많은 소도시들이 비슷한 어려움을 겪고 있는데 이는 모두 2000년대 초반 스페인의 경제가 초호황기 였을 때 수많은 예산을 아끼지 않고 쓸데없는 정책들을 펼쳤기 때문입니다.

풍족할 때 잘 관리해 부족할 때를 대비해야 하지만 단 한 도시도 뒤를 생각하지 않았기 때문에 많은 소도시들이 세금으로 복권을 구입하는 것 같은 극단적인 선택을 하게 됐습니다.

인생은 당첨되면 좋고, 아니면 그만인 도박이 아닙니다.

짧은 삶을 살아가는 동안에 분명한 진리를 발견하지 못하면 죽음 뒤의 심판을 누구도 피할 수 없게 됩니다.

이미 드러난 분명한 진리를 외면하지 말고 예수 그리스도를 삶의 구세주로 영접하십시오. 아멘!!

🤍 주님! 예수님만이 유일한 삶의 해답임을 고백하게 하소서.

🎰 간절한 마음으로 복음을 믿음으로 죽음 뒤의 영생을 준비합시다.

잘하게 되는 법

읽을 말씀 : 요한복음 4:21-29

● 요 4:24 하나님은 영이시니 예배하는 자가 신령과 진정으로 예배할찌니라

유명하진 않지만 어떤 선진국에서 가장 세금을 많이 내는 개인 납세자이고, 그 나라에서 사실상 제일의 갑부인 사람이 한 강연에서 다음과 같은 말을 했습니다.

"일은 하면 할수록 즐거워집니다. 항상 긍정적으로 생각하고 안 되는 일은 도와달라고 부탁하고, 할 수 있는 일은 최선을 다하세요. 1년 전에 하던 고민 중 생각나는 것이 있습니까? 할 일을 하면 고민은 저절로 해결됩니다. 숙제처럼 집에 가져와서 일을 해보세요. 출세를 안 할 수가 없습니다."

이 말을 들은 한 청중이 "일을 그렇게 즐기는 것은 저희 같은 일반인들에게는 너무 힘든 일입니다"라는 말에 갑부는 대답했습니다.

"혹시 외발자전거 타실 수 있는 분 계십니까? 아마 없을 겁니다. 한 번도 해본 적이 없을 테니까요? 그러나 훈련을 받으면 빠르든 늦든 분명 모두 다 외발자전거를 탈 수 있게 됩니다. 여러분이 일을 즐기지 못하는 것은 아직 해보려고 해본 적이 없기 때문이라는 것을 저는 확신합니다."

신앙도 잘하기 위해선 노력이 필요하고 연습이 필요합니다.

노력도 해보기 전에 안 된다고 포기하지 말고 나를 구원하신 주님의 은혜를 바라보며 다만 할 수 있는 최선을 다하십시오.

주님을 열망하는 마음으로 더 나은 믿음을 위해 노력하십시오. 아멘!!

🧡 주님! 시작도 하기 전에 포기하는 어리석은 사람이 되지 않게 하소서.
🗿 품을 수 있는 가장 큰 신앙의 목표를 세웁시다.

시간을 아껴라

읽을 말씀 : 골로새서 4:1-6

● 골 4:5 외인을 향하여서는 지혜로 행하여 세월을 아끼라

'지금까지 지내온 것 주님의 크신 은혜라'라는 찬송을 부르며 우리는 또 새해를 기다리고 있습니다. 그리고 한해 시간들을 어떻게 사용했는지 돌이켜봅시다. 그 시간들을 주님 안에서 잘 사용했다면 우리는 하나님이 주시는 큰 복을 누리게 됩니다.

나폴레옹 힐의 책에 나오는 시간과 성공의 관계에서 '성공하고 싶은 사람들이 결심해야 할 8가지 시간의 약속'입니다.

1. 시간은 소중한 자산이니 나아지게 하는 일에 쓰십시오.
2. 과거의 낭비한 시간을 미래의 활용으로 보상하십시오.
3. 나나 남에게 거두고 싶은 씨를 시간내어 뿌리십시오.
4. 시간을 낭비하면 마음에 평화가 없음을 기억하십시오.
5. 어렵더라도 내가 원하는 목표만을 위해 정진하십시오.
6. 시간은 유한하니 가능한 방법으로 시간을 아끼십시오.
7. 나 때문에 세상이 조금 더 좋은 곳이 됐다는 생각이 들도록 시간을 활용하십시오.
8. 위 결심을 매일 반복하고, 필요한 사람에게 전하십시오.

태어난 환경과 가지고 있는 재능이나 은사는 다를 수 있지만 시간은 공평합니다. 가는 세월을 탓하지 맙시다.

새해에는 더 나은 믿음과 삶을 영위하기 위해서 지금 주님이 허락하신 시간을 더 귀하게 사용하는 청지기가 되기위해 지혜를 구하십시오.

내년에는 더 알찬 한 해가 되기 위해 기도하십시오. 아멘!!

♡ 주님! 내년에는 더욱 시간을 알차게 사용하게 하소서.

🖼 다사다난한 한 해를 잘 지내게 해 주신 주님께 온 마음으로 감사합니다.

암담한 어려움 중에 있는 분들에게
용기와 소망과 위로를 주는
김장환 목사의 **기적 인생 이야기**

김장환 목사(극동방송 이사장)와 결혼해
60여 년 동안 한국인으로 사는
트루디 사모의 **무지개 인생 이야기!**

550여 년 동안 한국인으로 사는
트루디 사모의 무지개 인생 이야기!

심겨진 그곳에
꽃 피게 하십시오

김장환 목사(극동방송 이사장)와 결혼해
미스 트루디에서 아내 트루디로,
선교사 트루디로, 사모 트루디로,
엄마 트루디로, 교사 트루디로,
메디컬 트루디로 **아름답게**
하나님을 섬기는 7가지 인생 이야기!

나침반

망망한 바다 한가운데서 배 한 척이 침몰하게 되었습니다.
모두들 구명보트에 옮겨 탔지만 한 사람이 보이지 않았습니다.
절박한 표정으로 안절부절 못하던 성난 무리 앞에 급히 달려 나온 그 선원이
꼭 쥐고 있던 손바닥을 펴 보이며 말했습니다.
"모두들 나침반을 잊고 나왔기에…"
분명, 나침반이 없었다면 그들은 끝없이 바다 위를 표류할 수밖에 없을 것입니다.

삶의 바다를 항해하는 모든 이들을 위하여
우리는 그 나침반의 역할을 하고 싶습니다.
우리를 구원하신 위대한 주 예수 그리스도를 널리 전하고 싶습니다.

"하나님은 모든 사람이 구원을 받으며
진리를 아는 데에 이르기를 원하시느니라"
(디모데전서 2장 4절)

승리하리라
김장환 목사와 함께 / 경건생활 365일

발행처 | 나침반출판사
발행인 | 김용호

발행일 | 2020년

등 록 | 1980년 3월 18일 / 제 2-32호
주 소 | 157-861 서울 강서구 염창동 240-21
         블루나인 비즈니스센터 B동 1607호
전 화 | 본 사(02)2279-6321
         영업부(031)932-3205
팩 스 | 본 사(02)2275-6003
         영업부(031)932-3207

홈페이지 | www.nabook.net
이 메 일 | nabook@korea.com / nabook@nabook.net
일러스트 제공 | 게티이미지뱅크/iStock/아이클릭아트

ISBN 978-89-318-1587-0
책번호 마-1059

※이 책은 김장환 목사님의 설교자료와
   여러 자료를 정리해 만들었습니다.

값은 뒤표지에 있습니다.